KB254071

서영환 · 손연희

dcb
대경북스

머리말

영양학이란 생물체가 외부로부터 섭취한 에너지원을 체내에서 이용하고, 찌꺼기를 체외로 배설하면서 생명을 유지하는 일련의 영양현상을 연구하는 학문이다. 스포츠영양학에서는 이러한 영양학의 원리를 스포츠에 적용하여 경기력 향상을 도모한다. 적절한 영양섭취를 통하여 운동수행 시 최상의 실력을 발휘하도록 하고, 피로회복에 걸리는 시간을 단축시키고, 부상을 최소화하거나 부상에서 빠르게 회복하도록 돕는 것이 그 목적이다.

선수의 트레이닝 프로그램은 체력, 정신력, 경기기술의 향상이라는 3가지 측면에 초점을 두고 있다. 하지만 오래전부터 스포츠생리학에서는 트레이닝으로 얻을 수 있는 위 3가지 요소 이외에 경기력 향상을 위한 다양한 방법을 연구해 왔는데, 그 중에서 스포츠영양학이 가장 큰 비중을 차지한다. 특히, 엘리트 선수들은 개인별 운동능력의 차이가 거의 없기 때문에 영양섭취 방법의 미세한 차이가 승패를 좌우할 수도 있다. 그러므로 스포츠영양학이 발달한 외국에서는 지도자뿐만 아니라 운동선수들에게도 영양학 교육을 실시하여 개인적으로도 영양관리를 할 수 있도록 권장하고 있다.

운동수행력을 극대화하기 위해서는 운동선수의 상태를 총체적으로 점검하고 경기일정에 맞는 영양섭취 프로그램을 수립하여야 한다. 이를 위해서는 영양학에 대한 지식뿐만 아니라 운동생리학, 트레이닝 등 여러 스포츠관련 학문을 포괄하는 연구가 필요하다.

본 서에서는 운동 중 이용되는 영양소의 기본적인 역할과 흡수·대사 현상, 운동 시 에너지 발생 기전, 선수들의 체중관리, 운동특성에 따른 영양처방, 피로회복과 에너지의 재보충 등 스포츠영양학에서 다루어야 할 모든 내용을 일관성 있게 설명하였다. 또한 실제 식사 적용의 예를 들어 스포츠영양학을 현장에서 적용하는 데 도움이 되도록 하였다.

이 책은 총 10장으로 구성하였다.

1장에서는 스포츠영양학의 개념 및 영양과 건강의 관계를 다루었다.

2장에서는 탄수화물, 지방, 단백질, 비타민, 무기질, 물 등의 개별 영양소의 기본적인 역할을 설명하였다.

3장에서는 영양소의 기계적·화학적 소화작용에 대해서 서술하였다.

4장에서는 체내의 영양소가 에너지로 변환·소비되는 현상에 대해서 알아보았다.

5장에서는 근수축이 일어나는 근육섬유의 구조와 기능을 살펴보고, 근수축을 일으키는 에너지 발생 기전에 대해서 설 명하였다.

6장에서는 시기별로 트레이닝기·시합기·전지훈련기, 경기특성별로 지구력계·순발력계·순발지구력계로 나누어 개별 운동선수가 처한 환경에 적합한 영양섭취법을 알아보았다.

7장에서는 유소년선수, 여성선수를 대상으로 한 영양섭취법을 설명하였다.

8장에서는 노화의 주범으로 알려져 있는 활성산소의 의미와 생성과정을 이해하고, 활성산소를 줄이기 위한 항산화 영양소에 대해서 살펴보았다.

9장에서는 운동능력에 영향을 미치는 물질의 종류, 특징, 부작용에 대해 알아보고, 금지물질과 도핑의 문제점에 대해서 살펴보았다.

10장에서는 각종 질환의 원인이 되는 비만에 발생 기전과 비만에 대처하기 위한 식사요법을 설명하였다.

아무쪼록 본 서가 체육전공자들과 현장에서 선수들을 지도하고 있는 지도자, 스포츠영양학을 연구하는 동료 학자들에게 도움이 되기를 바란다.

2009년 2월

저 자 씀

차 례

제1장 스포츠영양학의 기초

제2장 영양소의 이해

제3장 소화기능과 영양소의 흡수·대사

제4장 에너지대사

제5장 근수축의 기전과 에너지공급

제6장 운동선수의 영양

제7장 특수집단을 위한 영양

제8장 운동과 활성산소

제9장 운동능력향상 보조물과 도핑

제10장 비만과 체중조절

스포츠영양학의 기초

1 스포츠영양학의 개념

1) 영양과 영양소의 정의

사람을 비롯한 모든 생명체는 외부에서 섭취한 음식물을 이용하여 근육·뼈·혈액 등을 조성하여 체내 조직을 재생·유지시키고, 이를 기초로 생리적인 작용이 원활하게 이루어질 수 있도록 한다. 또한 이 요소들은 체내에서 소화·흡수되어 에너지를 발생시켜 인간의 생명을 유지하게 하고, 신체를 성장·발육하게 하여 건강을 유지시키는 역할을 한다.

이처럼 인간은 생명을 유지하기 위해 외부로부터 물질을 섭취하는데, 이런 현상을 영양(nutrition)이라 한다. 세계보건기구(WHO)의 정의를 보면 영양은 '생명이 있는 유기체가 생명의 유지, 성장, 발육, 조직의 정상적 기능의 영위나 에너지 생산을 위해서 식품을 이용하는 과정'이라고 정의하고 있다. 그리고 이러한 영양의 원천이 되는 물질을 영양소(nutrients)라고 한다.

2) 스포츠영양학의 정의

영양학이란 생물체가 외부로부터 섭취한 물질을 체내에서 이용하고, 찌꺼기는 몸 밖으로 배설하면서 생명현상을 유지하는 일련의 영양현상을 연구하는 학문이다. 대상으로 하는 생물의 종류에 따라 미생물영양학·식물영양학·동물영양학 등의 분야로 나누어지지만, 일반적으로 영양학이라 하면 인간을 대상으로 하는 인체영양학을 말한다. 궁극적으로는 건강을 유지하고 질병을 방지하기 위한 식이적 대처에 대해서 연구하는 학문이라 할 수 있다.

한편, 스포츠영양학이란 경기력 향상을 위해 스포츠에 영양학적 원리를 적용하는 학문이다. 운동 및 스포츠분야에서 영양의 역할과 식사법 등을 실험하고 연구하는 분야로, 이때 운동선수의 성별, 연령, 체중, 스포츠 종류와 강도 및 시간 등을 고려하여 영양섭취가 열량소비와 균형을 이루도록 연구한다. 예를 들어 축구선수는 어떤 영양소를 얼마나 더 섭취해야 하고, 경기가 시작되기 몇 시간 전에 식사를 해야 하는지 등을 연구하는 것이다.

스포츠영양학은 운동능력을 최대화시킬 수 있는 여러 가지 영양소, 즉 탄수화물의 저장량을 증가시킬 수 있는 영양소, 지질대사를 촉진시킬 수 있는 영양소, 운동 후 피로회복을 촉진시킬 수 있는 영양소 등을 선택하여 운동에 참가하는 개인이나 운동선수가 운동능력을 개선하도록 도움을 주는 학문이라고 할 수 있다.

3) 스포츠영양학의 목표

스포츠영양학의 목표는 운동선수들이 영양섭취를 통하여 피로를 회복하고, 장시간 운동을 해도 지치지 않도록 하며, 부상을 최소화하거나 부상에서 빠르게 회복하도록 돕는 등 운동능력을 향상시키는 것이다. 보통 경기 전, 경기도중, 경기 후, 경기 후 쉬는 기간에 필요로 하는 음식섭취량이나 영양소의 양이 달라지므로 이것을 연구하여 실제로 잘 적용해야 선수들의 경기력 향상에 도움을 줄 수 있다. 선진국에서는 오래 전부터 지도자뿐만 아니라 운동선수들에게도 영양학 교육을 실시하여 개인적으로도 영양관리를 할 수 있도록 권장하고 있다.

　엘리트 선수들의 트레이닝을 위한 프로그램은 체력, 정신력, 기술의 3가지 측면에 초점을 두고 있다. 하지만 오래전부터 스포츠 관련학자들은 이 3가지 요인 외에, 트레이닝으로 얻을 수 있는 효과 이상으로 경기력을 향상시키기 위해서 수많은 방법을 연구하고 있으며, 그중에서 스포츠영양학이 가장 큰 비중을 차지한다. 엘리트 선수들은 개인별 운동능력의 차이가 거의 없기 때문에 스포츠 과학과 기술, 그리고 영양학이 승패를 좌우한다고 할 수 있다.

　경기력 향상을 위해서는 선수의 컨디션에 따른 과학적인 훈련이 무엇보다 중요하다. 과학적인 훈련과정에는 선수들의 심리문제, 체력, 생체리듬 등 여러 측면을 고려해야 하지만, 그중에서도 선수들이 매일 섭취하는 영양과 각 종목에 맞는 체중관리, 에너지이용 시스템에 따른 적응훈련이 중요시되어야 한다.

　운동선수들이 매일 섭취하는 식사는 성별, 나이, 체중, 트레이닝형태, 운동종목 등에 따라 다르게 구성되어야 한다. 예를 들어 여자스포츠 선수는 월경과 관련된 빈혈이 약 25%이므로 이에 따른 식단을 별도로 구성해야 하며, 마라톤과 같은 지구성 스포츠선수는 글리코겐로딩을 위한 식이요법과 근육수축 및 심장의 규칙적인 박동에 관여하는 칼슘의 보충을 위한 식사가 필요하고 지방을 주에너지원으로 이용하는 신체환경을 드레이닝 중에 구축하는 것도 고려되어야 할 요소라 할 수 있다. 단거리달리기, 스키, 체조 같은 순발력형 스포츠에서는 지구성 스포츠와는 달리 에너지대사가 지방산에서 글리코겐대사로 전환되어 글리코센이 주에너지로 사용될 수 있도록 시합 30분 전에 포도당이나 설탕을 섭취하는 것도 중요하다.

　스포츠영양학에서는 운동 중 이용되는 영양소(탄수화물, 지방, 단백질, 비타민, 무기질, 물)의 기본적인 역할과 대사를 이해하고, 운동 시 에너지로 이용되는 시스템을 이해함으로써 선수들의 체중관리, 운동특성에 따른 영양처방, 피로회복과 에너지의 재보충 등에 관련된 내용을 제공한다. 스포츠영양학의 또 다른 과제는 일반인들의 영양관리 차원에서, 영양과다섭취와 운동부족으로 인한 질병을 예방할 수 있는 영양처방의 방법을 제시하는 것이다. 식생활문화의 서구화에 따라 나타나는 비만, 당뇨, 고지혈증, 소아비만 등에 대해 식사요법을 적용하면 현대인들의 각종 질환의 예방과 건강증진에도 기여할 수 있을 것이다.

4) 스포츠영양학의 유래

운동과 영양소에 관해 언급되기 시작한 것은 Hippokratēs가 "만일 모든 사람이 너무 적지도 많지도 않은 영양소를 섭취하고 운동한다면 건강을 유지할 수 있는 가장 안전한 방법을 알게 되는 것이다"라고 말한 것에서부터라고 할 수 있다.

그러나 본격적으로 문서화되기 시작한 것은 1936년 베를린올림픽부터였다. 1936년 Schenk의 연구에서는 베를린올림픽에 참가한 총 49개국 중 42개국 선수들의 식사 패턴을 분석하였다. 또한 중동지역에서 전쟁 시 탈수 현상을 예방·치료하기 위해 수분 공급에 관한 연구가 시작되었으며, 1970년대 후반 카페인이 운동수행력의 증가 효과에 관한 연구를 시작으로 스포츠영양학의 연구가 활성화되기 시작하였다. 1984년 LA올림픽을 계기로 운동 시에 영양소에 관한 중요성이 부각되어 현재까지 스포츠영양학에 대한 많은 연구가 수행되고 있다.

국내에 스포츠영양학이 도입된 시기는 1996년 스포츠영양학에 뜻이 있는 학자들이 모여 '한국운동영양학회'를 창립하면서부터였으며, 현재는 한국체육학회의 한 분과학회로서 자리매김하였다.

2 건강과 영양

1) 식생활과 건강

의식동원(醫食同源:의약과 음식은 근원이 같다)이라는 말이 있듯이, 음식은 건강의 유지증진에 있어서 매우 중요한 것이다. 세계보건기구(WHO)는 2000년에 '건강수명'이라는 새로운 통계를 발표했다. 건강 수명은 평균수명에서 질병이나 부상으로 인한 장애기간을 뺀 수명으로서 '삶의 질'을 나타내는 지수인 셈이다.

그 보고에 의하면 조사된 191개 회원국 중 일본이 74.5세로서 1위로 나타나 가장 건강하고 자립적으로 장수하는 나라로 밝혀졌고, 한국의 건강수명은 62.3세로 세계 191개국 중 81위로 나타났다.

각 국의 식품군별 섭취량을 나열해 보면, 수명이 짧은 인도에서는 동물성 식품의 섭취량이 적다는 것을 알 수 있다(그림 1-1). 한편, 미국은 육류와 유제품 등 축산물의 섭취량이 많고 어패류의 섭취량은 적다. 한국은 야채류의 섭취가 많은 반면, 육류·유지류 등의 섭취는 적다. 일본은 동물성·식물성 식품, 축산물과 어패류의 섭취량의 균형이 잡혀 있다. 이렇게 다른 나라에서 볼 수 없는 식생활·영양학적 특징이 단기간에 일본을 세계 1위의 장수국가로 만든 커다란 요인이라고 볼 수 있다.

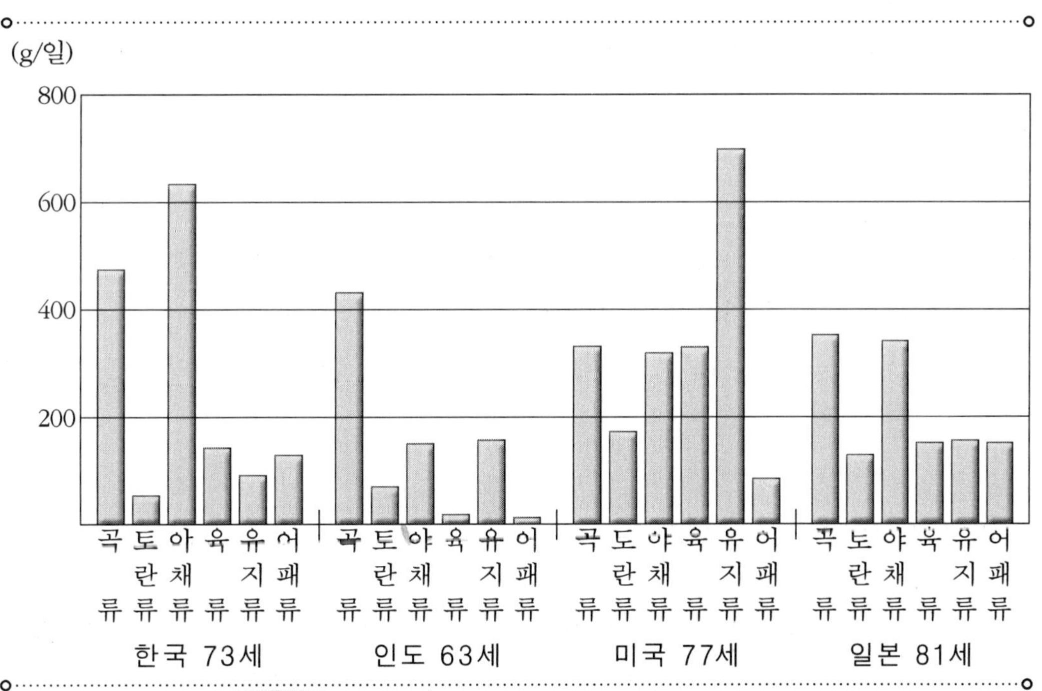

그림 1-1 **각국의 평균수명과 식품군별 섭취량(g/일)**

2) 젊은층의 식생활상의 문제점

식생활은 현대에 들어오면서 현저히 개선되어 경제적인 풍요와 비례한다고 하는 동물성 단백질의 섭취량이 계속 증가하고 있는 추세이다. 지질에너지비는 1970년에 20%를 넘어 현재에는 에너지의 영양밸런스도 잡히기 시작했다. 이러한 식생활의 변화는 어린이의 체격향상과 평균수명의 연장에 크게 공헌하였다.

한편, 질병구조도 변화하여 당뇨병을 비롯한 생활습관병이 증가하기 시작하였다. 현재 사망원인의 60%는 생활습관병이다. 생활습관병이란 '식습관·운동습관·휴양·흡연·음주 등의 생활습관이 그 발병·진행에 관여하는 질환군'이며, 그 발증에는 청년기에서부터의 식습관이 크게 영향을 끼친다.

젊은층의 식사는 칼슘과 철 등 미량영양소가 부족하고, 지질에너지비도 적정비율인 25%를 초과하여 30%에 가까운 높은 수치를 보인다. 그 이유는 중·노년층과 비해 육류와 유지류를 많이 섭취하고, 콩류·야채류·어패류의 섭취량이 적기 때문이다. 또한 아침식사를 거르는 비율이 높은 것도 관련이 있다. 이러한 것들은 가족구조의 변화와 가정기능의 외부화가 진행되어 식사와 식사를 지원하는 식환경이 급격히 변한 것도 하나의 원인이라 할 수 있다.

현대의 식사는 고급화와 단순화라는 서로 다른 방향으로 병행하여 나아가고 있다. 손수 만든 음식과 미식가를 위한 고급음식이 발달되어 가는 한편, 가공식품과 인스턴트식품에 의존한 생활, 혼자 먹는 식생활, 각자 따로 먹는 식생활, 결식 등의 식생활에 대한 관심의 저하가 우려된다. 무엇을 언제 먹어야 하는지에 대한 문제, 운동과 피로 등 몸의 컨디션을 고려한 식사의 중요성, 즐거운 식사의 중요성을 재인식하였으면 한다.

3) 일반적인 식사지침

다음의 식사지침은 전문가들이 제시하였던 여러 가지 식사지침을 정리한 것이다. 이 식사지침은 전통적인 식습관 중에서 개선해야 할 점과 더욱 장려해야 할 점이 있으며, 식생활의 서구화 경향 중에서도 받아들여야 할 것과 버려야 할 것이 있음을 보여주고 있다.

이 식사지침은 일반적인 건강의 유지와 증진에 목표를 둔 것이지만, 운동선수의 경우에도 특수한 상황을 제외하고는 대체로 이러한 식사지침에 따르는 것이 바람직하다고 할 수 있다.

(1) 다양한 식품을 골고루 먹는다

인체가 생명을 유지하고 건강하게 매일의 생활을 영위해 나가는 데 한 영양소라도 부족하면 영양상 균형이 깨지게 된다. 영양상 균형 잡힌 식사를 하려면 모든 영양소를 각 개인의 필요량에 만족하도록 섭취해야 하는데, 실제로 우리가 섭취하는 식품은 매우 다양하고 또 각 식품마다 영양소의 종류와 함량이 다르므로 매일의 섭취량을 계산하기는 어렵다.

그러므로 한국영양학회에서 제시하는 식사구성안과 식품구성탑을 이용하여 다양한 식품들을 선택하여 먹음으로써 영양소 상호 간의 보완 효과를 얻어 부족한 영양소가 없도록 하는 것이 바람직하다. 필요한 모든 영양소가 필요량만큼 들어 있는 절대적인 완전식품은 없다. 여러 가지 음식을 골고루 섭취할 때 비로소 필요한 영양소를 모두 충족할 수 있는 것이다.

(2) 정상체중을 유지한다

한국인에게는 서구인들에 비해 과체중으로 인한 건강 문제는 비교적 적은 편이지만, 점차 경제수준이 향상되고 생활양식이 서구화되면서 체중과 신장이 증가하고 있다. 이로 인해 생활습관병의 발병률과 사망률이 증가하는 추세이다. 체중은 건강과 밀접한 관련이 있는 인자로, 섭취한 열량과 소비한 열량의 균형에 의해 결정된다.

만약 정상보다 과체중인 경우에는 섭취하는 열량을 줄이고 대신 활동량을 늘려 열량의 소모를 늘리는 것이 바람직하다. 이 경우 지나친 절식이나 금식만으로는 절대로 체중을 감량할 수 없고, 적당한 절식과 활동량의 증가가 필요하다. 또한 저체중도 건강에 바람직하지는 않다. 최근 들어 젊은 여성이나 사춘기 여학생들 사이에서 마른 몸매를 선호하는 잘못된 인식으로 인해 지나치리만큼 체중을 감량하는 경우가 있는데, 이것도 건강을 해칠 수 있음을 명심해야 한다.

(3) 단백질을 충분히 섭취한다

단백질은 성장기 어린이나 성인에게 새로운 조직의 발달을 돕고, 낡은 조직을 대치하여 정상적인 성장과 건강을 유지시켜 준다. 따라서 단백질의 결핍은 체조직의 손실을 일으켜 성장 부진과 체력의 약화를 초래한다. 단백질의 섭취는 곧 인체에 필수아미노산을 공급하는 것인데, 동·식물성 단백질을 골고루 섭취하는 것이 상호간에 부족한 아미노산을 보충하여 이용효율을 높일 수 있으므로 바람직하다.

식물성 단백질에 비해 동물성 단백질이 필수아미노산의 균형이 더 적절하여 질적으로 우수한 것은 사실이지만, 식물성 단백질도 다양하게 배합하여 먹으면 동물성 단백질 못지않게 질적으로 개선될 수 있다. 반면에 동물성 식품의 과다 섭취는 동물성 지방의 섭취를 동반하여 성인병에 걸릴 확률을 높인다.

(4) 우유를 매일 마신다

우유는 칼슘과 리보플라빈의 함량이 높은 식품인데, 특히 이 두 가지 영양소는 우리나라 사람의 식사에서 부족하기 쉬운 것이다. 우유 한 컵에는 칼슘 250mg, 리보플라빈 0.36mg 정도가 함유되어 있어 성인의 경우 하루에 필요한 칼슘과 리보플라빈의 권장량의 35.7%와 22.5% 정도를 충족시킬 수 있다. 또한 우유 단백질은 양적으로는 많지 않으나 필수아미노산의 함량이 높아 식사 내 단백질의 질을 높일 수 있다. 그러나 우유에는 철분, 비타민 C, 비타민 D 등의 함량이 낮은데, 최근에는 칼슘, 비타민A, 비타민 D 등을 강화시킨 제품들도 시판되고 있으므로 부족한 영양소의 공급을 보충할 수 있다.

우유는 위궤양, 위염, 골다공증, 당뇨병 등의 치료 및 예방을 위해서도 권장되는 식품으로서, 우유의 영양학적 효과는 우유 외에도 요구르트, 치즈 등의 유제품 섭취로도 얻을 수 있다.

(5) 짜게 먹지 않는다

소금의 성분이 되는 나트륨(Na)은 체내 대사에 꼭 필요한 무기질이지만, 소금의 섭취가 많은 사람들 중에서 고혈압의 발생빈도가 높아 소금의 과잉섭취가 건강상의 문제로 대두되고 있다. 한국인은 전통적으로 싱거운 주식을 먹기 위해 짠 부식을 섭취하는 경향이 있다. 우리나라 사람들의 1일 평균 소금 섭취량은 20g을 넘어 서구인에 비해 매우 높은 편이다. 특히 짜게 먹는 식습관은 어릴 적에 후천적으로 얻어지는 것이므로, 유아기부터 싱겁게 먹는 습관을 갖는 바람직하다.

물론 오랜 식습관으로 인하여 어느 정도는 체질적으로 소금의 과잉섭취에 적응하였다고 보지만, 짜게 먹는 식습관은 고혈압은 물론 이로 이한 합병증을 유발시킬 수 있으므로 소금의 섭취량을 줄여야 한다. 그러기 위해서는 간장, 고추장, 된장 등 장류의 사용을 줄이고, 소금이 많이 첨가된 가공식품의 사용을 제한하여야 하며, 화학조미료의 무절제한 사용을 금해야 한다.

(6) 술, 담배, 카페인 음료 등을 절제한다

알코올은 지질에 맞먹는 고열량을 제공하지만(1g당 7kcal), 다른 영양소가 거의 없고 식욕을 감퇴시키며 몇몇 필수 영양소의 흡수를 방해하기 때문에 비타민, 무기질 등의 부족을 일으키기 쉽다. 뿐만 아니라 만성적인 과음자는 간경변이나 지방간 등 간질환의 발병 위험률이 높으며, 임시 중 알쿠올의 섭취는 기형아를 낳을 확률을 높인다.

흡연은 폐포 대식세포에 과산화수소의 발생을 증가시켜 폐기종을 유발하기 쉬우며, 항단백질분해효소의 부족을 초래해 폐를 상하게 한다. 또한 혈중 고밀도지단백(high-density lipoprotein : HDL)의 수준을 떨어뜨리고 혈청의 중성지방을 상승시켜 심장병과 말초혈관계 질환의 발병률을 높이는 경향이 있다. 더구나 최근에는 성인 남자보다 여성이나 청소년 흡연 인구가 증가하고 있는 추세여서 더 큰 건강상의 문제가 우려된다.

카페인은 주로 커피나 홍차에 많고, 콜라나 두통약, 이뇨제, 감기약 등에도 많은 양이 들어 있는데, 이것은 중추신경을 자극하며, 이뇨 촉진효과 외에도 혈압을 상승시키고 철분의 흡수를 방해하며 불면증을 유발시킨다. 그러므로 과량 섭취 시 부작용이 크고, 커피 중독이 되면 커피를 마시지 않을 경우 두통, 무기력, 초조, 불안 등의 금단 증세가 나타나기도 한다.

알코올, 커피, 콜라 등은 습관성인 경우가 많으므로 생활에 활력을 줄 수 있을 만큼 적당량 섭취하는 지혜가 필요하다.

(7) 식생활 및 일상생활의 균형을 이룬다

한 사람의 하루 일과는 쉬고, 먹고, 활동하는 세 부분으로 나누어 볼 수 있는데, 식생활은 일상생활과 밀접한 관계가 있다. 우선 활동에 소비하는 열량과 섭취하는 열량 사이에 균형이 필요하고, 개인의 일과와 건강 상태 등에 따라 식사의 양과 질, 활동량과 운동량을 조절함으로써 건강을 유지해야 한다. 또한 규칙적으로 식사하고 배설하고 수면을 취함으로써 일상생활과 식생활에서 항상성을 유지해야 하며, 원만한 식생활은 일상생활의 성취감에 중요한 영향을 미치므로 규칙적인 식사, 균형된 식사 및 유쾌한 식사를 하도록 노력해야 한다.

(8) 식사는 즐겁게 한다

음식물의 소화는 조리상태, 음식의 온도 및 질감, 미생물의 존재 유무, 개인의 건강상태나 기분, 분위기 등에 의해 밀접한 영향을 받는다. 즐겁고 바람직한 식사를 위해서 우선 영양소가 골고루 함유된 여러 가지 식품으로 적합한 조리 방법을 선택하여 영양소의 손실을 최소화하고 최대의 효율을 얻을 수 있도록 조리해야 한다.

한편, 소화율을 증진시키며, 향미와 기타 특성의 향상을 꾀하도록 해야 한다. 가족 개개인의 기호를 만족시킬 수 있도록 색, 맛, 질감, 향미, 모양 등이 고려되어야 하고, 위생상 안전한 음식을 먹어야 한다. 이러한 모든 것이 고려된 정성어린 식사를 할 때 식사의 즐거움은 배가 될 것이다.

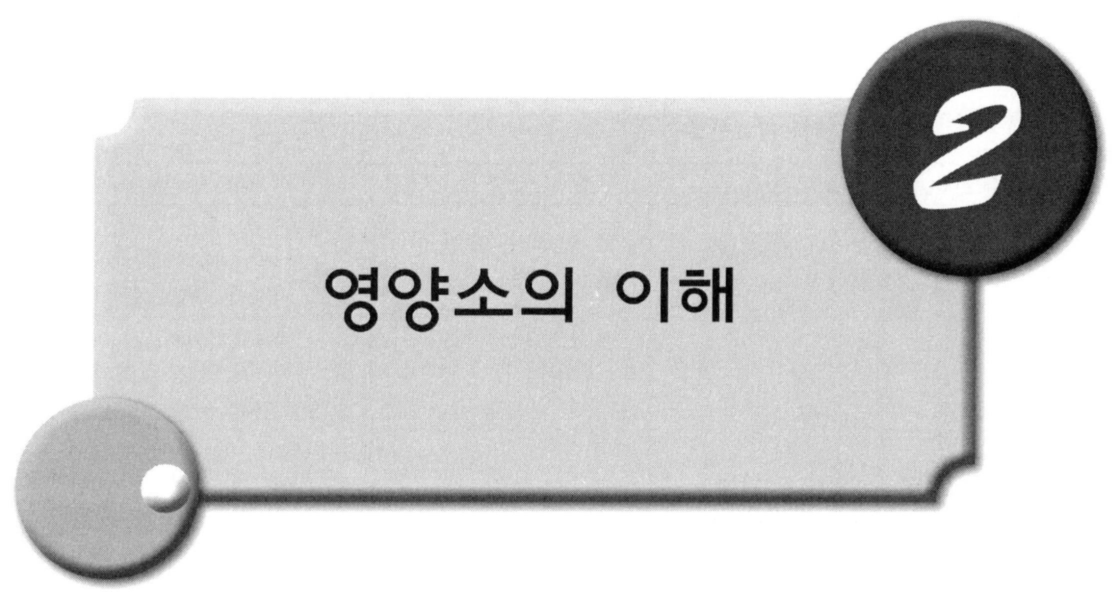

인체가 생명을 유지하고 건강한 생활을 영위해 나가기 위해서 필요한 영양소는 약 40여 종에 이른다. 이들 영양소는 다양한 생리적 기능을 갖고 있으며, 영양소 간에 상호 유기적인 관계가 있기 때문에 어느 한 영양소의 과다섭취나 섭취부족은 건강생활의 유지에 위협이 된다. 균형 있는 식사를 위해서 편의상 영양소의 조성이 비슷하고 생리기능이 유사한 식품들을 기초식품군으로 묶고, 이 식품군을 골고루 섭취하면 영양소 필요량을 대체로 충족시킬 수 있노록 하였다. 우리나라는 기초 식품군을 표 2-1과 같이 다섯 가지 식품군으로 분류하여 제시하고 있다.

1 영양소의 역할

영양소의 분류는 학자에 따라서 다르지만 대체로 탄수화물, 지방, 단백질, 무기질, 비타민을 가리켜 5대 영양소라 하며, 여기에 물을 포함시켜 6대 영양소라고도 한다. 이들 영양소의 역할과 기능은 다음과 같다(표 2-2).

표 2-1 다섯 가지 기초식품군

식 품 군	식품종류	주요영양소	식 품 명
Ⅰ. 탄수화물군	곡류(잡곡 포함) 감자류	당질, 단백질, 아연, 비타민 B₁	쌀, 보리, 콩, 팥, 옥수수, 밀, 감자, 고구마, 토란, 밤, 미숫가루, 국수류, 떡류, 빵류, 과자류, 캔디, 설탕, 꿀
Ⅱ. 단백질군	고기, 생선, 알, 콩류	단백질, 철분, 비타민 B₁₂, 비타민 B₁, 나이아신	쇠고기, 돼지고기, 닭고기, 생선, 조개, 굴, 두부, 콩, 땅콩, 달걀, 햄, 베이컨, 소시지, 치즈, 두유, 어묵
Ⅲ. 무기질 및 비타민군	녹활색 및 담색 채소, 과일류	무기질 및 비타민	시금치, 당근, 쑥갓, 상추, 고추, 부추, 무, 양파, 파, 오이, 양배추, 콩나물, 숙자, 사과, 귤, 딸기, 포도, 배, 참외, 수박, 미역, 다시마, 파래, 김
Ⅳ. 칼슘군	우유, 유제품, 뼈째 먹는 생선	칼슘, 단백질, 비타민 A, 비타민 B₂, 비타민 B₁₂	멸치, 뱅어포, 잔새우, 우유, 요구르트, 아이스크림, 분유
Ⅴ. 지방군	유지류	지방, 지용성 비타민	참기름, 콩기름, 옥수수기름, 쇠기름, 돼지기름, 면실유, 들기름, 쇼트닝, 버터, 마가린, 깨, 호두

출처 : 정일규(2004). 운동영양학. p. 23.

표 2-2 영양소의 역할

구 분	열량영양소	구성영양소	조절영양소
역 할	체내에서 산화되어 에너지를 발생시키는 영양소	신체구성의 성분이 되는 영양소	체내 생리작용을 조절하여 대사를 원활하게 하는 영양소
종 류	탄수화물, 단백질, 지방	단백질, 무기질	무기질, 비타민

1) 열량영양소

모든 세포는 생명활동에 필요한 에너지를 필요로 한다. 우리의 신체활동도 마찬가지이다. 모든 신체활동은 근육이 수축하면서 일어나지만 근육이 수축하려면 에너지가 필요하다. 근육은 에너지를 생산할 수 있는 방법을 갖추고 있어서 에너지를 만드는 데 필요한 연료가 주어지면 스스로 에너지를 생산할 수 있다. 근육운동의 에너지 연료에 해당되는 영양소를 가리켜 열량영양소라 한다.

영양소 중에서도 에너지생산의 연료로 쓰이는 영양소는 탄수화물, 지방, 단백질이다. 그러나 주로 사용되는 영양소는 탄수화물과 지방이며 단백질은 특수한 경우, 예를 들면 오랜 금식 또는 기아로 인해 탄수화물이나 지방이 모자랄 경우를 제외하고는 극히 소량만이 에너지 연료로 사용될 뿐이다.

2) 구성영양소

영양소의 중요한 또 하나의 기능은 신체를 구성하는 구성영양소로서의 역할이다. 사람은 태어나서 일정 기간 동안 성장을 지속한다. 신장과 체중은 물론 신체의 크기도 증가하고 내장기관을 포함한 조직과 부피도 늘어난다. 이것은 신체조직의 세포가 증대되는 것을 의미한다. 마치 건물이 완성될 때까지 계속 자재가 필요하듯이 성장을 위해서도 그 재료가 요구된다.

또한 우리 몸의 조직은 영구적이 아니어서 항상 새로운 조직으로 교체된다. 상해나 질병으로 조직이 손상을 입은 경우는 물론 오래된 세포의 생명력이 없어지면 새로운 세포로 교환되어야 한다. 이와 같이 우리 신체는 일정한 기간 동안 계속 성장하고 일생을 통해서 끊임없이 보충된다.

3) 조절영양소

영양수의 기능에서 생리작용을 조절하거나 보조여할을 하는 조절영양소로서의 역할도 빠트릴 수 없다. 여기에는 단백질, 비타민, 무기질 그리고 물이 작용하는데 이들은 인체의 생리혀상을 원활하게 하는 데 없어서는 안될 영양소이다.

2 탄수화물

탄수화물(carbohydrate : CHO)은 지방, 단백질과 함께 3대 영양소라고 불린다. 이들 영양소의 주된 기능은 인체세포의 연료로서, 휴식 시나 운동 중 인체기능을 유지하는 데 필요한 에너지를 공급하는 것이다.

탄수화물은 그 이름에서 알 수 있듯이 탄소(carbon：C)와 물(H_2O)로 구성된다. 즉 탄소, 수소, 산소가 결합하여 탄수화물이라는 화합물을 형성한다. 가장 전형적인 당분자인 글루코스(포도당) 분자는 6개의 탄소, 12개의 수소, 6개의 산소원자로 구성된다($C_6H_{12}O_6$). 탄수화물은 당질이라고 하며 주로 자연계에 널리 분포된 식물성 자원으로부터 섭취하게 된다.

식물은 광합성에 의하여 태양광선을 화학에너지로 바꾸어서 식물체내에 저장한다. 이 과정은 생명을 유지하기 위해서 필수적인 것으로, 대기 중의 탄산가스와 토양 중의 물을 이용하여 에너지가 풍부한 당질을 합성한다(그림 2-1).

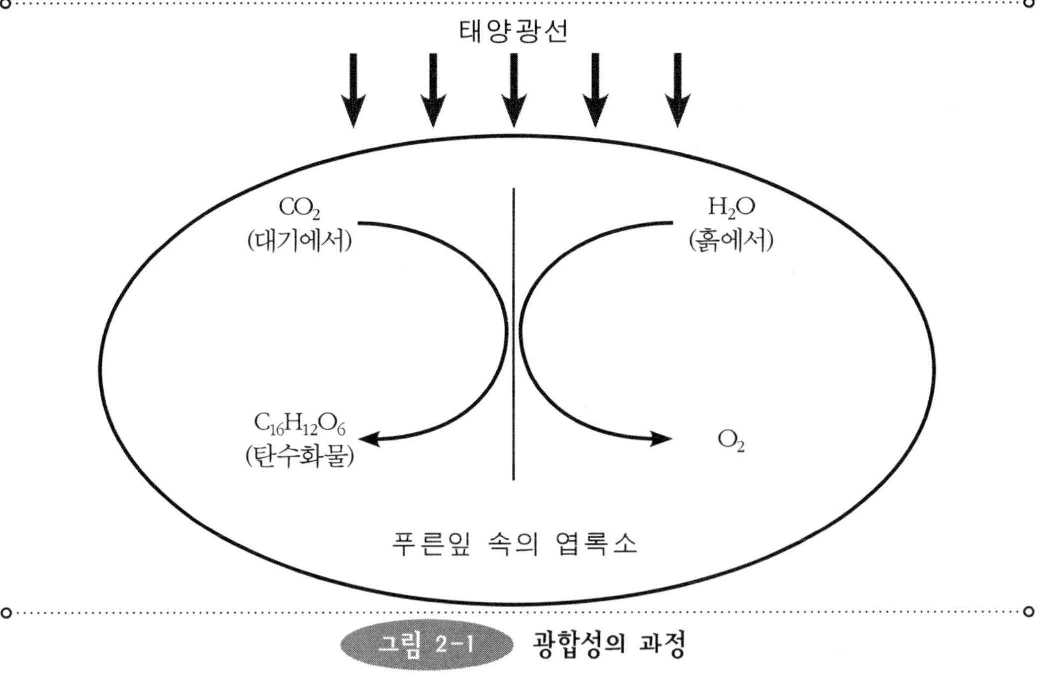

그림 2-1 **광합성의 과정**

인간은 광합성을 할 수 없기 때문에 식물이 합성해 낸 이 탄수화물을 섭취하여 생명유지와 활동에 필요한 에너지를 얻게 된다. 인체내에서는 광합성과 정반대 방향의 화학적 반응을 통해 에너지를 얻는다. 인체세포 내에서 탄수화물이 유산소적으로 분해되는 과정은 다음과 같다.

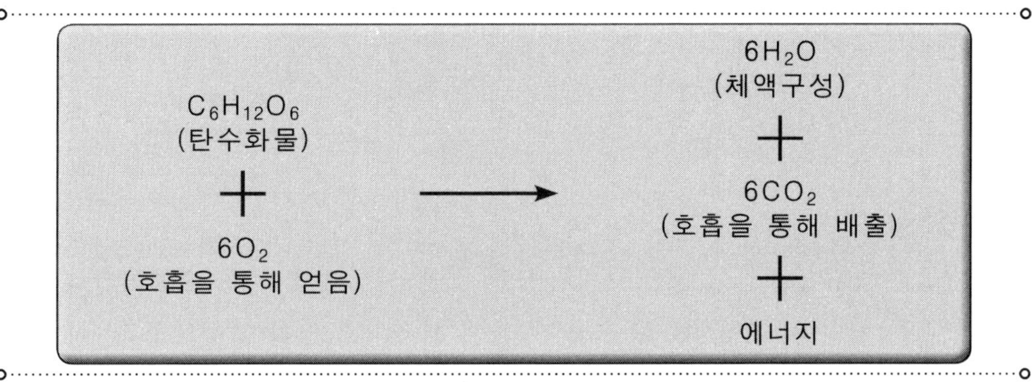

1) 탄수화물의 종류와 급원

탄수화물은 단당류, 소당류, 다당류의 세 종류가 있다. 이러한 구분은 분자결합 중 단당류의 수에 의해 결정된다. 즉 소당류는 단당류가 2~5분자 합쳐진 것이고, 다당류는 다수의 단당류분자가 결합된 것이다.

(1) 단 당 류

자연계에는 200 이상의 단당류(monosaccharides)가 있지만, 가장 일반적인 단당류는 글루코스(포도당), 과당, 갈락토스이다. 이들 단당류는 6개의 탄소, 12개의 수소, 그리고 6개의 산소원자로 구성된다($C_6H_{12}O_6$). 이들 단당류를 구성하는 원자의 종류와 수는 동일하지만, 그 결합의 배열방식에는 약간의 차이가 있다.

① 포 도 당

식물의 과일이나 즙액 중에 함유되어 있고, 특히 포도에 많이 들어 있어 포도당(glucose)이라는 이름을 갖고 있다. 포도당은 사람의 혈액 중에 약 0.1%(100mg%) 있으며, 인체세포 내에서 사용되는 가장 기본적인 에너지원이 된다. 의식장애나 수술 시처럼 소화·흡수의 능력이 없을 때에는 포도당 정맥주사를 통해 단당류를 공급받는다. 포도당은 인체 모든 세포의 에너지원인 동시에 뇌·신경세포의 유일한 에너지원으로서 중요하다.

② 과　당

과당(fructose)은 과일이나 꿀에 자연적인 형태로 다량 존재하며, 단당류 중 가장 단맛이 강하다. 일부 과당은 소화관을 통해 직접 혈액 중으로 흡수되지만, 나머지는 인슐린(insulin)의 영향을 받지 않고 모두 간에서 글루코스로 서서히 전환된다.

③ 갈락토스

갈락토스(galactose)는 포도당과 함께 젖에 다량함유되어 젖당을 구성한다. 갈락토스는 단당류 중에서도 흡수율이 가장 좋아 포도당을 100으로 할 때 과당은 43이지만, 갈락토스는 110이다. 장관에서 흡수된 단당류는 문맥을 통하여 간으로 가는데, 여기서 일단 포도당으로 변하여 글리코겐으로 전환된다. 갈락토스는 이외에도 유아기에 가장 빠른 발육을 보이는 뇌·신경조직을 구성한다. 단당류, 특히 포도당과 갈락토스의 흡수와 운반은 인슐린, 부신피질호르몬, 뇌하수체전엽호르몬 등에 의해 영향을 받는다.

(2) 소 당 류

소당류(oligosaccharides), 즉 올리고당은 2~10개의 단당류가 모여서 이루어진 것으로, 이당류는 소당류의 주요 형태라고 할 수 있다. 이당류는 두 개의 단당류가 결합된 형태로서 자당(sucrose), 젖당(lactose), 맥아당(maltose)이 있다.

· 자당·포도당(glucose) + 과당(fructose)
· 젖당·포도당(glucose) + 갈락토스(galactose)
· 맥아당·포도당(glucose) + 포도당(glucose)

① 자　당

자당(sucrose)은 가장 일반적인 식이성 이당류로서 식물계에 널리 분포하며 포도당, 과당과 같이 과실 중에 함유되어 있다. 특히 사탕수수, 사탕무에 많이 들어 있고 이들은 공업적으로 설탕을 만드는 원료가 되고 있다. 자당은 포도당 1분자와 과당 1분자로 구성되어 있으므로 가수분해하면 이 두 가지 물질이 생성된다.

이당류 이상의 당류를 섭취할 때는 반드시 소화과정을 거쳐 단당류로 만든 다음이라야 흡수할 수 있다. 그러므로 자당을 정맥 내로 주사하여도 체내에서는 분해되지 않고 그대로 소변으로 배설된다.

② 맥 아 당

맥아당(maltose)은 그 자체로는 자연계에 존재하지 않는다. 다당류인 전분을 함유하는 보리가 적당한 온도와 습도에서 발아하여 맥아를 생성할 때에 생성되기 때문에 맥아당이라는 이름을 얻게 되었다. 전분에 맥아를 넣은 후 그 안에 디아스타제(diastase)라는 효소를 작용시켜 전분을 분해하면 맥아당이 생성되며, 이것을 끓인 것이 물엿이다. 밥을 오래 씹으면 단맛이 나는데, 이것은 타액 중에 있는 효소 프티알린(ptyalin)의 작용으로 전분이 분해되어 맥아당이 생성되었기 때문이다. 맥아당은 2분자의 포도당으로 구성되어 있다.

③ 젖 당

젖당(lactose)은 포도당 1분자와 갈락토스 1분자로 구성되며, 유즙에 들어 있다. 사람의 젖에는 6~7%, 우유나 산양유에는 4.5~5% 정도 함유되어 있다. 갓 태어난 아이는 젖당이 분해되어 생기는 포도당에서 에너지를 전부 얻고, 뇌·신경조직을 구성하는 데 없어서는 안될 갈락토스를 얻는다.

젖당을 분해하는 효소인 락타제(lactase)는 유아의 장에서 많이 분비된다. 그러나 그 후 우유를 먹지 않게 됨에 따라 라타제의 생성기능이 쇠되하여 우유를 한꺼번에 많이 먹으면 설사가 초래될 수 있다. 이 경우 조금씩 우유를 마시면 락타제 생성능력이 개선된다. 유색인종보다 우유소비량이 많은 백인들에게시 장내 락타제의 생성능력이 높다.

(3) 다 당 류

세 개 또는 그 이상의 단당류가 모여 이루어진 것을 다당류(polysaccharides) 또는 복합탄수화물이라고 한다. 사실상 300개에서 26,000개의 단당류가 결합하여 다당류를 만든다. 일반적으로 식물성과 동물성다당류로 구분할 수 있다. 식물성 다당류는 전분(starch)과 섬유소(fiber)가 있으며, 동물성다당류는 글리코겐(glycogen)이 있다.

① 전 분

전분(starch)은 식물성 다당류의 가장 친숙한 형태이다. 전분은 씨앗이나 옥수수, 그리고 빵, 시리얼, 국수류, 과자류 등을 만드는 각종 곡식류에 흔하게 존재한다. 그밖에 완두, 콩, 감자, 근채류에도 들어 있다.

전분은 포도당이 축합되어 이루어진 중합체인데, 천연의 생전분은 분자들이 매우 촘촘하게 밀착되어 물의 분자가 들어갈 수 없도록 좁은 간격으로 방사상의 배열을 하고 있다. 이러한 배열을 가진 전분을 베타-전분(β-starch)이라고 한다. 이것을 물속에서 가열하면 포도당분자의 연결은 그대로 유지되지만, 그 배열이 흐트러져 불규칙하게 되어 팽창한다. 이러한 배열을 갖는 전분을 알파-전분(α-starch)이라고 하며, 이 현상을 젤라틴화(gelatinization, 교화, 젤화)되었다고 한다. 갓 지어낸 밥은 α-전분이며, 열이 식고 수분이 빠져 나가면 다시 β-전분이 된다.

② 섬 유 소

섬유소(fiber)가 많이 함유되어 있는 대표적인 식품은 과일, 채소, 해조류이다. 식이섬유의 종류와 범위는 매우 넓다. 식이섬유를 크게 나누어 물에 녹는 것(수용성)과 물에 녹지 않는 것(불용해성)의 2가지로 분류한다(표 2-3). 불용해성 식이섬유는 주로 식물세포의 구성성분으로서 셀룰로스, 헤미셀룰로스, 리그닌(lignin) 등이다. 수용성식이섬유는 식물체의 저장물질이나 분비물질 등으로서 물에 쉽게

표 2-3 식이섬유의 분류

	기　원	영양분류	분　류	급원식품	생리적 효과
불용해성 식이섬유	세포벽의 구조물질	비당질성 당　질 당　질	리그닌 셀룰로스 헤미셀룰로스	채소 밀, 현미, 보리 곡류, 채소	미상 소화관 내의 체 류시간 단축 대변의 양 증대
수용성 식이섬유	비구조 당　질	당　질 당　질 당　질	펙틴 검 해조다당류	과실류(감, 귤, 사과) 콩류, 귀리, 보리 해조류	만복감 부여 포도당 흡수지연 혈청 콜레스테롤 저하

용해되어 끈적끈적한 점성을 나타내는데, 주로 과실류에 함유되어 있는 펙틴류, 식물성 검, 해조다당류 등이다.

인간의 소화액 중에는 이를 분해하는 효소가 없으므로 인간은 섬유소를 에너지원으로 이용하지 못한다. 그러나 섬유소의 이러한 난소화성에는 여러 가지 생리적 이점이 있는 것으로 밝혀지면서 현대인에게 그 중요성이 인식되고 있다.

한편, 섬유소의 기능은 다음과 같다.

- 변비개선……섬유질은 변의 양을 증가시키고 장벽을 기계적으로 자극함으로써 장의 연동운동을 촉진한다. 또한 섬유질은 수분보유력을 갖고 있어 변을 부드럽게 하여 배변을 용이하게 하므로 변비로 인한 치질, 다발성게실증(diverticulosis)을 예방하는 효과가 있다.
- 직장암 예방효과……변이 큰창자 내에서 장기간 머무르면 변 속의 수분은 큰창자벽을 통해 재흡수되어 변을 더욱 농축시킴으로써 시간이 지나도 변의를 느끼지 못하는 악순환을 초래한다. 이는 배변 시 직장내벽을 물리적으로 자극할 뿐만 아니라, 변 속에 포함된 각종 유해물질과 발암성 물질의 위험에 장기간 노출된다는 것을 의미한다.
- 혈중콜레스테롤 저하……동물성 식품에 편중된 식생활은 고지혈증을 초래하고, 뇌졸중, 고혈압, 협심증이나 심근경색과 같은 순환계질환의 위험을 높여준다. 식이성 섬유는 콜레스테롤의 체내흡수를 방해하며, 고콜레스테롤인 담즙산(bile acid)을 장 속에서 흡착하여 담즙산의 재흡수를 저해함으로써 혈청 및 간의 콜레스테롤을 저하시킨다.
- 당뇨병과 비만 예방효과……섬유소는 장 속에서 수분흡수를 통해 부풀어 올라 포만감을 주는 한편, 당의 급속한 흡수를 지연시킨다. 당뇨병이나 비만의 중요 원인 중 하나는 단당류나 이당류의 과다섭취인데, 이러한 단·이당류는 소화·흡수의 시간이 단축되기 때문에 급격히 혈당을 상승시키고 인슐린의 급격한 분비를 초래한다. 과일에 많이 함유되어 있는 펙틴이나 구아검과 같은 수용성식이섬유는 작은창자에서 겔(gel)을 형성하는 특성이 있어서 식후 혈

당의 급격한 상승을 억제하고 인슐린 분비를 절약하는 효과가 있다. 고섬유식사의 장·단점을 요약하면 표 2-4와 같다.

표 2-4 고섬유식사의 장·단점

장 점	단 점
·당질의 소화·흡수 속도를 지연시킨다. ·식후 지나친 고혈당을 예방하고, 인슐린 분비를 절약한다. ·콜레스테롤 합성을 저하시키고, 혈중콜레스테롤 수준을 낮춘다. ·변비를 개선하고, 게실증, 치질, 직장암 등의 위험을 낮춘다. ·유해물질의 독성 저지작용 및 담석의 생성방지에 유효하다.	·장 속의 가스발생으로 인한 복통이나 복부팽만감의 원인이 된다. ·장의 불안감을 초래한다. ·칼슘이나 철분과 같은 무기질의 흡수를 저해한다.

미국 농림부의 자료에 따르면 식이섬유의 섭취량을 1일 20~35g 또는 섭취열량 1,000kcal 당 10~13g이 건강한 성인에게 적당하다고 한다. 미국 국립암연구소는 1일 25~35g을 권장하고 있으며, 미국 당뇨병협회에서는 섭취열량 1,000kcal 당 25g을 권장하고 있다.

우리나라의 경우 한 조사에서 식물성 식품의 섭취가 높은데도 불구하고 식이섬유의 섭취량이 1일 20g에도 미치지 못한다고 보고되고 있다. 그 이유는 쌀을 도정한 백미가 주식으로 이용되기 때문이다(이혜성 등, 1991).

한편, 식이섬유의 섭취량을 증가시키기 위해 식이에 농축섬유소를 의도적으로 첨가하는 방법도 있으나 그보다는 채소, 과일, 우유, 전곡식품 등을 충분히 섭취하는 것이 바람직하다. 즉 식이섬유의 종류에 따라 생리적 작용에 차이가 있을 뿐 아니라 무기질과 비타민도 함께 섭취하기 위해서는 특정식품에 편중되지 않도록 여러 가지 다양한 식품군을 골고루 섭취하는 것이 바람직하다.

③ 글리코겐

글리코겐(glycogen)은 동물의 체내에 저장하는 탄수화물의 저장형태로서 일명 동물성전분(animal starch)이라고 한다. 즉 식물로부터 섭취하는 모든 탄수화

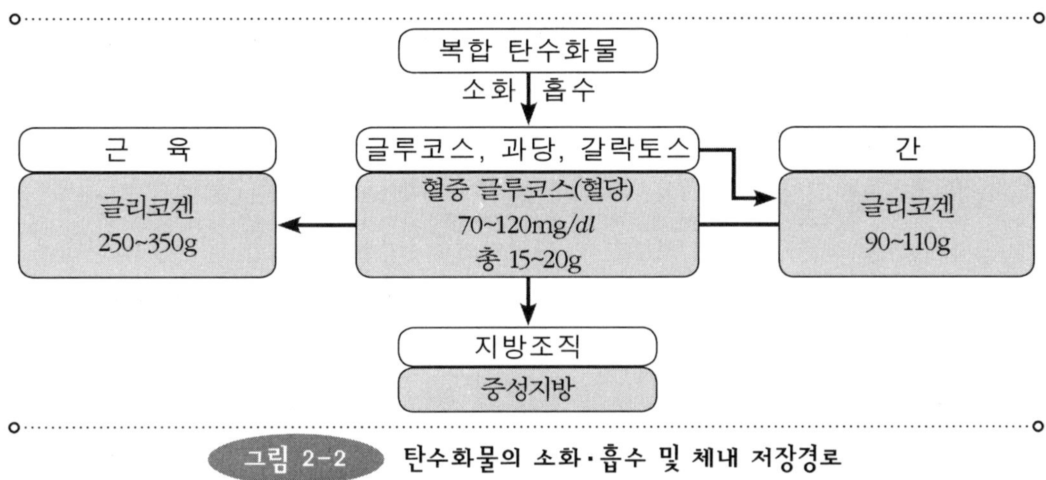

그림 2-2 탄수화물의 소화·흡수 및 체내 저장경로
출처 : 정일규(2004). 운동영양학. p. 43.

물은 일단 소화과정을 거쳐 단당류형태로 작은창자벽을 통해 흡수된다. 장관에서 흡수된 단당류는 거의 모두 혈중에 들어가 문맥을 통하여 간으로 가는데, 단당류인 갈락토스, 과당은 간에서 일단 포도당으로 전환되고, 이어서 간 및 근육에서 글리코겐으로 저장된다. 또한 흡수된 포도당 중 일부는 혈중포도당으로 존재하는데, 이를 혈당이라고 한다. 성인이 저장할 수 있는 글리코겐의 양은 350g 정도에 불과한데, 그중 100g 정도가 간에, 그리고 250g 정도가 근육에 저장된다.

한편, 열량이 높은 식사를 하여 간과 근육에서 글리코겐으로 저장되고 남는 여분의 혈중포도당은 인체 지방조직에서 중성지방으로 전환되어 저장된다. 그림 2-2는 섭취한 탄수화물이 단당류의 형태로 소화·흡수되어 간과 근육에서 글리코겐 형태로 저장되고, 나머지 혈당은 지방조직으로 보내져 중성지방으로 전환되어 저장되는 과정을 설명하고 있다.

2) 탄수화물과 운동

피곤할 때는 고기나 생선보다는 단 것을 먹고 싶어한다. 왜냐하면 지질이나 단백질에 비해 탄수화물(당질)이 에너지원으로서 이용되기 쉽기 때문이다. 한국인의 섭취에너지의 약 60%는 탄수화물에서 얻고 있다.

한편, 체내영양소의 구조를 보면 탄수화물은 체중의 1% 이하이다. 섭취한 탄수화물은 소화효소에 의해 글루코스 등으로 분해되어 흡수된다. 흡수된 글루코스의 반 정도는 혈당이 되어 체내의 각 세포로 흘러들어가 에너지원으로 이용된다. 나머지 반 정도는 지방의 형태로 저장되며, 글리코겐(glycogen)으로서 간과 근육에 축적되는 양은 미미하다. 체내에 존재하는 글리코겐은 성인이 약 400g 이다.

세포 내의 글루코스와 글리코겐은 산소를 이용할 수 없을 때에 해당계의 효소에 의해 젖산으로 변화는 과정에서 ATP를 생산할 수 있다(그림 2-3). 이 무산소계로 생산되는 에너지는 산소의 보급이 잘 이루어지지 않는 운동의 초기단계에서 주로 사용된다. 순발적인 강한 힘을 발휘하거나 피로물질인 젖산이 축적되면, 근육섬유 내부가 산성으로 기울기 때문에 글리코겐 분해효소의 활성이 저해되고, 근수축이 방해받는다. 이 과정을 해당계·젖산계라고도 한다.

산소가 충분히 세포 내에 공급될 때에는 피루브산(pyruvic acid)이 미토콘드리아(mitochondria)에 들어가 아세틸-CoA(acetyl-CoA)로 대사되어 구연산

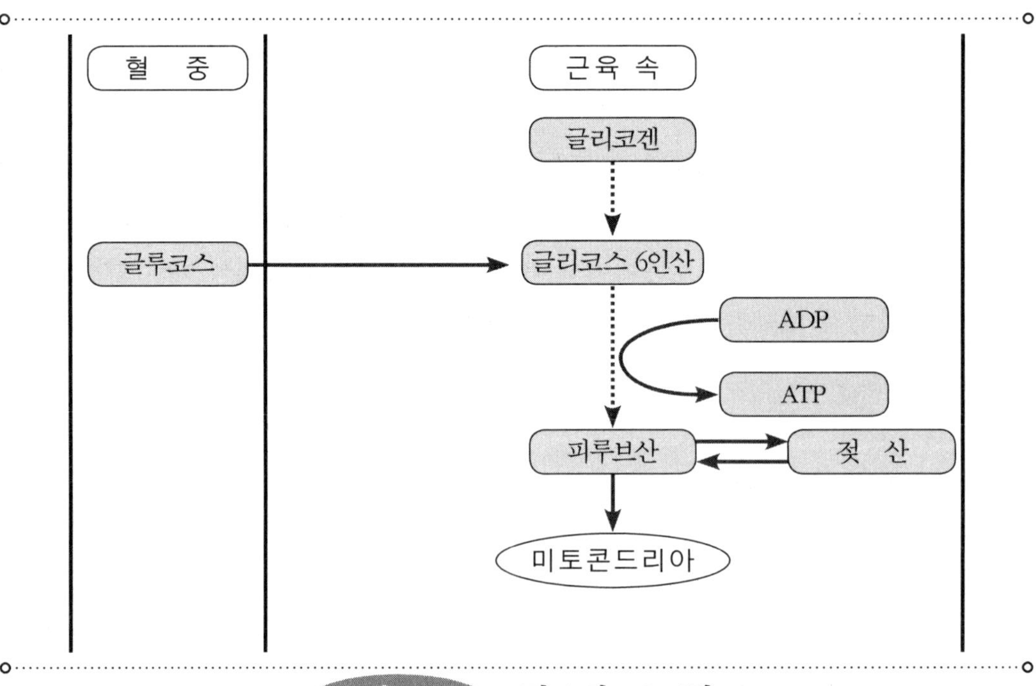

그림 2-3　해당계 경로의 개략

회로(TCA사이클)로 완전히 분해된다. 이때 방출되는 수소가 전자전달계로 운반되어 아데노신삼인산(adenosine triphosphate : ATP)이 합성된다. 이 과정이 유산소계 에너지생성구조이다. 이때 ATP 생성속도는 늦지만, 장시간 에너지를 공급할 수 있다.

글루코스는 근육의 에너지원의 하나일 뿐만 아니라, 뇌와 신경의 주요 에너지원이기 때문에 혈당을 일정농도 이상으로 유지하는 것이 지구력 유지뿐만 아니라 집중력을 유지하고 생명을 유지하기 위해서도 중요하다.

3 지 방

지방은 탄수화물과 마찬가지로 탄소(C), 수소(H), 산소(O)의 세 가지 원소로 구성되어 있으나 그 원소 간의 구성비율은 다르다. 즉 탄수화물($C_6H_{12}O_6$)은 수소·산소의 비율은 2·1로 구성되어 있으나 지방은 산소에 대한 수소의 비율이 훨씬 많다. 예를 들어 대표적인 지방인 스테아린(stearin)의 원소구성은 $C_{57}H_{110}O_6$이다. 따라서 지방이 연소되기 위해서는 탄수화물이나 단백질보다 더욱 많은 산소를 필요로 하며, g당 9.4kcal의 고열량을 방출한다.

탄수화물은 유산소과정 이외에 무산소적 조건하에서도 연소되어 에너지를 방출하지만, 지방이 연소되기 위해서는 반드시 산소의 공급이 필요하다. 탄수화물이 유산소적으로 분해될 때 최종적으로 물(H_2O)과 이산화탄소(CO_2)가 생성되는 것과 마찬가지로 지방이 연소될 때에도 최종산물로서 물과 이산화탄소가 생성된다.

1) 지방의 종류와 중성지방

지방은 단순지방, 복합지방, 유도지방의 세 가지로 구분된다.

· 단순지방……유지(油脂), 왁스(wax)
· 복합지방……인지질(phospholipids), 당지질(glucoliped), 지단백질

(lipoprotein)

· 유도지방……지방산(fatty acid), 글리세롤(glycerol), 콜레스테롤(cholesterol)

단순지방의 가장 주된 형태는 중성지방(triglyceride)이다. 중성지방은 체내 지방의 주저장형태인데, 우리가 섭취하는 대부분의 지방은 중성지방이라고 할 수 있다. 인체내에서 지방의 95% 이상은 중성지방의 형태로 존재한다. 인체내에서 중성지방은 주로 지방조직에 존재하고 일부는 혈액 중에 존재한다. 중성지방은 한 분자의 글리세롤에 세 분자의 지방산이 결합된 형태로 구성되어 있다(그림 2-4).

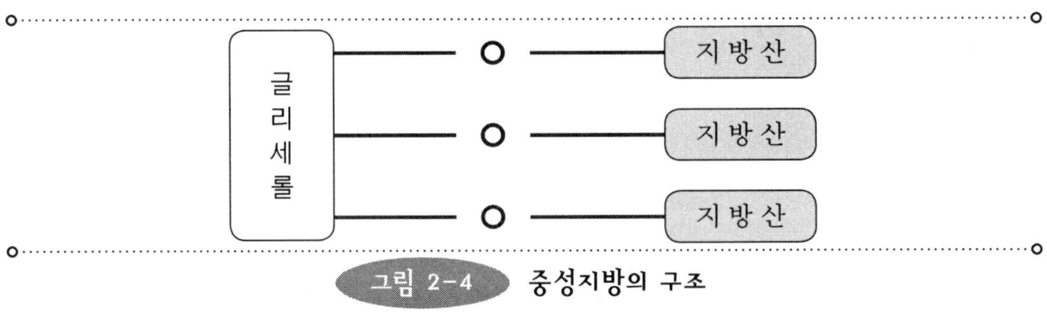

그림 2-4 중성지방의 구조

중성지방을 구성하는 지방산의 종류에 따라 중성지방의 물리적 성질이 달라지게 된다. 즉 포화도가 높은 지방산이 다량 함유되어 있는 지방은 상온에서 고체로 존재하며, 대부분의 동물성지방은 포화지방산을 많이 함유하고 있어서 상온에서 고체인 굳기름(fat)이다. 반면에 불포화지방산을 많이 함유하는 지방은 상온에서 액체인 기름(oil)으로 존재하며, 대부분의 식물성지방이 여기에 속한다. 일반적으로 지방을 유지(油脂, oil and fat)라고 하는 것은 상온에서 액체인 기름(oil)과 고체인 굳기름(fat)을 총칭하는 말이다.

2) 지방산(포화지방산과 불포화지방산)

중성지방을 구성하는 지방산(fatty acid)은 인체의 기본적인 에너지원으로 이용된다. 지방산은 세포 내에서 탄수화물인 글루코스(glucose)가 에너지원으로 사용되는 것과 마찬가지의 역할을 한다. 지방산은 탄소사슬의 결합방식에 따라 포화지방산과 불포화지방산으로 구분된다.

그림 2-5는 두 가지 지방산의 탄소원자 간 결합방식의 차이를 보여주고 있다. 그림에서 알 수 있듯이 포화지방산은 탄소 간 단일결합을 하고 있고, 나머지 결합부위는 수소와 결합하고 있다. 그러므로 수소에 대해서 포화된 상태라고 할 수 있다. 그러나 모든 불포화지방산은 탄소사슬끼리 하나 또는 두 개 이상의 이중결합을 갖고 있다. 이러한 이중결합으로 인해 수소와 결합할 수 있는 결합부위가 적어지게 된다. 그러므로 수소에 대하여 불포화된 상태라고 할 수 있다.

올리브유나 땅콩유처럼 탄소체인에 단 한 개의 이중결합만 있다면, 이러한 지방산은 단일불포화지방산이라고 한다. 해바라기, 콩, 옥수수 기름 등과 같이 주 탄소체인을 따라 2개나 그 이상의 이중결합이 있는 지방산은 다불포화지방산(polyunsaturated fatty acid : PUFA)이라고 한다.

식물자원으로부터 얻어지는 지방은 일반적으로 불포화상태로서 실온에서 액체로 존재하는 경향이 있다. 일반적으로 덜 굳는 지방일수록 불포화의 정도가 크다. 액체상태로 존재하는 불포화지방을 오일(oil)이라고 한다. 동물성으로서 불포화지방을 많이 함유한 것은 생선기름(魚油)이다. 불포화된 오일은 수소첨가

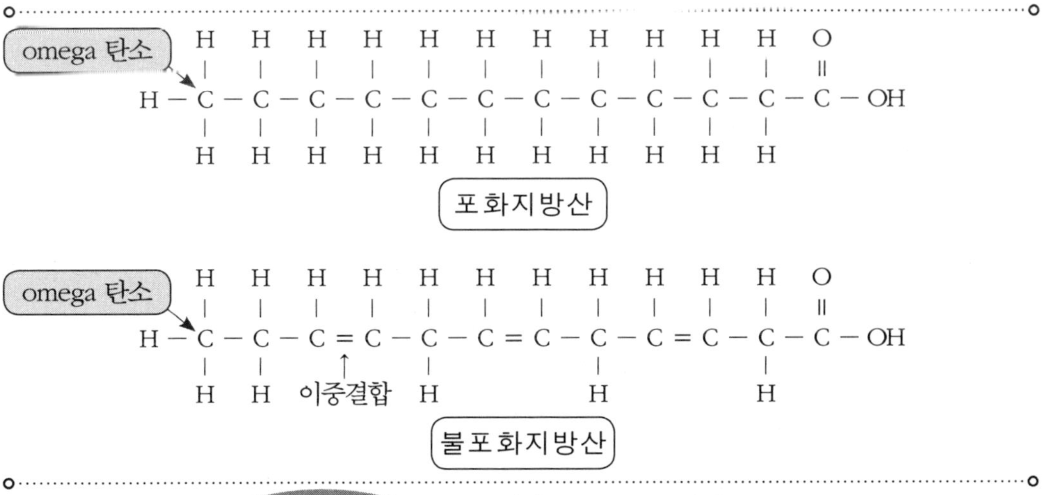

그림 2-5 포화지방산과 불포화지방산의 구조

(hydrogenation) 과정을 통해서 반고체형태로 변화시킬 수 있다. 이러한 수소첨 가과정은 불포화지방의 이중결합을 감소시켜서 단일결합으로 하여금 더 많은 수소가 탄소체인에 결합할 수 있도록 한다. 이처럼 식물성기름의 이중결합에 수소를 첨가하면 마가린, 식물 쇼트닝과 같은 고체형태의 포화지방을 만들 수 있다.

포화지방산은 쇠고기, 양고기, 돼지, 닭, 우유, 버터, 치즈 등 주로 동물성급원에 많이 있다. 또한 식물성급원에는 야자, 코코넛유, 식물 쇼트닝, 마가린 등이 있다.

3) 다불포화지방산과 필수지방산

탄소사슬끼리 2중결합을 2개 이상 형성하고 있는 지방산을 다불포화지방산 (polyunsaturated fatty acid:PUFA)이라고 한다. 그림 2-5에서 보듯이 탄소 체인의 첫번째 탄소원자를 오메가(omega)탄소라고 칭하며, 탄소 간의 이중결합 은 이 첫번째 탄소로부터 3, 6, 9번째의 탄소 위치에 자리잡고 있다. 영양상 중요 시되는 PUFA는 이중결합이 3번째(omega 3계 지방산)와 6번째(omega 6계) 탄 소에 위치한다.

오메가-3(ω-3)계와 오메가-6(ω-6)계 지방산은 체내에서 합성되지 않거나 불충분하게 합성되는 지방산이므로 반드시 급원식품을 통해 반드시 공급받아야 하기 때문에 이들 지방산을 필수지방산(essential fatty acid:EFA)이라고 한다. 필수지방산으로는 리놀레산(linoleic acid: ω-6)과 리놀렌산(linolenic acid: ω-3), 그리고 리놀레산으로부터 체내에서 합성되는 아라키돈산(arachidonic acid: ω-6)이 있다. 리놀레산이 부족하면 아라키돈산을 급원식품으로부터 공급 받아야 하므로 아라키돈산도 필수지방산의 범주에 들어가게 된다.

ω-3계 지방산으로서 요즘 그 생리적 작용이 주목되고 있는 에이코사펜타엔 산(eicosapentaenoic acid:EPA)과 도코사헥사엔산(docosahexaenoic acid: DHA)이 있다. 리놀렌산을 충분히 섭취하면 인체는 같은 ω-3계인 EPA나 DHA 를 합성할 수 있다. 필수지방산의 정의에 관한 논란이 있어 왔으나 리놀렌산의 섭 취가 부족하거나 체내 전환효소의 불균형이 초래될 때 EPA와 DHA의 합성에 장

애가 초래될 수도 있으므로 이들 지방산도 필수지방산의 범주에 포함시키는 추세이다. 그림 2-6은 포화지방산과 불포화지방산, 그리고 필수지방산의 관계를 나타낸 것이다.

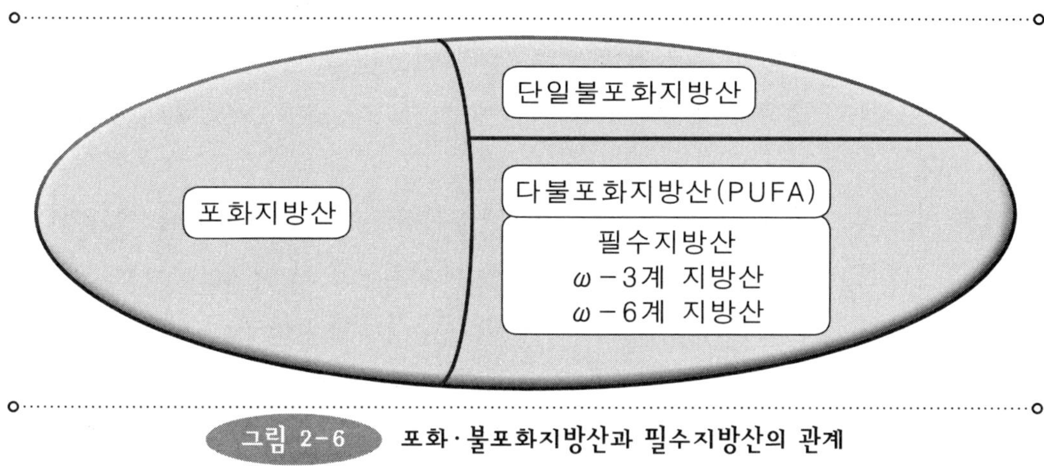

그림 2-6 포화·불포화지방산과 필수지방산의 관계

필수지방산은 옥수수나 콩기름, 잇꽃기름, 땅콩 등 천연식물유에 많이 있으며, 모유에는 리놀레산이 전체열량에서 6~9%를 차지하므로 모유를 섭취하는 어린이는 쉽게 이 필요량이 충당된다.

필수지방산의 섭취부족 시에는 성장장애, 생식기능장애, 습진성피부염이니 알레르기, 호흡기점막의 감염 등이 나타나며, 지방간이나 비만이 초래된다. 즉 필수지방산이 부족할 때 혈당을 지방으로 전환시키는 과정이 간에서 비정상적으로 촉진되고, 이로 인해 혈당이 저하되어서 허깃증을 유발시키게 된다. 또한 필수지방산은 체내에서 프로스타글란딘(prostaglandins)이라고 하는 국소호르몬의 재료가 된다. 프로스타글란딘은 심장과 혈관근육의 수축을 조절하여 정상적인 혈압을 유지하도록 도우며, 신경자극·전달을 정상화시키고 소화효소의 분비조절에 관여하는 등 다양한 생리적 기능을 하고 있다.

4) 지방과 운동

운동을 지속하면 근육 내에 저장된 에너지인 글리코겐이 소비되어 감소하는데, 그 감소속도는 운동강도에 따라 많은 차이가 있다. 아주 심한 운동(예를 들어 최대산소섭취량의 80% 이상)을 지속적으로 하면 급속히 에너지를 만들어내야 하므로 근육은 에너지로 변환이 잘되는 물질(=글리코겐)을 주로 사용하게 되고, 체내의 글리코겐은 급속히 소모되어 단시간에 고갈되어 근은 피로해져 움직일 수 없게 된다.

한편, 비교적 약한 운동(예를 들어 최대산소섭취량의 50% 이하)에서는 에너지의 공급 스피드가 느려지고 지질을 연소시켜 에너지를 만들어내는 시간이 생기기 때문에 근육내 글리코겐의 소비는 적어진다. 즉 체내에 다량으로 축적되어 있는 지질을 충분히 에너지원으로서 이용할 수 있다. 그러나 지질을 분해하여 에너지를 만들어내는 반응에는 글리코겐 등의 물질도 필수적이기 때문에 글리코겐이 완전히 고갈된 상태에서는 에너지를 만들어낼 수 없으므로 근은 피로하여 움직일 수 없게 된다.

비교적 약한 강도의 운동을 지속하면 주로 지방이 에너지원으로서 이용되고 글리코겐이 절약되기 때문에 지방이 고갈될 때까지 장시간의 운동이 가능해진다. 장시간의 운동을 가능하게 하는 능력, 즉 지구력을 늘리기 위해서는 체내 저장에너지인 지질을 충분히 연소시켜 이용할 수 있도록 체내의 영양성분을 조절하는 것이 중요하다.

탄수화물 등에 비해 지방의 소화흡수속도는 매우 느리기 때문에 지방의 섭취에 관해서는 타이밍이 중요하다. 흡수된 지방은 곧바로 분해되어 에너지원이 되거나, 그렇지 않으면 지방세포로 흡수되어 저장된다. 따라서 섭취하는 타이밍이 잘못된다면, 단순히 체내에 축적되어 살이 찌게 될 뿐이다. 예를 들어 저녁식사 때 지방이 많은 식사를 섭취하면 지방의 흡수가 활발한 시간에 수면을 취하게 되므로 그 지방은 오로지 지방세포로만 흡수되어 차곡차곡 체내에 축적되어 간다. 따라서 지방을 에너지원으로서 사용하기 위해서는 아침이나 점심식사 때 섭취하는 것이 좋다. 아침식사 때 섭취한 지방은 그날 하루의 신체활동을 유지하기 위한 에너지원으로서 효과적으로 이용된다.

4 단백질

단백질의 영어인 'protein'은 그리스어의 'proteios(중요한 것)'에서 유래된 말이다. 단백질은 탄수화물이나 지방과 같이 탄소, 수소 및 산소원자를 포함하고 있다. 이외에 단백질은 분자의 약 16%에 달하는 질소를 갖고 있으며, 황, 인, 그리고 철이 포함되어 있다. 탄수화물인 글리코겐이 매우 단순한 글루코스라는 기본단위로 이루어진 것과 마찬가지로, 단백질분자 역시 아미노산이라는 건설블럭으로 중합되어 있다. 아미노산은 긴 사슬의 펩타이드결합에 의해 연결되어 수많은 단백질을 형성한다.

인체는 약 20여 종의 아미노산(amino acid)을 필요로 하며, 그 각각은 아민기(amino radical)와 카르복실기(carboxyl group)로 구성되어 있다. 아민기는 질소에 두 개의 수소 원자가 결합되어 있으며(NH$_2$), 반면에 카르복실기, 즉 유기산기는 한 개의 탄소원자와 두 개의 산소원자, 그리고 한 개의 수소원사로 구성된다(COOH). 아미노산 분자의 나머지 부분은 여러 가지 다른 형태를 이루는데, 이를 아미노산 분자의 측쇄(side chain)라고 한다.

두 개의 다른 아미노신인 알라닌(alanine)과 루신(leucine)은 그림 2-7에 나타나 있다. 각각의 단백질은 기본적인 아민기와 카르올실산기, 그리고 서로 다른 구조를 갖는 측쇄(side chain)로 구성되어 있다. 바로 이 측쇄의 특수한 구조로 인하여 아미노산은 자신만의 특별한 특성을 갖게 되는 것이다.

20여 종의 아미노산이 여러 가지 방법으로 결합하여 단백질을 형성하기 때문에, 아미노산의 결합방식에 따라서 거의 무한정한 종류의 단백질이 존재할 수 있다. 예를 들어 오직 세 가지의 아미노산 결합으로부터 형성된 단백질만 생각하더

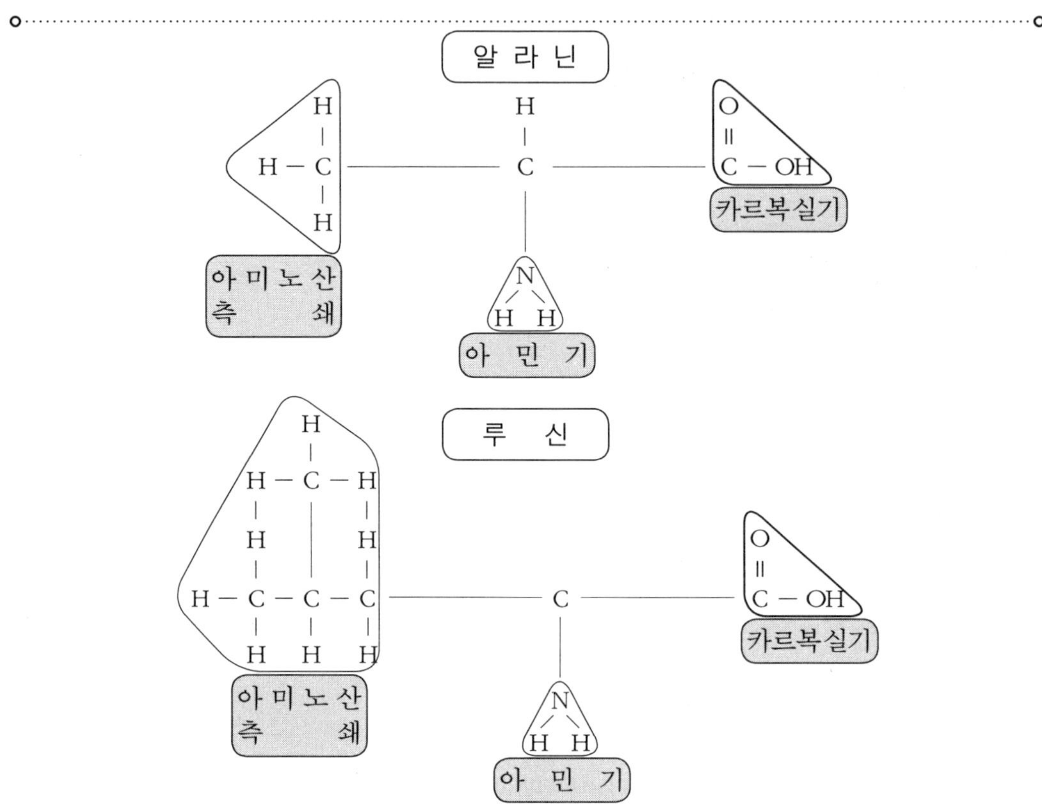

단백질은 기본적인 카르복실기와 아민기를 갖고 있으며, 서로 다른 구조의 측쇄를 갖고 있다.

그림 2-7 알라닌과 루신의 구조

라도, 20^3 즉 8,000종의 단백질이 있을 수 있다. 인체내 단백질은 거의 예외없이 아미노산의 수많은 결합으로 이루어져 있다.

1) 단백질의 종류와 급원

8종의 아미노산(어린이나 스트레스 상태하의 노인인 경우는 9종)은 체내에서 합성할 수 없어서 반드시 음식섭취를 통해 얻어야 한다. 이들 아미노산을 필수아미노산이라고 하며, 영양보조식품의 라벨에서 자주 볼 수 있다. 인체 내에서 합성할 수 있는 나머지 9종의 아미노산은 비필수아미노산이라고 한다(표 2-5). 비필

표 2-5 필수아미노산과 비필수아미노산

필수아미노산	비필수아미노산
이소루신(isoleucine) 루신(leucine) 라이신(lysine) 메티오닌(methionine) 페닐알라닌(phenyalanine) 트레오닌(threonine) 트립토판(tryptophane) 발린(valine) 히스티딘(histidine)*	알라닌(alanine) 아스파라긴산(aspartic acid) 알긴산(arginine) 시스테인(cysteine) 글루탐산(glutamic acid) 글리신(glycine) 하이드록시글루탐산(hydroxyglutamic acid) 프롤린(proline) 세린(serine) 티로신(tyrosine) 하이드록시프롤린(hydroxyproline)

* 어린이는 히스티딘을 합성할 수 없으므로 어린이의 경우 필수아미노산으로 분류된다.

수아미노산은 중요하지 않다는 의미가 아니라, 단지 인체의 수요량을 충족시킬 수 있을 만큼 체내의 다른 화합물로부터 합성할 수 있다는 것을 의미한다.

필수아미노산을 함유하고 있는 단백질은 동물이나 식물세포 모두에게서 존재한다. 식물에게서 발견되는 특정 아미노산보다 동물에게서 발견되는 동일한 아미노산이 더 좋다고 할 수는 없다. 식물은 흙속의 결합질소(incorporating nitrogen)와 수분, 그리고 대기 중의 탄소, 수소, 산소를 이용하여 단백질을 만들어 낸다. 그러나 동물은 광범위한 단백질 합성능력이 없으므로 섭취한 음식으로부터 단백질을 얻어야만 한다.

단백질은 함유된 아미노산의 종류와 양에 따라 완전단백질과 불완전단백질로 분류할 수 있다.

(1) 완전단백질

8가지의 필수아미노산이 충분한 양이 빠짐없이 함유되어 있을 때 완전 단백질이라고 한다. 이 완전 단백질은 생체이용률이 높아서 일반적으로 양질의 단백질이라고 한다. 거의 모든 동물성단백질은 완전단백질로서 우유의 카제인(casein), 달걀이나 혈청에 있는 알부민(albumin), 글로불린(globulin)을 대표적으로 들 수 있다.

(2) 불완전단백질

필수아미노산 중 하나 또는 그 이상의 아미노산이 결여되어 있어 체단백질의
합성을 위한 모든 아미노산을 제공할 수 없는 단백질로서, 거의 모든 식물성단백
질은 여기에 속한다. 예외적으로 밭의 쇠고기라고 하는 콩류나 견과류는 완전단
백질이다.

2) 생물가와 아미노산 보충작용

체내 아미노산 필요량을 충당하기 위한 단백질의 생물가(biological value, 동
물이 섭취한 영양소 중에서, 동물의 유지와 성장에 사용한 부분의 비율)는 필수아
미노산의 함유량에 의해 좌우된다. 단백질의 생물가(生物價)는 생체내에서의 단
백질이용률을 나타내는데, 이는 흡수된 질소가 체내에 얼마나 보유되었는가 하는
것으로 표시된다. 달걀의 단백가를 100으로 하였을 때 일반적으로 생물가가 70
이상인 것은 양질의 단백질에 속한다. 대체로 동물성단백질의 생물가는 높은 반
면 식물성단백질의 생물가는 그보다 낮다. 표 2-6은 주요식품 중의 단백질함량과
생물가를 나타낸 것이다.

불완전단백질을 보완하기 위해서 두 가지 이상의 식물성단백질을 섭취하거나,
식물성단백질에 소량의 동물성단백질을 첨가하여 완전단백질로 섭취할 수도 있

표 2-6 주요 식품의 단백질함량과 생물가

식 품	단백질량(%)	생 물 가	식 품	단백질량(%)	생 물 가
쇠고기	20.1	79	쌀	6.5	73
닭고기	20.7	79	보리	10.2	74
돼지고기	20.7	75	밀가루	11.2	53
새우	17.8	75	참깨	19.7	63
고등어	18.0	84	감자	2.4	67
오징어	16.9	83	달걀	12.7	100
대두	41.3	77	우유	2.9	88
땅콩	23.4	57	열무	3.0	53
			표고버섯	18.7	81

다. 예를 들어 라이신(lysine), 트립토판(tryptophan)이 부족한 밀과 메티오닌(methionine)이 부족한 메주콩을 배합하면 모든 아미노산을 함유하는 단백질식품이 될 수 있다.

한국인의 전통적인 식생활을 보면 총단백질섭취량 중 주로 곡류에 의한 식물성단백질의 섭취가 약 70%이다. 이러한 곡류의 단백질은 일반적으로 라이신(lysine), 트립토판(tryptophan), 메티오닌(methionine) 등이 부족하기 쉽다. 우유에는 곡류에 부족한 이들 아미노산의 함량이 높으므로 단백질 보족작용에 효과적인 식품이다. 단백질의 보족작용에 효과적인 식물성급원으로는 비교적 단백질함량이 높은 대두류, 참깨, 고추씨, 해바라기씨 등의 종자단백, 그리고 미역, 다시마, 파래, 김, 클로렐라 등의 해조류를 들 수 있다.

3) 동물성 및 식물성단백질

최근 들어 동물성식품이 성인병의 원인이 된다고 해서 동물성급원을 무조건 기피하고 채식만을 고집하는 그릇된 식생활을 추구하는 경향이 있다. 이러한 경향은 동물성급원에 많은 포화지방산과 콜레스테롤섭취를 피하기 위한 의도인데, 이는 몇 가지 식물성식품을 섭취하면 단백질의 질을 높일 수 있다는 데 바탕을 둔 것이다.

그러나 지나치게 엄격한 채식주의자가 갖는 영양상의 문제점은 칼슘이나 인, 철, 비타민 B_{12}(동물의 소화관 내의 박테리아에 의해 생성됨) 등의 영양소 이외에도 풍부한 양질의 단백질을 섭취하기 어렵다는 것이다. 즉 대부분의 식물성식품은 동물성급원에 미해 체내 단백질활용률이 크게 떨어진다. 예를 들어 인간은 필수아미노산 중 메티오닌이 트레오닌보다 2배 더 필요한데, 콩에는 트레오닌이 메티오닌보다 4배나 많이 들어 있다. 더구나 고기, 생선, 닭고기, 낙농제품에는 비타민 E뿐만 아니라, 비타민 A와 비타민 B 복합체가 많이 들어 있으며, 특히 비타민 B_{12}는 동물성급원으로만 공급받을 수 있는 유일한 비타민이다. 비타민 B_{12}가 부족하면 악성빈혈, 신경과민, 정신병적 행동 등을 유발한다.

한편, 식물성 위주의 식사는 여러 가지 인체에 필요한 무기질의 결핍을 초래하기 쉽다. 예를 들어 곡류에 다량으로 함유되어 있는 유기산인 피틴산(phytic acid)은 철의 흡수를 저해한다. 반면 동물성단백질에 많은 시스테인(cystein)은 철의 장내 흡수를 촉진한다. 또한 칼슘 역시 식물성식품에 포함된 수산(oxalic acid)이나 피틴산에 의해 흡수가 저해되는 반면 우유에 포함된 젖당은 칼슘의 흡수를 15~50%나 증가시킨다.

양질의 단백질에 대한 필요성은 인체가 스트레스를 받을 때 더욱 높아진다. 스트레스에 대처하기 위해 인체의 여러 조직으로부터 이용가능한 아미노산이 에너지대사에 참여하고, 동시에 아미노산을 재료로 하여 항체의 생산량을 늘리게 된다. 따라서 홍역, 디프테리아, 결핵, 간염 등에 걸리거나 부상을 입거나 임신 또는 수유 중인 여자는 일일 권장량보다 더욱 많은 단백질을 섭취할 필요가 있다.

채식 위주의 식사에 따른 문제점은 우유, 치즈, 요구르트와 같은 낙농제품을 이용하는 식사(lactovegetarian)를 통해서 해결할 수 있다. 이러한 식사방법은 양질의 단백질 섭취와 칼슘, 인, 비타민 B_{12} 섭취부족에 따른 문제점을 최소화시킬 수 있다. 아울러 달걀을 추가로 섭취하면, 단백질 섭취부족에 따르는 문제는 보다 쉽게 해소할 수 있다.

4) 단백질과 운동

웨이트 트레이닝과 같은 운동은 근육의 비대를 촉진하기 때문에, 이러한 운동을 실시하는 기간에는 특히 근육의 재료가 되는 단백질을 적정하게 공급해 주는 것이 중요하다. 또한 운동기간 중에는 혈중에서 적혈구파괴도 촉진되므로 단백질과 더불어 철의 공급도 필요하다.

격렬한 운동을 하고 있는 기간 중에는 하루에 체중 1kg당 2g의 단백질이 필요하다. 단단한 근육을 만들고 근력과 순발력을 높이기 위해서는 단백질의 공급은 중요하다. 필요량 이상을 섭취하면 신장기능에 부담을 주고, 체내 함질소화합물의 분해대사를 높이고, 요산을 필요 이상으로 생성시켜 통풍(痛風)발증을 촉진시킬 수 있다. 특히 경기시즌 중의 선수처럼 소비칼로리가 매우 많은 경우에는 단백질섭취에 너무 신경쓸 필요는 없고, 오히려 단백질의 과소섭취에 유의해야 할지도 모른다.

현재 운동기간 중 적절한 단백질섭취량에 관해서는 확실한 결론이 나와 있지 않지만, 운동함으로써 늘어난 식사량에 비례하여 증가된 단백질섭취량에서 특별히 늘릴 필요는 없고, 일상생활에서 섭취하는 양보다 약간 많은 정도면 좋다고 볼 수 있다. 식사의 증가분은 주로 탄수화물 다음에 지방으로 하고, 단백질의 증가는 약간만 하도록 한다. 식사의 총섭취량이 매우 많은 경우에는 섭취하는 단백질의 양보다 질(단백을 구성하는 아미노산의 비율)이 좋은 것을 선택할 필요가 있다. 동물성단백질이 식물성단백질보다 영양가가 높으므로, 육류나 어패류를 적당히 먹을 때는 하루 80g의 단백질섭취가 적당하더라도 채식 중심의 식사에서는 150g 정도의 단백질섭취가 필요한 경우도 있다.

근육량을 늘리려면 웨이트 트레이닝이 가장 효과적인데, 이는 근육을 혹사하여 근육섬유를 파괴한 후에 근육섬유과잉수복작용을 일으키기 때문이다. 근육의 수복에는 성장호르몬 등이 관계하고, 혈중아미노산증가와 단백질합성작용을 촉진시켜 근육을 원래보다 강하게 재생하는 것이다. 그러므로 근력향상을 위해서는 트레이닝 시간, 호르몬의 생리적 분비시간, 근육의 재료가 되는 식사시간 등의 타이밍을 잘 맞추어 트레이닝을 하는 것이 중요하다. 예를 들어 연습시간의 마지막에 웨이트 트레이닝을 실시하고, 비교적 신속히 식사를 하여 근육형성재료를 공급한 후 체내의 호르몬균형이 체합성에 맞도록 수면을 취하는 것이 근육을 효율적으로 증대시키는 데 적합하다.

5 비 타 민

1) 비타민의 정의

비타민이란 세포 안에서 특수한 대사기능을 수행하기 위하여 신체가 필요로 하는 매우 소량의 유기물질이다. 세포는 이런 물질들을 합성하지 못하기 때문에 반드시 식품이나 비타민 제재를 통하여 섭취하여야 한다. 모든 비타민은 유기물질로서, 구성성분 중에 탄소를 함유하고 있는데, 이것이 무기질과 다른 점이다. 또한 신체가 매우 소량을 필요로 하는 미량영양소(micronutrients)라는 점에서 단백질, 당질, 지방 등 3대 열량영양소와도 구분된다.

그러나 필요량은 매우 적더라도 동물과 사람의 정상적인 건강유지에는 절대적으로 필요하다. 어떤 한 가지 비타민이라도 음식에서 결핍되었거나 체내에서 적절하게 흡수되지 않으면 비타민결핍증이 생긴다.

일반적으로 비타민이라고 부르는 물질들은 모두 음식을 통하여 섭취해야 되는 것은 아니다. 신체는 적당한 전구체가 있거나 외부환경조건이 적합하면 나이아신, 비타민 A, 비타민 D를 합성할 수 있다. 그러나 비타민이나 비타민의 전구체가 결핍되었거나, 혹은 환경조건이 적합하지 않으면 비타민결핍증이 초래될 수 있기 때문에 이들도 모두 비타민에 포함시킨다.

2) 비타민의 분류와 기능

비타민은 물에 용해되는 수용성비타민과 지방질에 용해되는 지용성비타민이 있다. 수용성비타민에는 비타민 B_1, 비타민 B_2, 나이아신(Niacin), 비타민 B_6, 판토텐산(pantothenic acid), 바이오틴(biotin), 엽산, 비타민 B_{12}, 비타민 C 등이 있고, 지용성비타민에는 A, D, E, K가 있다(표 2-7).

비타민 자체는 에너지를 제공하지 않지만 당질, 지방, 단백질이 에너지를 내는 과정을 촉진하는 역할을 한다. 또한 세포분열, 시력, 성장, 상처치료, 혈액응고 등과 같은 다양한 신체과정에 비슷한 방식으로 참여하기 때문에 비타민이 부족하면 식품의 소화와 이용이 잘되지 않고, 식욕이 떨어지고, 신체의 건강과 활력이 유지되지 않으며, 정상적인 성장도 이루어지지 않게 된다.

또한 몇 개의 비타민들이 동시에 신체의 어떤 기능을 촉진할 경우에 이들 비타민 중에는 한 가지만 부족해도 그 기능은 장애를 입게 된다. 예를 들어 비타민 A,

표 2-7　비타민의 기능, 급원식품, 권장량 및 관련 질병

비 타 민		체내기능	급원식품	영양권장량 (남/녀)	⊕과잉증 ⊖결핍증
지용성비타민	A (레티놀, 레티노익산, 레티날)	-로돕신(시각색소)구성 (야맹증적응) -상피세포의 기능유지 -뮤코다당류합성 -세포분화조절	푸른 야채에 비타민 A 전구체(β-카로틴) 함유 간유, 난황, 연어, 당근, 귤	1.0/0.8mg	⊕두통, 구토, 피부이상, 탈모증, 간비대, 췌장비대 ⊖야맹증, 안구건조증, 피부이상, 성장부진, 면역기능 약화, 성기능장애
	D (콜레칼시페롤)	-뼈성장 -석회화촉진 -칼슘과 인 조절인자	생선 간유, 달걀, 유제품, 강화우유, 효모, 버섯	0.008mg	⊕성장지연 ⊖구루병(어린이), 골연화증(성인), 골다공증(성인)
	E (토코페롤 α, β-, γ-, δ-)	-세포의 손상을 막는 항산화제	씨앗, 푸른잎 채소, 마아가린, 쇼트닝, 콩류, 식물성기름	10/8mg	⊕근육허약, 비타민 K대사 방해 ⊖적용구용혈, 빈혈, 신경파괴
	K (필로퀴논)	-혈액응고제(활성형 프로트롬빈 생성에 관여)	푸른잎 채소, 시금치, 곡류, 과일, 육류에 소량	0.007mg	⊕빈혈, 황달 ⊖출혈(내출혈)
수용성비타민	B₁ (타이아민)	-보조효소(이산화탄소 제거반응에 관여) ex)TCA회로, 해당과정	돼지고기, 두류, 고기, 전곡, 곡류, 효모	1.5/1.1mg	⊖각기병(허약, 피로, 다리의 감각상실, 부종)
	B₂ (리보플라민)	-산화, 환원반응(TCA회로, 전자전달계) -지방분해	우유, 쇠간, 육류, 생선, 달걀	1.7/1.3mg	⊖구내염, 구순구각염, 설염
	Niacin (나이아신)	-산화-환원반응(해당과정, TCA회로, 지방합성 및 분해)	간, 저지방육, 곡류, 가금류, 효모, 두류(트립토판으로부터 합성가능)	19/15mg	⊕100mg이상 섭취하면 간이상, 피부발진 ⊖펠라그라(4D : 설사, 피부염, 치매, 죽음), 정신이상
	B₆ (피리독신)	-단백질. 지방의 체내이용률 향상 -신경선날물실합성	육류, 채소류, 전곡, 씨리얼	2.0/1.6mg	⊕신경파괴 ⊖피부염, 설염, 발작, 빈혈
	Pantothenic acid (판토텐산)	-CoA 전구체(아실기전달, TCA회로, 지방합성 및 분해)	난황, 간, 치즈, 버섯, 땅콩, 진녹색 채소	4~7mg	⊕피로, 무관심, 불면증
	Biotin (바이오틴)	-보조효소-지방합성, 아미노산대사, 글리코겐 합성	내장고기, 우유, 두류, 채소류, 육류	0.010mg	⊕빈혈, 식욕감퇴, 구토, 피부건조증
	Folate (엽산)	-DNA와 RNA 합성 -아미노산의 합성 -직혈구의 싱숙	시금치, 간, 내장육, 아스파라거스, 근대, 브로골리, 오렌시주스	0.025mg	⊖거대적아구성 빈혈, 설염, 성장장애, 정신질환
	B₁₂ (코발아민)	-엽산대사과정 관여 -신경기능의 유지	육류, 달걀, 유제품	0.0002mg	⊖악성빈혈(거대적아구성 빈혈, 신경계손상)
	C (아스코르브산)	-항산화제 -면역기능향상 -콜라겐 합성	감귤류, 신선한 과일류, 푸른 야채류	60mg	⊕철분흡수 증가, 신장결석 ⊖결합조직손상(괴혈병등 점상출혈)

B$_1$, B$_2$, B$_6$, C, D 등은 모두 성장촉진요인들인데, 이들 비타민 중에서 단 하나의 비타민만 부족하여도 성장장애가 일어나게 된다.

3) 항산화비타민

격렬한 운동 등으로 생체내에서의 대사가 보통 때보다 항진되면 프리라디컬(free radical)이나 활성산소의 발생이 증가하고, 세포막의 손상위험성이 높아진다. 비타민 중에는 이러한 프리라디컬이나 활성산소를 제거하는 것이 있는데, 이러한 비타민을 '항산화비타민'이라고 부른다.

한편, 항산화비타민에는 수용성비타민 C와 지용성비타민 E, β-카로틴(β-carotene) 등이 있어서 생체막 안팎을 보호하고 있다. β-카로틴은 카로티노이드(carotinoid)에 속하는데, 체내에서 필요에 따라 비타민 A로 변환하기 때문에 프로비타민 A라고도 불린다.

6 무 기 질

1) 무기질의 정의

무기질은 신체의 성장과 유지 및 생식에 비교적 소량이 요구되는 영양소이다. 인체의 구성성분 중에서 무기질은 체중의 약 4%를 차지한다. 나머지 96% 중에 당질, 지방, 단백질과 같은 대량영양소가 30% 정도이며, 55~65%의 물과 매우 적은 양의 비타민이 들어 있다.

모든 동물성식품은 무기질을 함유한다. 체내에서 발견되는 여러 종류의 무기질은 열량영양소에 비하여 음식으로 섭취할 수 있는 필요량은 매우 적지만, 인체의 체액과 조직에 널리 분포하여 중요한 성분이 된다. 골격과 치아의 구성성분이며,

또한 혈액이나 체액에 유리이온으로 단독으로 존재하기도 하고, 호르몬과 효소 등 단백질의 구성원으로서 중요한 기능을 한다. 무기질과 비타민은 소량이 필요하지만 음식을 통하여 체외에서 반드시 공급되어야 한다는 점에서 비슷하다.

무기질이 비타민과 구별되는 몇 가지 특징은 다음과 같다.

- 비타민은 유기물질인 데 비하여 무기질은 단일요소로서 탄소를 포함하지 않는 무기물질이다.
- 식물과 세균 등의 유기체가 몇 가지 비타민들을 합성할 수 있지만 어떠한 생명체도 무기질을 합성하지 못한다.
- 비타민은 공기, 빛, 열 등의 여러 가지 처리에 의하여 쉽게 파괴되지만, 무기질은 일반적인 화학적 방법에 의하여 쉽게 파괴되지 않고 매우 안정적이다.

2) 무기질의 분류

무기질은 신체내에 존재하는 양을 근거로 하여 대량무기질(macromineral)과 미량무기질(micromineral)로 분류한다. 무기질 중에 칼슘(Ca), 인(P), 나트륨(Na), 염소(Cl), 칼륨(K), 마그네슘(Mg), 황(S) 등은 체내에서 체중의 0.05% 이상되는 상당량이 발견되므로 이들을 대량무기질이라고 한다.

반면에 철(Fe), 요오드(I), 망간(Mn), 구리(Cu), 아연(Zn), 코발트(Co), 불소(F)와 같은 무기질은 체내에 소량만이 존재하므로 미량무기질이라고 한다. 또한 대량무기질은 식사에서 하루에 100mg 이상 필요하며, 미량무기질은 식사에서의 요구량이 적다(표 2-8).

3) 무기질의 기능

(1) 산, 염기의 평형

무기질은 식품으로부터 흡수되어 신체내에 분포된다. 조직이나 체액 속에 들어 있는 무기질은 많은 대사반응에 필요한 산도 혹은 염기도를 정상으로 유지하도록

표 2-8　무기질의 체내 기능, 권장량 및 급원과 관련 질병

무 기 질		체내기능	급원식품	영양권장량 (남/녀)	⊕과잉증 ⊖결핍증
다량무기질	칼슘 (Ca)	치아 및 골격형성, 신경전달, 혈액응고	우유 및 유제품, 뼈째 먹는 생선, 녹색채소	700mg	⊕신장결석 ⊖골다공증, 골격손실
	인 (P)	치아 및 골격형성, 산-염기평형	유제품, 어육류, 제빵류, 탄산음료, 곡류	700mg	⊖골격손실
	마그네슘 (Mg)	효소의 활성화, 단백질합성	전곡, 녹색잎 채소	200~300mg	⊕허약증세 ⊖허약, 근육통, 심장기능약화, 신경장애
	황 (S)	세포단백질 및 비타민의 구성성분, 산-염기평형	단백질 식품	없음	없음
	나트륨 (Na)	산-염기평형, 체내수분평형, 신경기능	소금	500mg	⊕고혈압, 소변 중 칼슘손실증가 ⊖근육경련, 식욕감퇴
	칼륨 (K)	산-염기평형, 삼투압조절, 신경자극전달, 글리코겐형성	시금치, 호박, 바나나, 채소, 과일류, 우유, 육류, 콩류, 전곡	500mg	⊕심장박동 느려짐 ⊖불규칙한 심장박동, 식욕상실, 근육경련
	염소 (Cl)	위액형성, 신경자극전달	가공식품, 소금	500mg	⊕소디움과 결합-고혈압야기 ⊖유아의 경우 혼수상태
미량무기질	철 (Fe)	헤모글로빈구성, 에너지대사 관련 효소의 구성, 면역기능유지	달걀, 육류, 어패류, 녹색채소	12/18mg	⊕혈색소증 ⊖철분결핍성빈혈, 성장장애
	아연 (Zn)	성장, 면역, 생체막구조와 기능의 정상유지, 핵산합성패류(굴, 게 등)	육류, 요구르트	15/12mg	⊕철분·구리 흡수 저하, 면역기능억제, HDL 낮춤 ⊖성장·상처회복지연, 왜소증
	구리 (Cu)	철분의 흡수·이용, 결합조직건강에 기여	육류(간·내장), 패류(굴, 가재)	2mg	⊕윌슨병, 간질환 ⊖빈혈증, 성장장애, 심장질환
	요오드 (I)	갑상선호르몬의 성분 및 합성	해조류(미역, 김), 해산물	0.0200mg	⊕갑상선기능항진증 ⊖갑상선기능부전증, 갑상선종, 크레틴증
	불소 (F)	충치예방 및 억제, 골다공증 방지	해조류, 어류	1.5~4.0mg	⊕불소증, 위장장애, 치아반점 ⊖충치유발, 골다공증
	망간 (Mn)	효소의 활성화, 뼈, 연골조직의 형성	견과류, 전곡류	2.0~5.0mg	⊕신경근육계 증세 ⊖체중감소, 동물의 경우 성장·생식장애
	셀레늄 (Se)	항산화작용(비타민 E와 긴밀한 협동작용)	새우, 어패류, 견과류	0.020mg	⊕신경계손상, 피부손상 ⊖성장장애, 근육약화, 심장기능저하
	크롬 (Cr)	포도당 대사 및 에너지 대사	계란, 간, 전곡, 견과류	0.020mg	⊕피부염, 기관지암 ⊖성장지연, 콜레스테롤·지질대사이상
	몰리브덴 (Mo)	효소의 구성성분	전곡류, 간, 우유 및 유제품		⊕요산증가, 통풍유발

조절한다. 혈액, 조직, 세포 등에게 적절한 산도 혹은 염기도는 각각 다르지만, 무기질은 체내에서 적절한 pH를 유지하도록 조절한다.

무기질은 수용성이므로 물속에서 이온을 형성한다. 양(+)이온을 형성하는 무기질은 나트륨, 칼슘, 마그네슘, 칼륨 등으로 염기도를 증진시키며, 음(−)이온을 형성하는 무기질은 염소, 황, 인 등으로 산성을 띤다. 산을 형성하는 무기질은 곡류, 곡류제품, 육류, 닭고기, 계란, 생선 등에 비교적 풍부하며, 이와 대조적으로 체내에서 염기반응을 하는 무기질은 과일과 야채에 풍부하다.

과일의 신맛을 내는 산은 신체내에서 완전히 대사되는 유기산으로서 체내 산도에는 아무런 영향을 주지 않는다. 신맛이 있는 레몬의 경우에 유기산은 신체내에서 완전히 대사, 분해되고, 나트륨, 칼륨 같은 염기를 형성하는 잔여물이 남기 때문에 레몬은 염기성식품이다. 그러나 시금치, 코코아, 커피, 차 등은 모두 대사되지 않는 산을 포함한다. 우유나 유제품은 염기를 형성하는 칼슘과 산을 형성하는 인을 모두 가지고 있으므로 신체내 산도에 큰 영향을 주지 않는다.

(2) 신체의 필수성분

무기질은 신체의 각 부분을 형성한다. 신체를 구성하는 많은 무기질 중에서 칼슘과 인은 뼈와 치아 등의 경조직을 구성하는 데 중요하다. 그러므로 뼈의 적절한 성장은 성장기에 이들 무기질을 얼마나 적절하게 섭취하였느냐에 달려 있으며, 성장이 끝난 후에도 뼈가 건강하게 유지되려면 계속 이들 무기질이 필요하다.

뼈와 치아의 칼슘, 인, 불소 등의 농도는 경조직의 발달에 많은 영향을 준다. 아연, 구리, 망간 등은 연결조직의 형성에 필수적이다. 연결조직은 연골, 피부, 혈관, 뼈 주위조직의 중요한 구성성분이다. 또한 신체내에서 중요한 기능을 하는 호르몬, 효소, 비타민 등은 무기질을 구성성분으로서 함유한다. 시토크롬계(cytochrome system)는 철을 함유하는 효소로 구성되어 있으며, 그것은 구리에 의해서 활성화된다. 탄산 탈수효소나 카르복시 말단분해효소는 아연을 함유하며, 크산틴 산화효소는 몰리브덴을 함유한다.

비타민 중에서도 무기질을 성분으로 하는 것이 있다. 타이아민, 바이오틴은 유황을 함유하며, 비타민B$_{12}$는 코발트를 함유한다. 철은 헤모글로빈의 성분으로서 혈중헤모글로빈의 기능에 중요한 역할을 하며, 염소는 위 속에 염산의 성분으로서 위의 소화작용에 중요하다.

(3) 촉매작용

무기질은 신체내에서 일어나는 여러 가지 반응에서 촉매기능을 한다. 마그네슘은 당질, 단백질, 지방의 분해, 합성과정에 필요하며, 그 외 구리, 칼슘, 칼륨, 망간, 아연 등 많은 종류의 무기원소들은 체내의 이화작용(catabolism) 및 동화작용(anabolism)의 촉매로서, 또는 효소의 구성성분으로 필요하다.

구리는 실제로 헤모글로빈의 성분은 아니지만 창자에서 철의 흡수를 돕고 간에 저장된 철을 방출하여 헤모글로빈을 합성할 때 중요한 역할을 하며, 적혈구형성에서도 중요하다. 또한 몇몇 영양소의 흡수는 무기질에 의해서 더 증가된다. 분자가 대단히 큰 비타민 B$_{12}$가 창자벽을 통과할 때 칼슘의 도움이 필요하며, 분자가 아주 작은 단당류의 흡수에도 나트륨과 마그네슘의 도움을 받는다. 또 여러 근육조직의 수축, 이완은 칼슘, 마그네슘, 나트륨의 농도와 밀접하게 연관되어 있다.

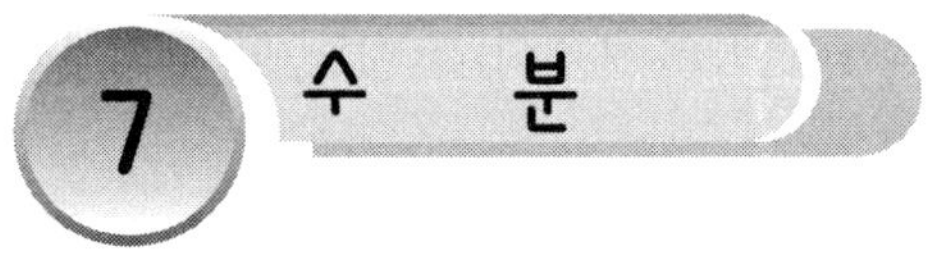

1) 체내 수분의 기능

(1) 화학적 반응의 용매

수분은 체내에서 진행되는 수많은 화학적 반응의 용매로서 작용한다. 인체를 구성하는 수많은 세포들은 물에 잠겨 있는 상태로서, 세포 내외에서 일어나는 모든 화학적 반응은 물을 매개로 하여 이루어진다. 신경자극이 원활하게 전도되는 것도 신경조직이 물에 잠겨 있기 때문에 가능하다.

(2) 심·혈관계의 정상적 활동

혈액량이 적정수준으로 유지되어야만 심·혈관계가 정상적으로 기능할 수 있다. 수분섭취량이 감소하여 혈액량이 줄어들면 심장의 1회박출량이 감소하게 된다. 1회박출량이 감하되면 심장은 이를 보완하기 위하여 빈맥현상을 나타낸다. 또한 수분섭취가 감소하면 혈액농축(hemoconcentration)에 의해 혈액점성도가 증가하는데, 그것은 순환에 장애가 된다.

(3) 물의 평형조절

물은 신체내에서 혈관 속, 세포 속, 세포 사이에 들어 있다. 물이 한곳으로부터 다른 곳으로 옮겨지려면 삼투현상에 의해서 반투과성세포막을 통과해야 한다. 세포막을 투과하여 세포 내외로 이동하는 물의 방향과 양은 무기질의 농도에 의해서 결정된다. 세포가 영양을 적절히 취하기 위해서 물은 혈액으로부터 영양소를 운반하여 세포 외부로부터 세포 내부로 운송하여야 한다. 어떤 경우에는 무기질의 균형이 이루어지지 않아 체액의 축적 또는 탈수를 일으키게 된다.

(4) 물질의 운반과 체외배출

호흡계를 통해 받아들인 산소(O_2)는 혈액순환에 의해 인체의 모든 조직세포에 공급되며, 대사활동의 결과 생성된 이산화탄소는 혈액에 의해 운반되어 폐를 통해 배출된다. 또한 소화관을 통해 혈액과 림프로 흡수된 각종 영양물질은 혈액에 의해 각 조직에 전달되며, 동시에 신진대사과정에서 생성된 노폐물인 암모니아, 젖산, 요소, 전해질 등은 신장과 피부를 통해 체외로 방출된다.

(5) 체온조절기능

인체세포 내에서 영양소의 연소과정에서 발생하는 화학적 에너지 중 약 30%만이 기계적인 에너지로 전환되어 근수축활동에 이용되며, 나머지는 주로 열에너지로서 소비된다. 신체활동 중에는 인체의 에너지요구량이 증가하고, 그에 따라 영양소의 연소속도가 증가하며, 더불어 열생성이 증가하게 된다.

대사과정에서 발생한 열에너지는 체온을 상승시킨다. 이때 발생한 열을 외부로 방출하지 못하여 체온이 어느 수준 이상(약 40℃) 상승하면 인체를 구성하고 있는 단백질(특히 신경조직)이나 화학반응을 촉매하는 효소단백질이 변성, 파괴될 위험이 높아진다. 따라서 인체는 인체내부에서 발생한 열을 체외로 방출하기 위해 두 가지 중요한 방법을 사용한다. 즉 피부혈관의 확장을 통해 열의 전도(conduction)를 증가시키고 땀의 분비를 증가시켜 땀의 증발(evaporation)을 통해 열손실을 증가시키는 것이다.

전도(conduction)는 자동차의 라디에이터(radiator)와 같은 일종의 냉각시스템이다. 인체순환시스템은 라디에이터로서의 역할을 한다. 세포에서 발생한 열은 간질액을 통해 혈액으로 전달되며, 혈액은 피부혈관으로 이동하여 체외로 열을 방출할 수 있도록 해준다. 이때 피부혈관들은 확장되어 보다 많은 혈액이 피부표면으로 흐를 수 있도록 한다. 체온이 상승했을 때 피부가 붉게 되는 것은 바로 이러한 혈관의 확장 때문이다.

한편,으로는 땀분비를 증가시켜 체열을 외부로 방출시킨다. 더운 환경일수록 전도를 통한 체온발산은 한계가 있기 때문에 땀의 분비가 중요한 체온발산방법이 된다. 대기온도가 17℃ 이상이 되면 운동으로 인해 상승된 체온을 발산시키기 위한 주된 열손실기전은 땀의 분비를 통해서 이루어진다. 중요한 점은 땀분비 자체로 인해 열을 방출하는 것이 아니라 분비된 땀이 기화(evaporation)됨으로써 인체가 식혀진다는 것이다. 물을 난로 위에 놓으면 기화가 촉진되어 수증기가 발생한다. 이는 물에 가해진 열이 수증기를 통해 방출되고 있음을 나타낸다. 인체가 분비한 땀도 기화되면서 열을 대기 중으로 방출시키게 된다. 땀의 기화열은 100mL당 58kcal로서, 체중 70kg인 사람은 그로 인해 체온이 1℃ 낮아지게 된다.

(6) 쿠션과 윤활유 역할

인체의 체액은 관절강 내 관절활액(synovial fluid), 심낭강 내의 심막액, 흉막강 내의 흉막액 등의 형태로 존재한다. 이러한 체액은 외부의 충격을 완충시키는 쿠션역할을 하며, 기관의 운동에 따른 마찰을 감소시켜주는 윤활유 기능을 한다.

2) 휴식 시 수분평형

체내 수분평형은 수분의 섭취량과 배설량이 같을 때 이루어진다. 수분섭취량이 배설량을 초과하여 총체액량이 증가되는 경우에는 수분중독(water toxication)이 초래되고, 감소되면 탈수(dehydration)가 나타난다.

1일 총수분섭취량은 2,600mL 정도인데, 그중 음료수형태로 섭취되는 수분이 1,500mL로 가장 많고, 음식물에 함유되어 있는 수분이 800mL를 차지한다. 나머지 300mL는 대사수(water of oxidation)로서, 탄수화물이나 지방, 단백질이 체내에서 대사될 때 부산물로 생성되는 수분이다. 즉 이들 영양소가 완전히 연소될 때 이산화탄소와 물이 생성된다. 이 대사수는 좌업적인 생활을 하는 사람의 1일 총수분요구량의 10~25%에 해당한다.

한편, 1일 총수분배설량은 2,600mL 정도인데, 이중에서 소변을 통한 수분손실이 약 1,500mL로 가장 많고, 대변에 포함되어 배설되는 수분의 양은 약

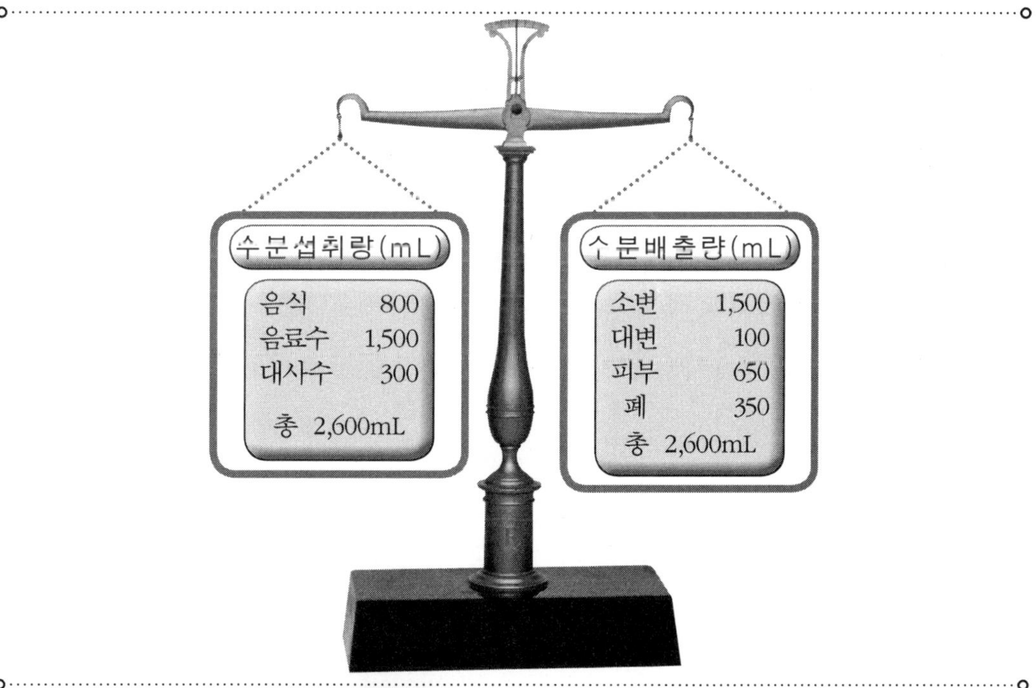

그림 2-8 휴식 시 체내 수분평형

100mL이다. 소변량은 단백질분해의 최종산물인 요소(urea)와 같은 대사물질을 제거하기 위한 인체 필요수준에 좌우된다. 따라서 고단백식사와 같은 원인으로 체내단백질의 대사율이 높아지면 운동 중 체내 탈수현상이 더욱 가속화될 수 있다. 나머지 1,000mL는 우리가 느끼지 못하는 사이에 피부와 폐(호흡)를 통해서 배설되는데, 이를 불감손실(insensivle loss)이라고 한다. 인체가 필요로 하는 최소한의 1일 수분섭취량은 약 1,500mL로서, 그것은 폐와 피부를 통한 불감손실량 1,000mL와 대사활동의 결과 생성된 노폐물을 배출시키기 위해 필요한 최저소변량 500mL를 합한 것이다.

3) 운동 시 수분평형

더운 환경에서 마라톤과 같은 장시간의 운동을 수행할 때 주로 발한을 통해서 이루어지는 수분의 손실량은 대체로 시간당 2L 이상으로서 총체중의 7~8%가 감소한다. 이러한 수분의 손실은 대부분 간질액으로부터 비롯된 것이지만, 계속적인 운동은 결국 혈장량의 감소를 초래한다. 그것은 간질액의 수분감소로 삼투질농도가 증가함으로써 혈관 내에서 간질액 쪽으로 혈장의 이동이 일어나기 때문이다(그림 2-8).

혈장량의 감소는 결국 활동근으로의 혈류증대와 함께 체온조절을 위해 필요한 피부혈류증대요구에 대한 부담을 더욱 가중시키며, 1회박출량과 심박출량, 혈압을 감소시키는 원인이 된다. 운동 중 체액이 2~3L 손실된다면 체내 수분보유를 위한 인체반응기구가 작동하여 땀분비가 감소되며, 그 결과 체온이 상승하게 된다. 그러므로 발한을 지속시키고 체온을 낮은 수준으로 유지하기 위해서는 체액의 보충이 필수적이다.

소화기능과 영양소의 흡수·대사

3

 **인체의 소화기능**

사람들은 생명활동에 필요한 에너지와 신체의 구성성분에 필요한 물질을 음식을 통해 체내로 받아들이고 있다. 소화는 음식 중의 영양소를 흡수하기 쉬운 형태로 분해하는 것이며, 흡수는 분해된 영양소를 세포 안으로 받아들여 혈관계와 림프계로 보내는 것이다. 흡수되지 않은 음식의 잔재는 항문을 통해 변으로 배설된다.

소화·흡수에 관련된 기관을 소화기계라고 하는데, 이는 입에서 항문까지 이어져 있는 관인 소화관(입안·인두·식도·위·작은창자·큰창자·항문)과 소화액을 분비하는 실질기관(침샘·이자·간)으로 구성된다(그림 3-1).

소화작용은 음식을 치아로 씹어 부수고, 위와 장의 운동으로 내용물을 혼합하여 후방으로 보내는 기계적 소화와, 소화액 안에 함유되어 있는 소화효소의 작용에 의해 가수분해를 행하는 화학적 소화로 나누어진다. 소화에는 식품이 갖고 있는 항원성을 제거하는 기능도 있다.

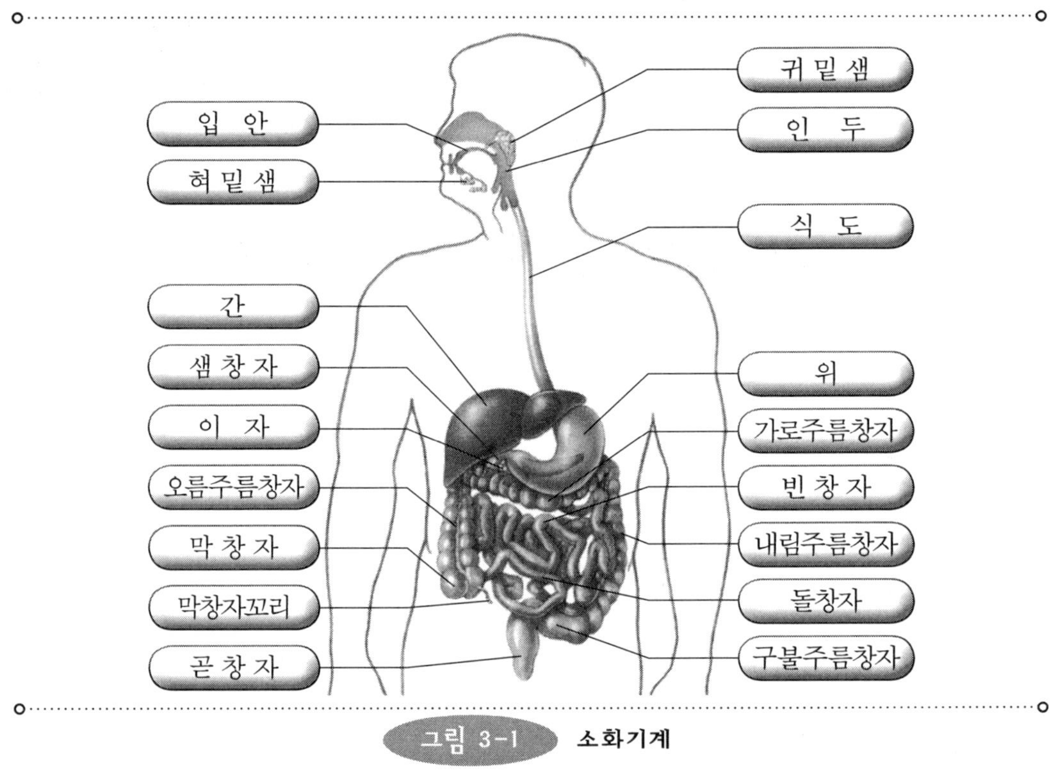

그림 3-1 소화기계

1) 소화기계의 구조

(1) 입 안

① 혀

혀는 맛을 느끼고, 음식을 섞고 연하를 도와주는 작용을 한다. 표면에는 4종류의 유두라고 불리는 돌기가 있다(그림 3-2). 실유두(filiform papillae)는 혓바닥 전체에 빽빽히 나 있어 음식을 혀의 표면에 확실히 달라붙게 하며, 혀를 보호하고 있다. 혀의 안쪽에 분포하는 성곽유두(circumvallate papillae)에는 맛봉오리(taste bud, 미뢰)가 여러 개 있다.

하나의 맛봉오리에는 40~60개의 미각세포(gustatory cell)가 있다. 성인은 약 2,000개의 맛봉오리를 갖고 있는데, 노화와 함께 감소한다. 미각세포는 짠맛, 신맛, 쓴맛, 단맛과 그 맛의 정도를 느낀다.

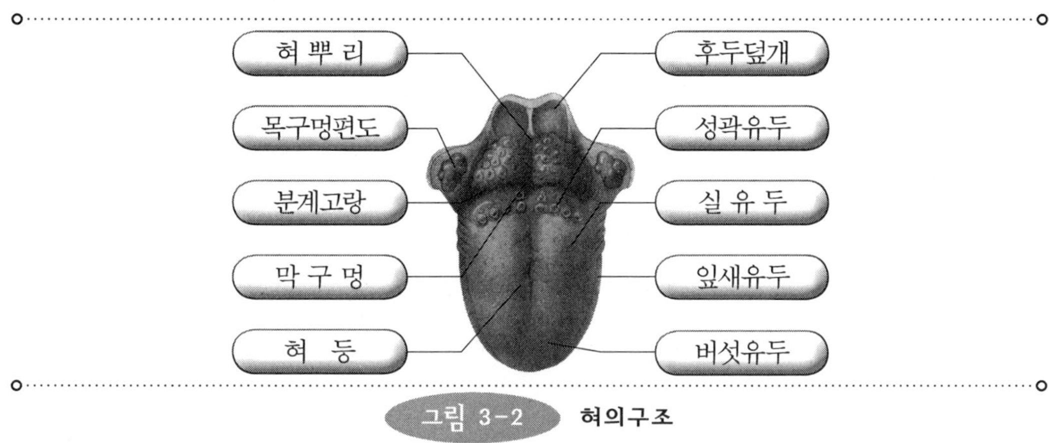

그림 3-2 혀의구조

② 치 아

치아(teeth)는 저작 장기로서 매우 단단한 물질로 덮여 있는 특수하게 분화된 결합조직의 돌출물로, 음식을 찢고 자르고 갈아서 잘게 부수는 작용을 한다. 치아는 U자 모양으로 두 줄로 배열되어 있고, 위·아래턱뼈의 이틀돌기(alveolar process, 치조돌기) 속 구멍 안에 뿌리박혀 있는데, 이것을 치아활(dental arch, 치열궁)이라고 한다.

치아에는 영구치아와 탈락치아의 2종류가 있다. 탈락치아는 생후 6개월 경부터

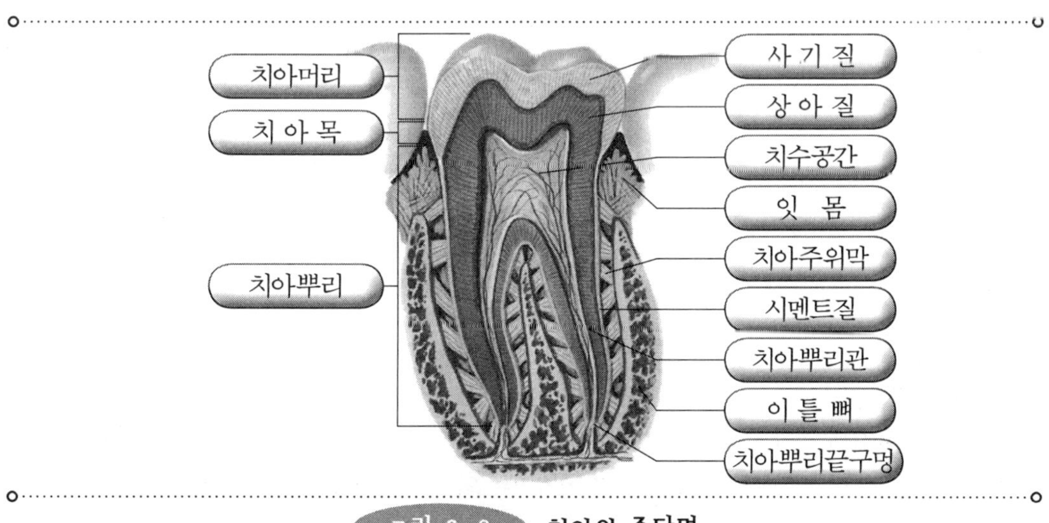

그림 3-3 치아의 종단면

나기 시작하여 만 2세 때 모두 나게 된다. 탈락치아는 큰어금니에 해당하는 것이 없이 위아래 합쳐서 20개이다. 7세 경부터 영구치아로 바뀌게 된다. 상하 모두 좌우 2쌍의 앞니, 1쌍의 송곳니, 2쌍의 작은어금니, 3쌍의 큰어금니로 이루어져 있는데, 세번째 큰어금니는 나지 않는 사람도 있다. 앞니·송곳니는 음식을 자르는 역할을 하고, 어금니는 갈아부수는 역할을 한다(그림 3-3). 치아는 태아기에서 성장기까지의 영양, 특히 칼슘의 섭취에 의해 커다란 영향을 받는다. 또한 비타민 D, A, C가 치아의 형성에 중요한 역할을 한다.

③ 침 샘

침샘은 입속에 타액을 분비하는 선이며, 무수히 많은 작은침샘과 3개의 큰침샘(귀밑샘, 턱밑샘, 혀밑샘)이 있고, 하루에 약 1~1.5L의 타액을 분비한다. 귀밑샘에서 나오는 타액은 묽은 장액성(漿液性)이며, α-아밀라제(타액아밀라제)를 함유하고 있다(분비량의 약 25%). 턱밑샘에서는 혼합액성타액(장액성이 주가 됨)을 분비한다(분비량의 약 70%). 혀밑샘에서는 점액성이며 뮤신(당단백)이 풍부한 타액을 분비한다(분비량의 약 5%).

(2) 인 두

인두(pharynx)에는 코부분, 입부위, 인두부분이 있다. 물과 음식덩어리가 인두점막에 닿으면 연하운동이 반사적으로 일어난다.

(3) 식 도

식도(esophagus)는 인두와 위를 연결하는 길이 약 25㎝의 음식물 통로이다. 부분적으로 약간 좁아지는 곳이 있어서 이물질의 침입과 위 내용물의 역류를 방지하고 있다.

(4) 위

위(stomach)는 식도에 연결되어 있는 주머니 모양의 기관으로 위의 입구를 분문(들문), 분문의 상부를 위저부, 중앙부를 위체부, 샘창자로 연결되는 부분을 날문부분(유문부)이라고 한다(그림 3-4). 위의 위쪽에는 가로막 바로 밑에 제11등뼈의 앞 왼쪽에 들문구(cardiac orifice)로서 식도와 이어지고 급히 넓어져서 오른쪽 아래를 향해 옆으로 간다. 제1허리뼈의 앞 오른쪽으로 날문(pylorus)이 되어 샘창자(십이지장)에 연속된다. 위는 위체(body)와 날문부(pyloric portion)로 대별한다. 위체는 중앙부의 넓은 부분으로, 분문 왼쪽 상부가 넓어져서 가로막 천장 밑에 들어가 있는 부분을 위저(fundus)라고 한다. 날문부는 날문의 바로 앞부분으로 위의 오른쪽 하부를 차지하고 점점 가늘어진다.

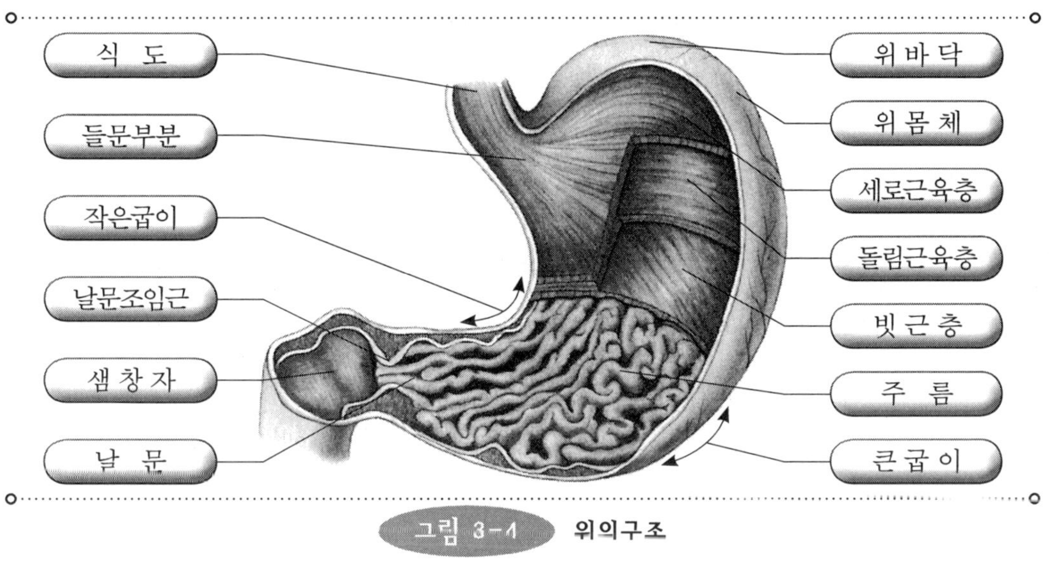

그림 3-4 위의구조

위의 위모서리를 작은굽이(lesser curvature)이라 하고, 아래모서리를 큰굽이(greater curvature)라 하며 다같이 오른쪽 상부를 향해 오목하게 들어가 있다.

위의 내면에는 뚜렷한 점막주름이 있다. 주름은 주로 위의 장축 방향에 나란히 되어 있고 특히 작은굽이와 날문부에서는 모두 나란히 달리고 있다. 날문에서는 나중에 설명할 날문조임근 때문에 점막이 내강을 향해 올라와 있어 날문구(ostium pyloricum)가 좁아져 있다.

위의 모양이나 크기는 개체 차이가 있는 것은 물론이지만 동일 개체에서도 내용물의 유무, 위벽의 이완 또는 긴장 정도에 따라 현저히 다르기 때문에 그 정상치를 얻는 것은 곤란하다. 생시에 1L 정도의 음식물이 들어갈 수도 있지만, 이때의 위벽은 대단히 확장되게 된다.

위는 앞벽의 오른쪽 상부가 간에, 위쪽 상부가 가로막을 사이에 두고 심장에 접해있고 또 뒤벽은 이자와 왼쪽 콩팥에, 아래모서리는 가로주름창자에, 위바닥은 지라에 접해있다. 위벽의 구조를 보면 안에서 밖으로 점막, 근육층, 장막의 3층으로 이루어진다.

위 속의 점막에는 많은 주름이 세로로 나 있고 위오목이라고 하는 많은 작은 구멍이 있으며, 각각의 부위에서 위들문샘, 위저샘, 위날문샘이 개구하고 있다. 위저샘에서는 소화효소와 위산이, 위날문샘에서는 가스트린(gastrin)이 분비된다(표 3-1). 위의 용량은 신생아가 약 30mL, 성인은 약 1,200~1,400mL이다.

표 3-1 주요 소화기관 호르몬

호르몬 명	분비부위	주요작용
가스트린	위	위산분비 촉진
CCK	빈창자	쓸개 수축, 이자액 분비 촉진
세크레틴	샘창자	이자액 분비 촉진
VIP(혈관작용성 장관펩타이드)	위·샘창자	장액·이자액 분비 촉진, 위액 분비 억제
소마토스타틴	샘창자	위산 분비 억제

(5) 작은창자

작은창자는 전체 길이가 6~7m이고, 시작부분은 직경 4~6㎝이지만, 점차 좁아져서 끝에서는 2.5~3㎝가 된다. 위에 가까운 부분에서 순서대로 샘창자(십이지장), 빈창자(공장), 돌창자(회장)로 나누어진다. 샘창자에는 온쓸개관과 이자가 합류하고, 날문에서 약 10㎝ 떨어진 곳에 개구하고 있으며, 각각 쓸개즙과 이자액을 분비한다. 이 부분을 파터유두(Vater's papilla)라고 한다.

샘창자에 이어지는 나머지 작은창자부분 2/5를 빈창자, 하부 3/5를 돌창자라고 한다. 돌창자의 출구에는 조임근(돌막창자판막)이 발달하여 큰창자의 내용물이 작은창자로 역류하는 것을 방지하고 있다. 작은창자의 점막표면에는 다수의 원형주름이 있고, 특히 빈창자상부에서 발달해 있다. 또한 많은 숫자의 융모(유돌기)라고 불리는 돌기가 있어서, 주름과 함께 작은창자의 흡수면적을 증대시키고 있다. 융모의 표면에는 미세한 솔모양의 미세융모라고 하는 작은 돌기가 있다. 이 미세융모막(솔가장자리막)은 표면적을 더욱 증대시키고 있다(약 600배)(표 3-2). 또한 각종 가수분해효소와 수송담체도 존재한다. 작은창자흡수 상피세포는 체내에서 가장 대사회전이 빠른 세포의 하나이며, 인간의 작은창자점막에서는 하루에 약 250g의 세포가 장관강 내로 탈락되고 있다고 추정된다.

표 3-2 작은창자점막의 구조와 흡수면적의 관계

	면적 비율	전 표면적(m^2)
① 작은창자를 단순한 관으로서 계산한 경우	1	0.33
② 주름(추벽)을 고려하여 계산한 경우	3배	1.0
③ 융모(villus)를 고려한 경우	30배	10
④ 솔가장자리(쇄자연)를 고려한 경우	600배	200

(6) 큰 창 자

큰창자는 전체 길이 1.5m, 지름은 가장 굵은 곳이 5.7㎝ 정도이며, 막창자·오름주름창자·가로주름창자·내림주름창자·구불주름창자·곧창자로 이루어져 있다. 융모(villus)는 없다. 장선은 있지만, 점액을 분비하지는 않는다.

(7) 간

복부의 오른쪽 위에 있는 적갈색을 띤 커다란 장기이다. 간의 중량은 나이에 따라 다른데, 성인은 체중의 2.4~2.5%를 차지한다. 소아는 체중에 비해 간이 무겁고, 신생아는 체중의 거의 5%에 달한다. 간의 분비액인 쓸개즙은 담즙산과 담즙

색소(bilirubin)로 이루어져 있다. 간은 좌우의 엽으로 나누어지는데, 오른간엽은 굵고 크고, 왼간엽은 얇고 작다. 우엽의 아래에 쓸개가 자리하고 있는데, 쓸개는 쓸개즙을 일시적으로 저장하면서 수분과 전해질을 흡수하여 쓸개즙을 농축한다.

간은 대략 육각형 모양의 간소엽 [lobule(지름 1~2mm)]의 집합체이다. 간소엽의 중앙에는 중심정맥(central vein)이 종주하고 그 주변에 간세포줄(hepatic cell cord, 간세포삭)이 방사형으로 배열되어 있다. 모세쓸개관(bile capillary, 모세담관)은 간세포 사이에서 시작해 주변에서 모여 소엽사이쓸개관(interlobular bile duct, 소엽간담관)으로 주입되어 나중에는 2개의 좌우 간관이 Y자 형으로 합쳐서 1개의 온간관(common gepatic duct, 총간관)이 되고, 이자에서 나온 이자관(pancreatic duct)과 함께 샘창자(십이지장)로 들어간다.

(8) 이 자

이자(췌장)는 길이 약 15cm, 무게 약 60g의 장기로 이자액을 분비하는 외분비부와 인슐린, 글루카곤을 분비하는 내분비부로 나누어진다. 인간의 이자의 하루 분비량은 약 1~3L이고, 탄수화물분해효소(이자아밀라제)와 지방분해효소(이자리파제), 단백질분해효소의 전구체인 트립시노겐(trypsinogen), 키모트립시노겐(chymotrypsinogen) 등을 함유하고 있다. 트립시노겐, 키모트립시노겐 등은 샘창자에서 활성형 트립신, 키모트립신이 된다. 내분비부에는 랑게르한스섬이라고 불리는 세포집단이 점을 이루고 있다. 랑게르한스섬의 A세포에서는 글루카곤, B세포에서는 인슐린, D세포에서는 소마토스타틴(somatostatin)이 분비된다(표 3-1).

2) 소화관에서의 소화·흡수

(1) 입안 소화

입안의 소화는 음식물을 씹어 침과 혼합하고, 타액아밀라제에 의해 녹말을 소화하고, 위로 보내는 것이다.

① 씹 기

씹기는 아래턱의 상하·좌우 운동과, 혀·입술·빰의 보조적인 운동으로 일어난다. 이 운동은 수의운동이지만, 실제로 음식물을 입에 넣으면 거의 반사적으로 일어난다. 특정 음식물마다 적절한 저작횟수가 있다.

② 타　액

음식이 입안에 들어오면 반사적으로 타액이 분비된다. 타액 안에 함유되어 있는 α-아밀라제는 녹말을 덱스트린(dextrin), 엿당으로까지 분해한다. α-아밀라제는 중성 부근에서 잘 활동하지만, 위 내의 산성에서도 바로 활력을 잃어버리는 것이 아니라 위산과 펩신(pepsin)이 음식물 안에 침투할 때까지 활성을 지속한다. 타액에 함유되어 있는 뮤신(mucin)은 음식물덩어리를 감싸서 매끄럽게 하여 연하를 용이하게 하며, 소화관의 점막을 보호한다.

③ 삼 키 기

음식물을 삼키는 과정은 4~5초이지만, 입안, 인두, 식도의 복잡한 운동에 의해 위까지 운반된다. 삼키기는 다음의 3가지 단계로 이루어진다. 혀에 의해 음식물덩어리를 입안에서 인두로 밀어넣는 제1단계(입안단계 또는 수의단계), 인두에서 식도입구까지의 제2단계, 음식물덩어리가 식도입구에서 위의 분문에 달하는 불수의 운동을 하는 제3단계가 그것이다.

(2) 위

위에 들어간 음식물덩어리는 위체부에서 날문(유문) 부분에 걸쳐 일어나는 유동운동에 의해 위액과 혼합되고, 빈 액체상태의 반죽이 되어 샘창자로 보내어진다. 이 반죽이 샘창자로 이송되는 것은 보통 식후 10분 경부터 시작하여 3~6시간 후에 끝난다. 위 속에서는 위산과 펩신의 소화작용에 의해 단백질이 부분분해되어 펩톤(peptone)을 생성한다. 또한 위 리파제의 작용에 의해 음식물에서 유래한 지방의 10~30%가 가수분해를 받는다. 위 속의 음식물은 위산에 의해 pH가 낮아져 살균된다. 미각과 후각의 자극에 의해 위의 운동과 위산의 분비가 촉진되지만, 샘창자 점막에 위산과 지방이 닿으면 위의 운동과 위액의 분비가 억제된다.

음식물이 위에 쌓이면 음식물의 질과 양에 따라 소화시간이 다른데, 탄수화물이 많은 음식물에 비해 단백질과 지방이 풍부한 음식물이 시간이 더 길다. 위에서는 알코올과 수분의 일부가 흡수된다.

(3) 작은창자

작은창자는 소화·흡수에서 가장 중요한 기관이다. 위에서 샘창자로 보내지는 산성의 소화반죽은 알칼리성의 이자액, 쓸개즙, 장액 등의 분비액에 의해 중화된다. 또한 작은창자의 유동운동과 분절운동에 의해 작은창자를 통과하는 동안 막소화효소의 작용을 받아 완전히 소화됨과 동시에 흡수된다(그림 3-5).

작은창자에서의 소화는 다음의 3가지로 나누어진다.

① 관강 내 소화

작은창자의 관강 내에서는 소화반죽이 이자액 및 쓸개즙과 혼합되는 동안, 소화반죽의 성분 중 탄수화물, 단백질, 지방 등의 고분자 영양소가 위액이나 쓸개즙 속에 있는 소화효소(아밀라제, 펩신, 트립신, 리파제 등)의 작용을 받아 저분자 화합물로 분해된다.

② 접촉소화

접촉소화란 작은창자흡수 상피세포의 미융모에서 뻗어 나온 당피에 소화반죽과 이자 소화효소가 흡착된 채 소화작용이 진행되는 과정이다. 이때 소화산물은 관강으로 흩어지지 않고 미세융모쪽으로 향한다.

③ 막 소 화

막소화의 개념은 Crane(1961)과 Ugolov(1965)에 의해 제창되었다. 작은창자 미세융모막 표면에 보내진 저분자 영양소가 미세융모막에 존재하는 막소화효소(표 3-3)에 의해 최종적인 소화를 받음과 동시에 세포막 내로 흡수되는 과정을 말한다. 막효소활성은 나이(태생기, 수유기, 성숙기, 노년기), 식사, 내분비, 비타민 등의 조건에 따라서도 변동이 있다.

④ 흡수경로

작은창자에서의 흡수경로는 작은창자점막세포를 지나는 세포로와 그것을 지나지 않는 세포측로로 크게 구별된다. 세포로는 물과 수용성저분자를 받아들이는 수양로, 담체와 결합하여 막을 통과하는 담체전달로가 있다. 또한 담체전달로에는

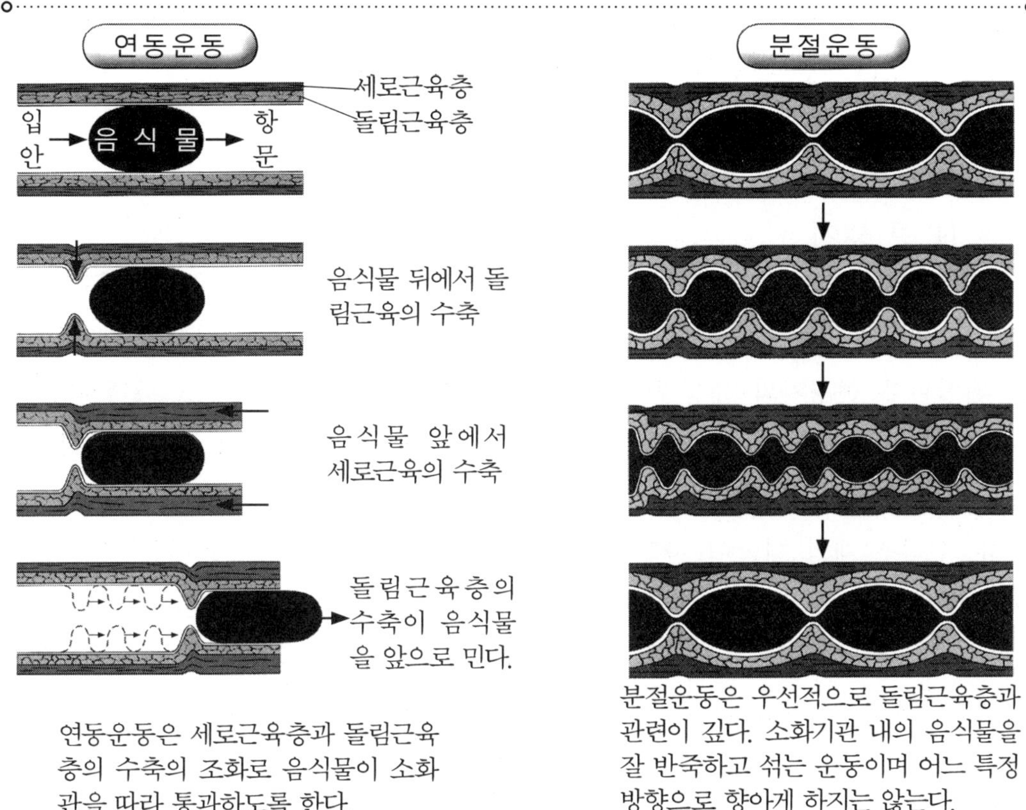

그림 3-5 작은창자의 연동운동과 분절운동

표 3-3 미세융모막에 존재하는 주요 막소화효소

	막소화효소 명	기 질	분해생성물
탄수 화물	말 타 제 수크라제·아밀라아제 복합체 락 타 제	엿당(말토스) 사당(수크로스), 엿당(말토스) 젖당(락토스)	포 도 당 포도당, 과당 포도당, 갈락토스
펩타 이드 분해 요소	엔테로키나제 아미노펩타이다제 카르복시펩타이다제 디펩타이다제	트립시노겐 올리고펩타이드 펩타이드 디펩타이드	트 립 신 아미노산, 디펩타이드 아미노산 아미노산
지질 분해 효소	콜레스테롤 에스테르 수해효소 비타민 A 에스테르 수해효소	콜레스테롤 에스테르 비타민 A 에스테르	유리지방산 콜레스테롤 레티놀

Na^+과 H^+ 등의 에너지를 필요로 하는 능동수송과 에너지를 필요로 하지 않는 촉진확산이 있다. 세포측로는 세포와 세포 사이의 밀착부를 통과하는 것으로 Na^+나 K^+도 흡수된다.

(4) 큰 창 자

식후 3~5시간 후에 돌막창자부에 달한 소화반죽은 큰창자의 유동운동과 분절운동에 의해 내용물의 혼합과 물의 흡수가 이루어지고, 24~72시간 후에 대변으로 배설된다. 큰창자의 유동운동은 작은창자의 유동운동보다 크고 강하지만, 횟수는 적고 지속시간이 길다. 음식을 섭취하면 가로주름창자에서 구불주름창자에 걸쳐 강한 유동운동이 일어난다(위-주름창자반사). 큰창자 내에는 약 100가지 종류, 수백조 개의 세균이 자라고 있고(장내세균총), 큰창자는 이러한 세균의 도움을 빌려 식물섬유 등의 소화나 물, Na^+, Ca^{2+} 등의 흡수를 행한다. 큰창자내에 내용물의 체류시간은 음식물의 종류와 큰창자의 기능상태·정신상태 등에 의해 크게 변화한다. 소화관 전체의 평균체류시간은 24~72시간 정도이다.

배변량은 소화·흡수가 좋은 음식물을 섭취했을 때는 적고, 콩류나 야채류 등 식물섬유가 풍부한 음식물을 섭취했을 때는 많아진다. 보통의 식사를 하는 성인의 배변량은 하루 평균 120g 전후인데, 여기에는 음식물의 잔재 외에 탈락된 소화관의 세포 등도 포함된다.

2 영양소의 흡수와 대사

1) 탄수화물

(1) 탄수화물의 흡수

음식물 속의 당질은 입안에서 타액에 들어있는 프티알린(ptyalin)에 의해 소화된다. 작은창자 내에서는 이자액 속의 아밀라제(amylase)에 의해 이당류로 소화된다. 이것은 장액 속의 이당류분해효소인 말타제(maltase), 수크라제(sucrase), 락타제(lactase)에 의해 단당으로 소화되고 동시에 흡수도 된다(막소화). 흡수된 단당은 문맥을 통하여 간으로 운반된다. 또한 식이섬유는 인간의 신체에 소화효소가 없기 때문에 소화되지 않고 큰창자에서 장내세균에 의해 분해된다.

(2) 탄수화물의 대사

흡수되어 간으로 운반된 당질은 간과 근육에서 글리코겐으로 축적된다. 간의 글리코겐은 주로 혈당치의 유지를 위해 사용되고, 근육 내의 글리코겐은 근육운동을 위한 에너지원으로 사용된다. 에너지로서 사용된 글리코겐은 화학반응에 의해 피루빈산(해당계)을 거쳐 TCA회로에 들어가 이산화탄소와 물(전자전달계에서 합성된다)로 분해되고 사라진다. 이때 에너지가 생성된다. 이처럼 글리코겐은 필요에 따라 에너지원으로 대사된다. 또한 오탄당인산경로(pentose phosphate pathway)에서 글루코스로부터 핵산합성에 필요한 리보스(ribose)나 지방합성에 필요한 글리세롤(glycerol)의 합성도 이루어진다.

2) 지 방

(1) 지방의 흡수

지방은 입안과 위에서의 근육운동에 의해 지방방울이 되어 표면적을 늘린다. 그 후 샘창자로 운반되어 본격적인 소화가 일어난다.

샘창자에서는 쓸개즙에 의해 유화되고, 이자액과 장액의 리파제(lipase)에 의해 지방산 2분자와 모노글리세롤로 소화된다. 이것이 장관에서 흡수되면 장벽의 세포 내에서 다시 지질을 구성하고 인지질, 콜레스테롤, 지용성비타민과 함께 지단백질인 카일로마이크론(chylomicron)을 형성하며, 림프관을 거쳐 혈중으로 방출된다. 따라서 흡수된 지질량이 많을수록 혈중에도 지질이 많아진다. 구조상 크기가 작은 단쇄지방산과 중쇄지방산은 당질 및 단백질과 함께 흡수되고 문맥을 통해 간으로 운반된다.

(2) 지방의 대사

지방의 대사에는 지방의 산화분해와 합성, 콜레스테롤의 합성과 분해가 있다. 지방산은 β산화에 의해 아세틸CoA가 되고 에너지대사에 들어가 에너지를 생산한다. 콜레스테롤은 아세틸CoA를 재료로 하여 합성된다. 음식물에서 얻는 것 이외에 간에서도 합성되며 그 양은 하루에 1,000~1,500mg이다. 콜레스테롤은 신체에 필수적인 물질이며 세포막, 부신피질호르몬, 성호르몬, 프로비타민D를 합성한다.

3) 단 백 질

(1) 단백질의 흡수

단백질은 우선 입안에서 잘게 잘려 표면적이 늘어나 소화액이 닿는 부분이 많아지게 된다. 위 속에서는 소화효소인 펩신(pepsin)에 의해 폴리펩타이드(polypeptide)가 되고 작은창자에서는 소화효소인 트립신(trypsin)과 키모트립신(chymotrypsin)에 의해 트리펩타이드(tripeptide, 아미노산이 3개 결합한 상태) 또는 디펩타이드(dipeptide, 아미노산이 2개 결합한 상태)로 소화된다. 막소화에 의해 아미노산으로 소화되면 동시에 흡수되고 문맥을 거쳐 간으로 운반된다.

(2) 단백질의 대사

흡수된 아미노산은 근육이나 결합조직 등의 지지물질의 주성분이 되는 것 외에 효소, 면역글로불린, 인슐린, 글루카곤 등 일부 호르몬의 체내 단백질합성에 이용된다. 이것을 쇠고기로 예를 들면 쇠고기를 먹었을 때 인간의 몸은 쇠고기의 단백질 그대로 근육에 이용되는 것이 아니라 쇠고기의 단백질을 아미노산으로 분해되어 근육단백질 등의 체단백질을 만드는 것이다. 단백질을 많이 먹는다고 근육이 증가하는 것이 아니다. 과잉으로 섭취된 분량은 지방이 된다. 또한 아미노산은 에너지로서 대사되기도 한다.

에너지대사

1. 에너지대사의 개념

에너지란 "일을 할 수 있는 힘"을 말하며, 열·기계·전기 등에 의한 물리적 에너지와, 화학변화에 의한 화학적 에너지 등 여러 가지 형태를 취하고 있으며, 서로 변환되면서 이용되고 있다.

우리들은 음식물을 먹음으로써 에너지를 섭취하고 몸을 움직이며 생명을 유지하고 있는데, 이 음식물 안에 함유되어 있는 에너지는 탄수화물, 지방, 단백질 등의 영양소가 갖고 있는 화학적 에너지이다. 이러한 영양소를 흡수하고, 호흡을 통해 얻은 산소를 사용하여 체내에서 산화·분해함으로써 에너지를 얻는다. 즉 인간은 영양소라고 하는 화학적 에너지를 섭취·저장하고, 그것을 근육 등의 단백질 합성(화학에너지), 체온유지(열에너지), 신체활동(기계에너지), 신경전달(전기에너지) 등 여러 가지 형태로 변환하여 생명활동을 영위하고 있다. 이러한 생체내에서 이루어지는 에너지 변환현상을 에너지대사라고 한다.

에너지대사량을 나타내는 단위로는 열에너지 단위인 칼로리(cal)가 이용된다. 1cal는 1g의 물을 1기압하에서 14.5℃부터 15.5℃로 올리는 데 필요한 에너지량인데, 체내에서의 에너지량은 그 1,000배인 1kcal를 단위로 사용하고 있다.

2 음식물 속에 함유되어 있는 에너지

음식물 속에 함유되어 있는 영양소 중 에너지원이 되는 것은 탄수화물(당질), 지방, 단백질이다. 이러한 영양소가 갖고 있는 에너지량은 폭발열량계(bomb calorimeter)로 식품을 연소시켜 측정할 수 있다. 이렇게 얻은 에너지량을 물리적 연소치라고 한다.

우리들이 먹는 음식물 내에 함유되어 있는 열량의 측정할 때에는 주로 폭발열량계(bomb calorimeter) 내에서 식품이나 영양소를 완전히 연소시켜 발생되는 열을 측정하여 칼로리로 환산하는 직접적인 측정방법이 이용된다. 음식물을 순수한 산소로 채워진 통 안에 놓여진다. 통안의 음식은 점화플러그에 의해 인화되어 연소하도록 되어 있다. 음식이 연소하면서 발생한 열은 통안을 둘러 싸고 있는 일정량의 물에 흡수되어 물의 온도를 상승시킨다. 통열량계의 외부는 절연체에 의해 완전히 외부온도와 차단되어 있기 때문에, 음식의 연소에 의해 발생한 열량(칼로리)은 순전히 물의 온도를 상승시키는 데 쓰여졌다고 할 수 있다. 만일 통열량계에 채워진 물의 양이 5L이고, 음식의 연소에 의해 물의 온도가 15℃에서 25℃로 10℃ 상승하였다면, 그 음식의 열량은 50kcal가 된다.

통열량계 내에서 순수한 탄수화물 1g 이 연소될 때 4.1kcal가 발생하며, 단백질 1g은 5.65kcal, 지방 1g은 9.45kcal의 열량이 방출된다. 인체내에서 이들 영양소가 연소될 때에는 통열량계 내에서 연소될 때 보다 적은 열량만을 방출한다. 그 이유는 인체내에서는 식품의 완전 흡수와 이용이 이루어지지 않기 때문이다. 즉 각 영양소의 평균 소화흡수율은 탄수화물이 약 98%이고, 지방은 약 95%, 단백질은 약 92%이다.

　단백질의 열량가를 측정할 경우에는 단백질에 함유된 질소가 인체내에서는 연소되지 않는다는 점을 감안해야 한다. 즉 단백질은 질소를 함유하고 있으며, 질소는 통열량계 내에서 완전연소되지만, 인체내에서는 연소되지 않기 때문에 단백질 1g당 질소의 불연소로 인해 손실되는 열량 1.3kcal를 빼야만 생리적 열량가를 얻을 수 있다.

　각 영양소의 1g당 생리적 열량가는 표 4-1과 같이 계산할 수 있으며, 이 표를 통해 탄수화물, 지방, 단백질이 체내에서 실제로 이용될 때 방출하는 생리적 열량가는 각각 1g당 4.0kcal, 9.0kcal, 4.0kcal 임을 알 수 있다.

표 4-1　각 에너지원의 1g당 생리적 열량가

에너지원	통열량계 내의 열량가(g/kcal)	소화흡수율	에너지 손실 (kcal/g)	생리적열량가 (kcal/g)
탄수화물	4.10	98	0	4.10×0.78≒4.0
지 방	9.45	95	0	9.45×0.95≒9.0
단 백 질	5.65	92	1.3(소변)	(5.65−1.3))×0.92≒4.0
알 코 올	7.10	100	0.1(호흡)	7.10−0.1≒7.0

　이 생리적 열량가를 Atwater계수라고 한다. 이 Atwater계수를 사용하여 식품 내에 함유되어 있는 잠재적인 에너지를 쉽게 산출할 수 있다. 예를 들어 우유는 100g당 탄수화물 5.5g 단백질 3.0g, 지방 3.2g이 함유되어 있으므로 우유 100g의 생리적 열량가는 다음과 같이 산출할 수 있다.

탄수화물	5.5×4kcal=22
단 백 질	3.0×4kcal=12
지 방	3.2×9kcal=28.8
합계(Atwater계수)	62.8kcal

　그러나 표 4-2에서 보는 바와 같이 식품의 종류에 따라 생리적 열량가는 크게

영향을 받는다. 즉 물이나 섬유소를 많이 함유하고 있는 식품의 생리적 열량가는 비교적 낮아지게 되는 반면, 물의 함량이 적은 건조된 상태의 식품은 열량이 농축

표 4-2 식품의 성분함량과 열량

성 분 식품명	함유된 영양소(%)			열량/100g	
	당질	지방	단백질	kcal	KJ
밥(보리)	32.0	0.3	2.9	142	592
달 걀	–	12.1	12.7	160	672
쇠고기	0.0	3.7	22.8	116	487
우 유	5.5	3.2	3.0	63	265
기 름	–	100.0	–	900	3,780
생선(굴비)	0.3	15.2	44.4	316	1,327
시금치	4.2	0.7	2.6	34	142

되어 있으므로 소량을 섭취하여도 높은 열량을 나타낸다.

거의 모든 지방 음식은 수분함량이 적기 때문에 열량이 높은 반면, 수분과 섬유질이 많은 채소나 과일등은 열량차가 낮다. 고기나 생선, 감자류, 곡류 등은 중간 정도의 열량가를 갖고 있다.

3 에너지 소비량

하루에 소비하는 에너지량을 알기 쉽게 그림 4-1에 나타내었다. 이 그림의 면적을 하루에 소비하는 에너지량이라고 하면, 운동선수와 육체노동에 종사하고 있는 사람을 제외하고 보통의 생활을 하고 있는 사람은 기초대사량 대부분을 차지한다. 기초대사량에 여러 가지 생활활동과 스포츠 등을 하여 소비하는 에너지량(활동대사량+안정시증가분)을 플러스하면 일일 에너지소비량이 된다.

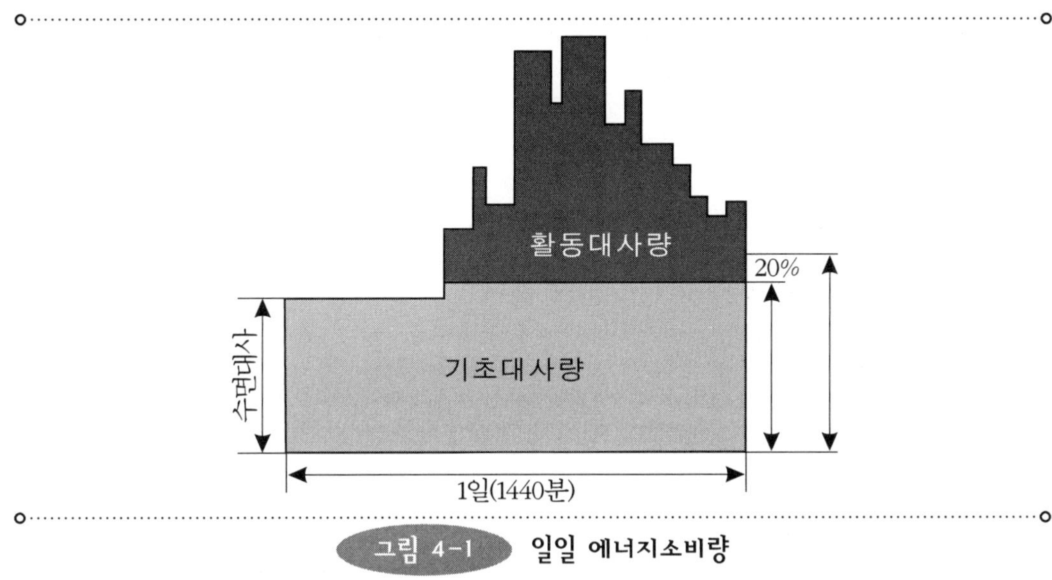

그림 4-1　일일 에너지소비량

1) 기초대사

몸이 완전히 휴식상태에 있을 때의 대사를 기초대사(basal metabolism)라고 한다. 이러한 상태에서도 호흡을 하고, 심장은 박동을 계속하며, 신장은 소변을 만들며, 체성분의 합성·분해가 일어나며, 체온은 유지되고 있다. 이와 같이 생명유지를 위한 대사(기초대사)에 필요한 에너지소비량이 기초대사량(basal metabolic rate : BMR)이다. 기초대사량은 연령, 성별, 체격, 근육량 등 개인고유의 인자에 따라 다른데, 이는 기온, 환경, 영양상태, 병, 여성의 생리주기 등의 영향을 받는다.

기초대사량은 다음과 같은 조건하에서 측정해야 한다.

① 음식섭취에 의한 대사량의 증가를 피하기 위해서 식후 12~14시간 경과할 것. 일반적으로 아침 공복 시에 실시한다.

② 체온조절을 필요로 하지 않는 쾌적한 실내온도(20~25℃)

③ 편안히 옆으로 누운 안정각성상태일 것

④ 발열되어 있는 상태가 아닐 것

⑤ 정신적 긴장이 풀린 상태일 것

기초대사량을 구하는 공식으로는 Harris-Benedict Equation(BEE)방법이 주로 사용되고 있다. 기초대사량에 영향을 주는 요인은 신체의 크기와 신체구성성분 및 성별·연령·호르몬·영양상태·기후·체온·수면 등에 따라 차이가 난다(표 4-3).

Harris-Benedict Equation

남자 : 66.47+(13.75×체중)+(5×키)−(6.76×나이)

여자 : 655.1+(9.56×체중)+(1.85×키)−(4.68×나이)

예 : 160cm, 50kg의 체중을 갖고 있는 20세 여성의 기초대사량은

655.1+(9.56×50)+(1.85×160)−(4.68×20)=655.1+478+296−93.6=1335.5kcal/일

표 4-3 기초대사량에 영향을 주는 요인

증가요인	감소요인
근육량이 많을수록	근육량이 적을수록
체온이 높을수록	체온이 낮을수록
남성일수록	여성일수록
섭취열량이 많을수록	섭취열량이 적을수록
체표면적이 넓을수록	체표면적이 좁을수록

2) 안정대사

기초대사의 상태에서 몸을 일으켜 의자에 편안히 앉아 식사를 하는 정도의 상태에서 이루어지는 대사가 안정대사(resting metabolism)이다. 대부분의 신체활동은 이 상태에서 일어나므로 활동 시(운동 시)의 에너지소비량을 산출할 때의 기초가 된다. 안정대사에서의 에너지소비량은 기초대사량(단위시간당)에서 20% 증가하게 된다. 즉 누운 상태에서 몸을 일으켜 의자에 앉음으로써 10%, 식사를 섭취함으로써 10%의 대사량이 증가하는 것이다.

이 식사섭취에 의한 대사항진은 특이동적 작용(specific dynamic action : SDA) 또는 식사유발성 체열생산(diet induced thermogenesis : DIT)이라고 한다. 단백질만을 섭취했을 때는 섭취에너지의 20~40%, 탄수화물과 지질에서는 4~5% 항진하는데, 일상적인 식사로는 10% 정도가 된다. 이 열생산은 식사를 했

을 때에 몸이 따뜻해지는 현상으로, 섭취한 에너지가 활동을 위해 사용되지 않고 발산되어 버리기 때문에 에너지를 헛되이 버리는 것이다. 많이 먹어도 살이 찌지 않는 사람은 이 SDA(또는 DIT)가 높은 사람이라고 할 수 있다.

3) 활동대사

일상생활활동과 노동·운동 등 몸을 움직임으로써 항진하는 에너지대사를 활동대사(working metabolism)라고 한다. 격렬하게 몸을 사용하는 활동은 많은 에너지가 필요하지만, 같은 활동이라도 체격의 차이에 따라 필요로 하는 에너지량은 달라진다. 활동대사량이 어느 정도인가를 나타내는 데에는 안정대사의 몇 배인가로 나타내는 방법(metabolic equivalents：MET)이 있다. MET는 여러 가지 활동을 했을 때에 소비되는 총에너지량(기초대사분도 포함하여)이 그 간의 안정대사량의 몇 배가 되는지 나타내는 것으로, 산소소비량을 기초로 산출한다.

$$\text{METs}=활동시\ 총산소소비량/안정시\ 산소소비량$$

1 MET는 안정 시의 산소소비량(3.5mL/kg/분)에 해당한다. 산소 1L은 약 5kcal의 에너지를 생산하기 때문에 안정 시 에너지소비량은 약 17.5cal/kg/분이 된다. MET는 산소소비량을 기초로 산출하기 때문에 매우 심한 운동(무산소성운동)에서는 사용할 수 없다.

각종 레저활동이나 스포츠의 MET를 표 4-4에 나타내었다.

에너지소비량의 측정법

생체가 소비하는 에너지량을 측정하는 방법은 여러 가지가 있지만, 경비가 들지 않고 간편하고 정확하게 측정할 수 있는 방법은 아직 개발되어 있지 않다.

표 4-4 레저활동 및 스포츠활동의 MET(스포츠·운동·게임·댄스)

종 목	METs	종 목	METs
줄 넘 기 (60~80회/분) (120~140회/분)	 9 11~12	핸 드 볼	8~12
		유 도	13.5
		스케이트	5~8
러 닝 (8km/시) (12km/시) (16km/시)	 8.7 12.5 16.3	스 키 (다운힐) (크로스컨트리)	 5~8 6~12+
		장화를 신고 눈 위를 걷기	7~14
하 이 킹	3~7	수상스키	5~7
등 산	5~10+	요 트	2~5
사이클링 (레저 또는 통근) (16km/시)	 3~8+ 7	스쿠버다이빙	5~10
		양 궁	3~4
		크 리 켓	4~7
수 영	4~8+	복 싱 (경 기) (스파링)	 13.3 8.3
탁 구	3~5		
테 니 스	4~9+		
배 구	3~6	카누·보트·카약	3~8
축 구	5~12+	펜 싱	6~10
스 쿼 시	8~12+	필드하키	8
배드민턴	4~9	바다낚시	2~4
농 구	2~4	강 낚 시	5~6
볼 링		승 마 (갤 럽) (트로트) (주 행)	 8.2 6.6 2~3
골 프 (전동카트 사용) (클럽을 메거나 풀카트사용)	 2~3 4~7		
		음악연주	2~3
스포츠댄스, 탭댄스	3~7	당 구	2.5
에어로빅	4~10		

1) 직접적인 측정법

생체가 소비하는 에너지는 최종적으로는 대부분이 체열로서 몸의 표면으로 방산되는 것을 이용한 측정법이다.

열이 거의 드나들 수 없는 기밀성이 매우 높은 방에 피험자가 들어가서 방산되는 열에 의해 파이프 안을 흐르는 물의 온도가 상승하는 정도를 갖고 에너지 소비량을 측정한다(그림 4-2). 정확도는 높지만, 설치비가 비싸서 일반적인 방법은 아니다.

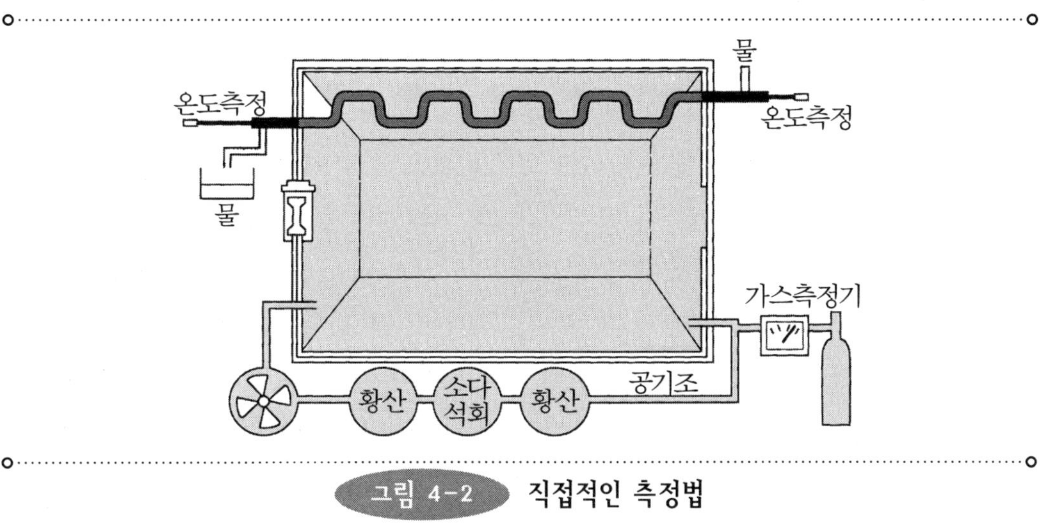

그림 4-2 직접적인 측정법

2) 간접적인 측정법

체내에서 영양소가 발생시키는 에너지량을 소비에너지량으로 삼는 측정법이다. 호기분석으로 영양소의 연소에 사용된 산소량과 배설된 이산화탄소량 및 소변 중의 질소배설량을 측정하여 체내발생 에너지량을 산출한다.

호기의 채취에는 호흡대사실을 사용하는 경우와 가죽주머니(더글러스 백)에 채취하는 방법이 있는데, 후자는 간편하여 예전부터 많이 사용되고 있다. 최근에는 호기를 주머니에 저장한 후, 그 일부를 꺼내 가스분석하는 것뿐만 아니라 직접 가스분석을 할 수 있도록 등에 메는 휴대장치도 개발되어 있다.

5 일상생활활동과 에너지 소비

세탁기·청소기 등 전자제품의 보급, 자가용차와 버스·전차 등 교통망의 정비,

엘리베이터와 에스컬레이터, 무빙워크 등의 발명으로 생활이 매우 편리하고 쾌적해졌다. 반대로 우리들의 신체활동량은 점점 저하되고, 지금에 와서는 인구의 80%가 운동부족상태에 있다고 한다. 그중에서 중노년층에서는 건강에 대한 불안 때문에 산책과 조깅 등 가벼운 운동이나 수영·테니스·골프 등의 스포츠를 생활의 일부로 만들려는 사람도 증가하고 있다.

한편, 어린이들은 컴퓨터게임을 하고 TV를 보느라 밖에서 노는 경우는 거의 없다. 어린이 비만이 문제가 된 지 오래 됐는데, 어린이비만은 성인비만으로 이행하기 쉽고 젊었을 때부터 생활습관병에 걸릴 위험성이 높아지므로 주의해야 한다.

최근의 조사에 의하면 20~30대의 비만자가 20년 전의 약 2배가 되었지만, 에너지 섭취량은 당시보다 오히려 약간 감소되어 있다. 비만의 원인이 에너지 소비량의 저하에 있는 것이 명확한 것이다. 여러 가지 운동을 했을 때 1시간당 에너지소비량의 대략적인 수치를 표 4-5에 나타내었다.

표 4-5 1시간 당 운동에 의한 에너지소비의 대략적인 수치(기초대사량을 제외)

	남 성	여 성		남 성	여 성
천천히 걷기	90kcal	70kcal	수영(원영,횡영)	480kcal	390kcal
보통 보행	130kcal	100kcal	수영(자유형)	1200kcal	980kcal
빨리 걷기	210kcal	170kcal	야 구	160kcal	130kcal
조깅(120m/분)	360kcal	290kcal	캐 치 볼	180kcal	150kcal
조깅(160m/분)	510kcal	420kcal	탁 구	300kcal	240kcal
달리기(200m/분)	720kcal	590kcal	배구(9인제)	130kcal	100kcal
자전거타기 (보통 속도)	160kcal	130kcal	배구(6인제)	360kcal	290kcal
계단오르기	280kcal	220kcal	테니스· 배드민턴	360kcal	290kcal
에어로빅 댄스	240kcal	200kcal	축구·농구	420kcal	340kcal
줄넘기(60~70회/분)	480kcal	390kcal			

근수축의 기전과
에너지공급

I. 근육섬유의 구조와 기능

골격근의 근육섬유막(sarcolemma) 속에는 근육세포질(sarcoplasm, 근형질)이 있다. 그리고 근육세포질 속에는 핵·미토콘드리아 등의 성분이 점액성(mucoid)의 묽은 액체 속에 들어 있고, 미오글로빈·지방·글리코겐·ATP·인산크레아틴, 수백 개의 실같은 단백질섬유인 근육원섬유(myofibril) 등이 들어 있다. 또한 근육원섬유에는 근육원섬유마디(sacomeres, 근절)라고 하는 수축단위와, 미오신(myosin)과 액틴(actin)이라는 미세섬유(filament)가 들어 있다.

1) 근육원섬유

근육원섬유(myofibril)는 원주형이며 지름이 약 $10 \sim 100\,\mu\mathrm{m}$이다. 하나 혹은 여러 개의 세포핵이 축을 따라 배열되어 있으며, 이 섬유질은 근육원섬유마디(근절)라고 불리는 작은 단위로 구성된다. 근육원섬유의 평균지름은 1μm이며, 막이 없고 근육세포질(근형질)에 담겨져 있다.

하나의 근육섬유는 1,000~2,000개의 근육원섬유로 구성되어 있으며, 어둡고 밝은 부분이 병렬로 늘어서 있어서 근육섬유는 전체적으로 가로무늬를 나타낸다. 밝은 부분을 I 밴드라고 하고 어두운 부분을 A 밴드라고 하는데, I 밴드는 액틴으로 되어 있고 A 밴드는 미오신과 액틴으로 되어 있다. I 밴드 중앙의 검은 선은 Z 라인이라고 하고 중간 밝기의 미오신으로 구성된 부분을 H 구역이라고 한다.

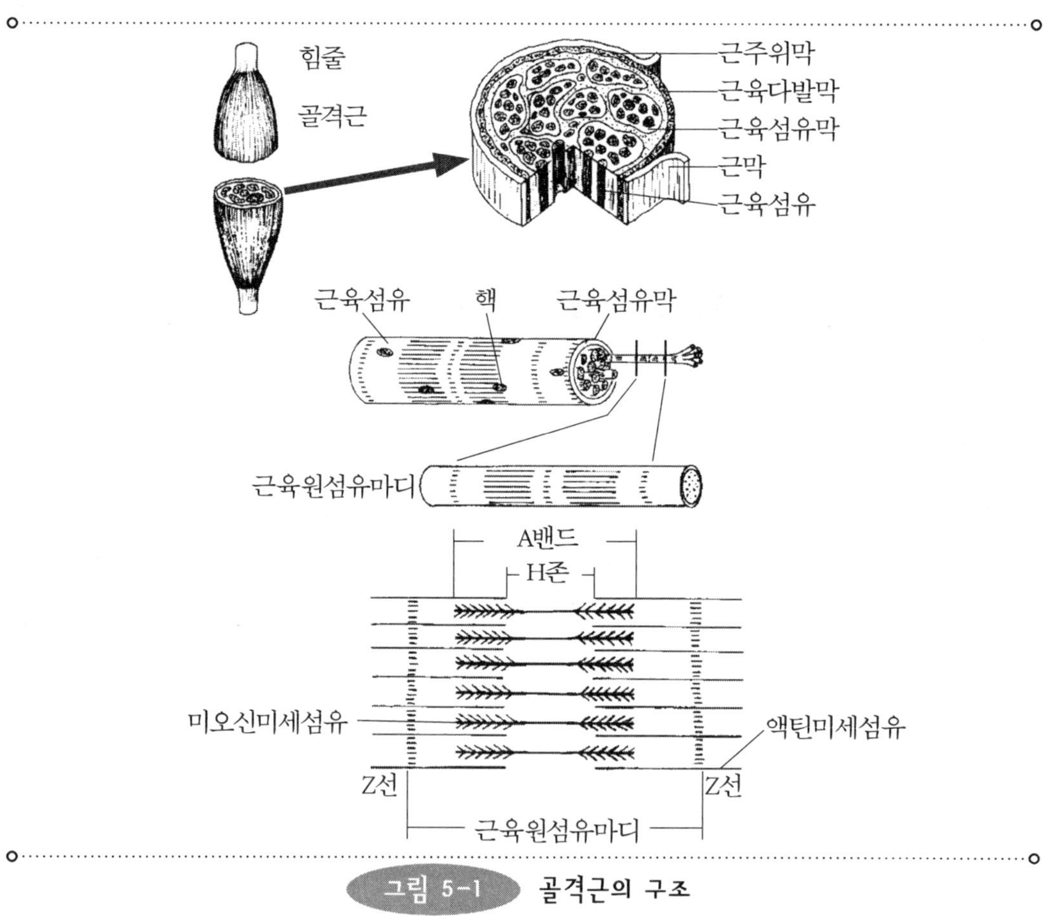

그림 5-1 골격근의 구조

2) 근육세포질그물망과 가로세관

근육미세섬유(myofilament, 근원세사)를 둘러싸고 있는 세관과 소포체 등이 근육세포질그물망(sarcoplasmic reticulum, 근형질세망)을 이루는데, 이들은 가로세로로 뻗어 있다. 세로세관(longitudinal tubules)은 근육원섬유와 평행하며,

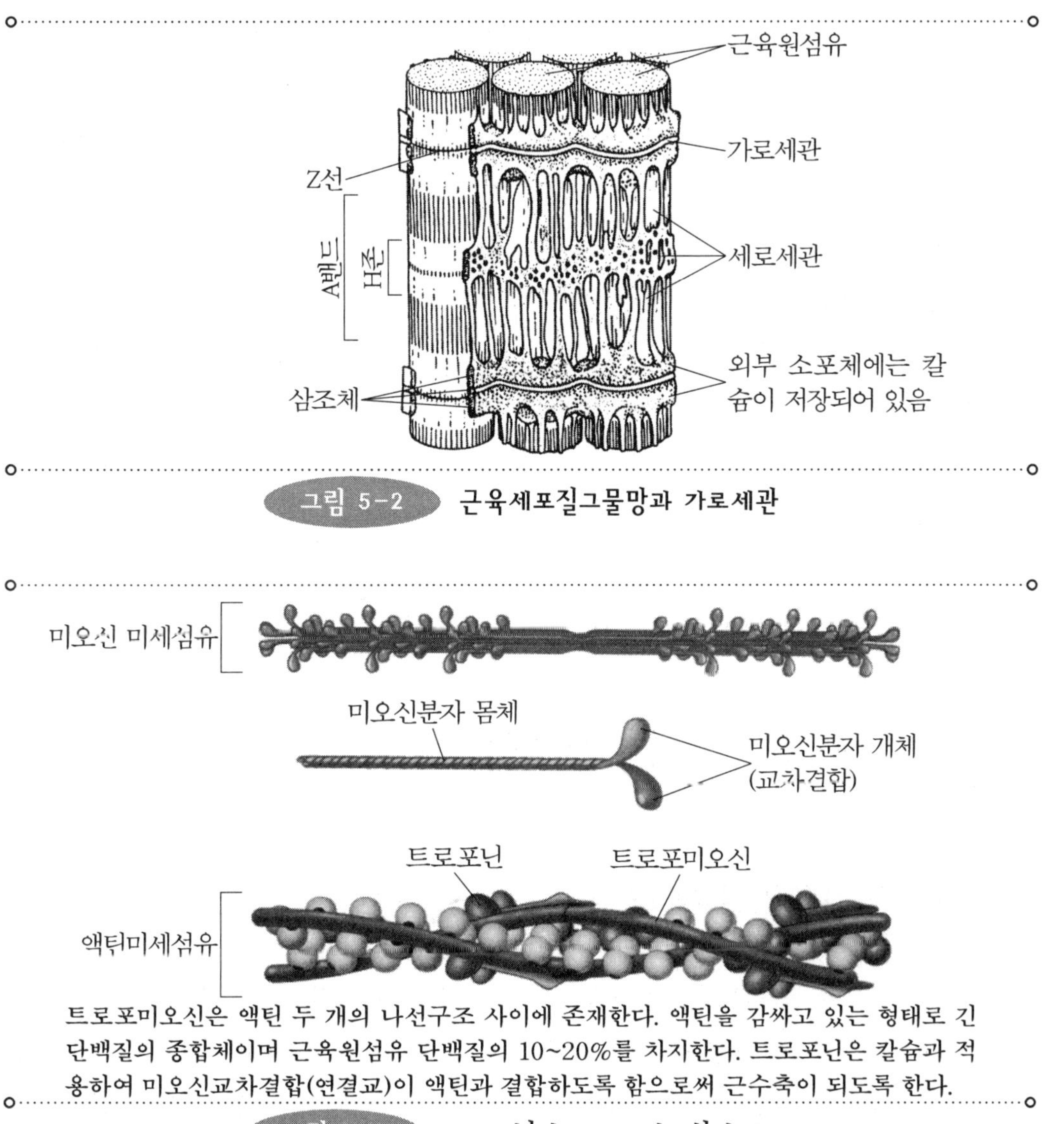

그림 5-2   근육세포질그물망과 가로세관

트로포미오신은 액틴 두 개의 나선구조 사이에 존재한다. 액틴을 감싸고 있는 형태로 긴 단백질의 종합체이며 근육원섬유 단백질의 10~20%를 차지한다. 트로포닌은 칼슘과 적용하여 미오신교차결합(연결교)이 액틴과 결합하도록 함으로써 근수축이 되도록 한다.

그림 5-3   트로포닌과 트로포미오신의 구조

가로세관(transverse tubules)은 근육미세섬유와 수직으로 되어 있다. 가로세관은 신경자극을 근육세포질 내부에서 섬유의 깊은 부분까지 전달하는 역할을 하며, 근육세포질그물망에 저장되어 있는 칼슘(Ca^{++})의 방출에 의해 이루어진다.

3) 근육미세섬유

Ⅰ 밴드와 A 밴드는 서로 다른 2개의 단백질미세섬유로 되어 있다. 그중 굵기가 가는 미세섬유를 액틴이라고 하고, 굵은 것을 미오신이라고 한다. 액틴에는 단백질로 된 트로포미오신과 트로포닌이 있는데, 이는 비대칭으로 생긴 공모양의 단백질로서 염주띠가 비틀어져 있는 모양을 하고 있다. 액틴의 근육미세섬유에는 트로포미오신과 트로포닌의 두 가지 중요한 단백질이 포함되어 있다. 트로포미오신은 액틴섬유 위에 있는 길고 얇은 분자이며, 그 끝은 일정한 간격의 트로포닌 구형분자가 있다. 근수축은 이 미세섬유가 미오신미세섬유 쪽으로 미끄러져들어가 근육섬유마디가 짧아지게 될 때 일어난다.

미오신은 긴 꼬리와 한쪽에 두 개로 잘라진 머리를 갖고 있으며, 작은 단백질돌기가 액틴미세섬유를 향해 뻗어 있는데, 이것을 연결교(cross-bridge) 또는 교차결합라고 한다.

2 근수축을 위한 에너지공급

1) 아데노신삼인산(ATP)

탄수화물·지방·단백질은 근수축과 같은 일을 수행하는 데 직접적으로 이용되지 못한다. 다시 말하면 음식의 분해과정에서 방출되는 에너지는 생리학적 일에 직접 관여하지 않는다. 이 에너지는 근세포에 저장되어 있는 고-에너지인산

결합(high-energy phosphate compound), 즉 아데노신삼인산(adenosine triphosphate : ATP)이라는 화학합성물을 합성하는 데 사용된다.

그리고 인체세포가 일정한 일을 수행하는 데 이용되는 에너지는 ATP가 분해되면서 방출되는 에너지이다. 즉 인체세포가 직접적으로 사용하는 에너지원은 ATP이다. ATP는 매우 복잡한 요소인 아데노신 1개와 단순한 부분인 인산기(phosphate group) 3개로 구성되는데, 에너지와 관련해 볼 때 인산기가 더 중요하다. 인산에는 높은 에너지결합(high-energy bond) 형태인 2개의 연결고리가 있다.

이 연결고리가 안정상태에서 탈피하여 그중 하나의 결합이 분해되면 ATP가 아데노신이인산(adenosine diphosphate : ADP)과 유리인산염(Pi)으로 변하는데, 이때 약 7~12kcal의 에너지가 방출된다. 이와 같이 ATP 분해 중에 방출되는 에너지는 인체세포의 작업수행에 이용될 수 있는 즉각적인 에너지원으로 작용한다.

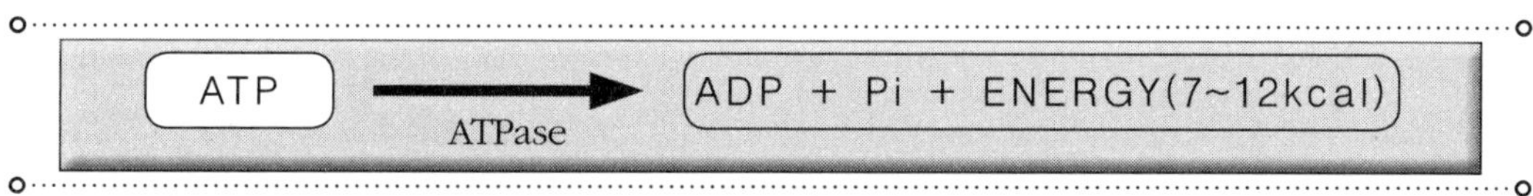

2) ATP 생성체계

앞에서 ATP가 분해되면서 방출되는 에너지가 근수축에 이용된다는 사실을 알게 되었다. 지금부터는 ATP가 어떤 경로를 통하여 공급되는지를 살펴본다. 우선

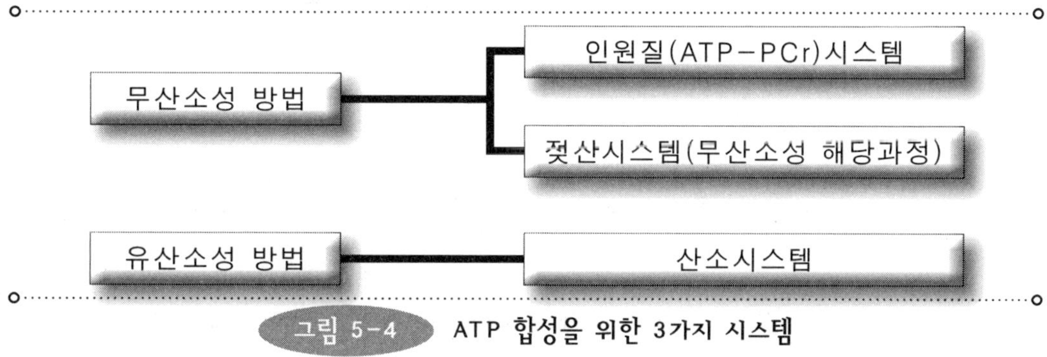

그림 5-4　ATP 합성을 위한 3가지 시스템

근세포 내의 ATP총량은 제한되어 있으며, 그것이 수시로 이용되고 재합성된다. ATP의 재합성에는 에너지가 필요한데, 이 에너지를 공급하는 방법은 다음의 3가지이다.

ATP 합성을 위한 3가지 방법은 산소와 관련지어 크게 2가지의 무산소성 방법과 1가지의 유산소성 방법으로 구분한다.

3) ATP-PCr시스템

가장 간단한 에너지시스템은 인원질(ATP-PCr)시스템이다. 세포는 ATP 외에도 에너지를 저장하고 있는 또 다른 하나의 고에너지화합물을 가지고 있다. 이러한 분자를 포스포크레아틴(phosphocreatine) 또는 PCr이라고 부른다. ATP와는 달리 PCr의 분해로 방출되는 에너지는 세포의 활동에 직접적으로 사용되지 않는다. 그 대신에 비교적 안정적인 ATP 공급을 유지하기 위하여 ATP의 재생산에 사용된다.

PCr로부터의 에너지 방출은 크레아틴키나제(creatine kinase:CK)라는 효소에 의해 촉진되는데, 이것은 PCr에 작용하여 Pi(무기인산염)를 크레아틴으로부터

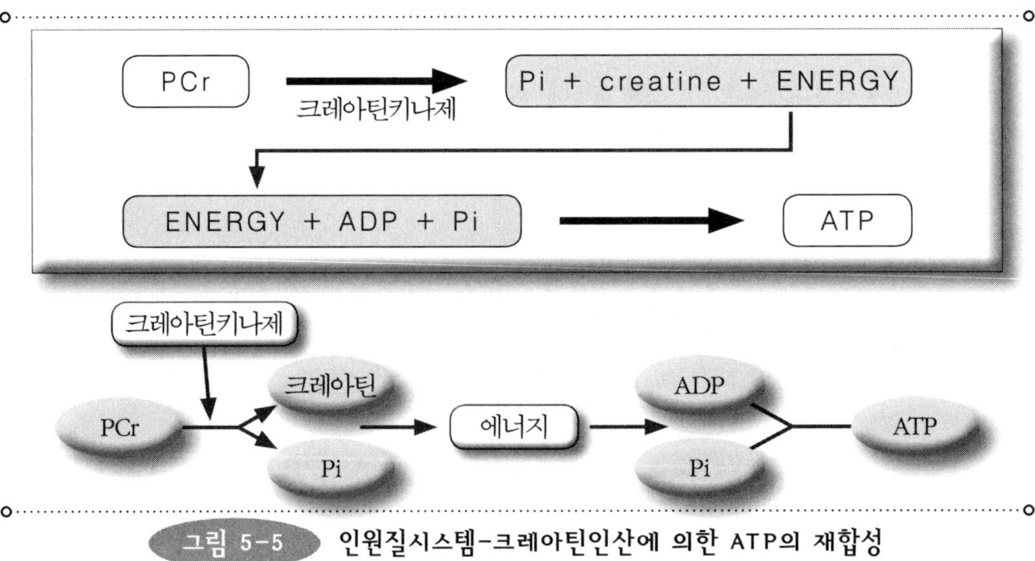

그림 5-5 인원질시스템-크레아틴인산에 의한 ATP의 재합성

분리시킨다. 방출되는 에너지는 Pi를 ADP 분자에 결합시키는데 사용되며, 따라서 ATP가 재생성된다. 이 과정이 그림 5-5에 나타나 있다. 이러한 시스템을 이용하여 인산기의 분리에 의해 ATP로부터 에너지가 방출되더라도 PCr을 분해시켜 ATP 생성에 필요한 에너지를 제공함으로써 세포는 ATP 고갈을 방지할 수 있다.

이러한 과정은 빠르게 진행되며, 세포 내에 어떤 특정한 구조물이 없이도 가능하다(예를 들면 미토콘드리아). 이 과정은 산소가 존재하여도 가능하지만, 산소를 필요로 하는 것은 아니기 때문에 ATP-PCr 시스템은 무산소성에너지 생성체계로 알려져 있다.

4) 젖산시스템

근육 중에 과립으로 축적되어 있는 탄수화물, 즉 글리코겐(glycogen)은 피루브산(pyruvic acid)으로 분해되어 무산소상태에서 젖산으로 환원된다(그림 5-6). 이 반응경로(glycolysis, 해당계)에서 발생하는 에너지가 ATP의 재합성에 이용된다. 이 반응경로는 젖산의 발생을 동반하기 때문에 젖산성기구라고도 한다. 이 경로로 공급되는 에너지에 의해 무산소하에서 최대한으로 근육을 수축하

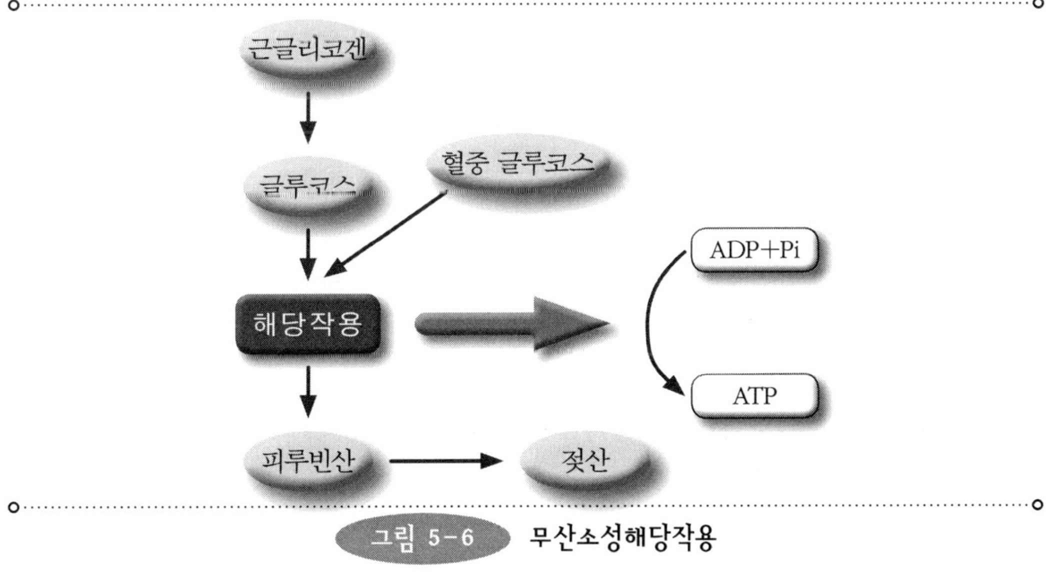

그림 5-6　무산소성해당작용

는 운동이 40~50초 정도 가능해진다.

그러나 격렬한 운동 시에는 이 반응에 의해 발생하는 젖산의 처리가 늦어져 근육 중에 젖산이 축적된다. 젖산의 축척은 근의 pH를 낮춰 에너지합성반응을 저해하여 피로의 원인이 되고, 젖산이 근중량의 0.3%가 되면 근수축이 불가능해진다.

운동을 보통 심하게 하지 않는 일반인들은 운동강도가 어느 정도를 넘어서면 혈액 중의 젖산농도가 높아지기 시작한다. 그 이유는 운동에 필요한 산소공급이 제때 이루어지지 않아 젖산을 유산소하에서 분해처리하는 것이 늦고, 젖산의 축적이 많아지기 때문이다. 최근에는 젖산의 축적 정도를 조사함으로써 각 개인이 어느 정도까지 운동강도 트레이닝이 가능한지를 평가하고, 운동처방에 이용하고 있다.

5) 유산소시스템

유산소시스템은 마라톤과 같이 최대하의 강도로 장시간 운동을 계속할 때 주로 사용된다. 이러한 운동을 할 때 필요한 에너지는 무산소적으로 제한된 에너지 공급방법으로는 불가능하다. 따라서 장시간의 운동은 유산소시스템에 의한 에너지공급방법에 주로 의존하게 된다.

이 시스템에서 충분한 산소공급을 통하여 글리코겐 1분자가 이산화탄소(CO_2)와 물(H_2O)로 완전히 분해되면서 38분자의 ATP를 생성한다. 유산소 시스템의 여러 가지 반응은 크게 3단계로 구분되는데, 이를 요약하면 다음과 같다.

(1) 유산소성해당작용

글리코겐을 이산화탄소와 물로 분해하는 유산소성 분해에 포함된 첫 번째 단계인 해당작용이다. 이 과정은 무산소성해당작용의 경로와 유사하지만, 한 가지 차이점은 젖산이 축적되지 않는다는 점이다. 즉 산소가 충분한 때에는 젖산이 축적되지 않고, 젖산의 직전 형태인 초성포도산의 대부분이 유산소시스템으로 진행되어 감으로써 이러한 작용을 수행한다.

(2) 크렙스회로

유산소성해당작용에서 형성된 피루브산은 미토콘드리아를 지나 계속해서 크렙스회로라고 불리는 일련의 반응에서 분해된다. 이 과정에서 발생하는 중요한 현상은 이산화탄소가 생성되고, 수소이온과 전자가 분리(산화)된다.

(3) 전자전달계

글리코겐의 분해에 이어 크렙스회로에서 이탈된 수소이온과 전자는 충분히 공급되는 산소와 결합하여 물 (H_2O)이 만들어진다. 이와 같이 물이 형성되는 과정에서 산소시스템의 주목적인 다량의 ATP가 재합성되는 것이다.

이 반응경로는 매우 복잡하고, 산소의 공급이 필요하기 때문에 순간적인 에너지공급 시스템으로서는 부적당하지만, 다량의 에너지를 생산할 수 있기 때문에 에너지공급 시스템의 근간으로서 기능한다. 저강도의 운동에서는 ATP의 분해가 비교적 늦기 때문에 산소가 충분히 공급되는 상태라면, 이 반응경로로 공급되는 에너지에 의해 장시간의 운동이 가능하다.

유산소시스템의 연료가 되는 영양소는 주로 지질이다. 지질은 지방산(fatty acid)이 되어 구연산회로에 들어가 산화된다. 또한 탄수화물의 글리코겐이나 포도당으로 이루어진 젖산도 피루브산(pyruvic acid)을 거쳐 구연산회로에 들어가 산화된다. 이러한 반응은 세포내의 미토콘드리아에서 일어나고 있기 때문에 미토콘드리아는 에너지의 발전소라고 할 수 있는 존재이다.

표 5-1 에너지 합성경로의 일반적 특징

ATP-PCr시스템	젖산시스템	유산소시스템
·무 기 적	·무 기 적	·유 기 적
·매우 빠르다	·빠 르 다	·느 리 다
·연료:PCr	·연료:글리고겐	·연료:글리코겐, 시방, 난백실
·매우 제한된 양의 ATP생성	·한정된 양의 ATP 생성	·무제한적인 양의 ATP 생성
·근저장량은 한정	·부산물인 젖산은 근피로를 일으킨다	·피로부산물을 만들지 않는다
·스프린트, 그 외 높은 순발력의 짧은 시간 동안의 운동에 이용	·1~3분 동안의 운동에 이용	·장거리달리기, 장시간의 운동에 이용

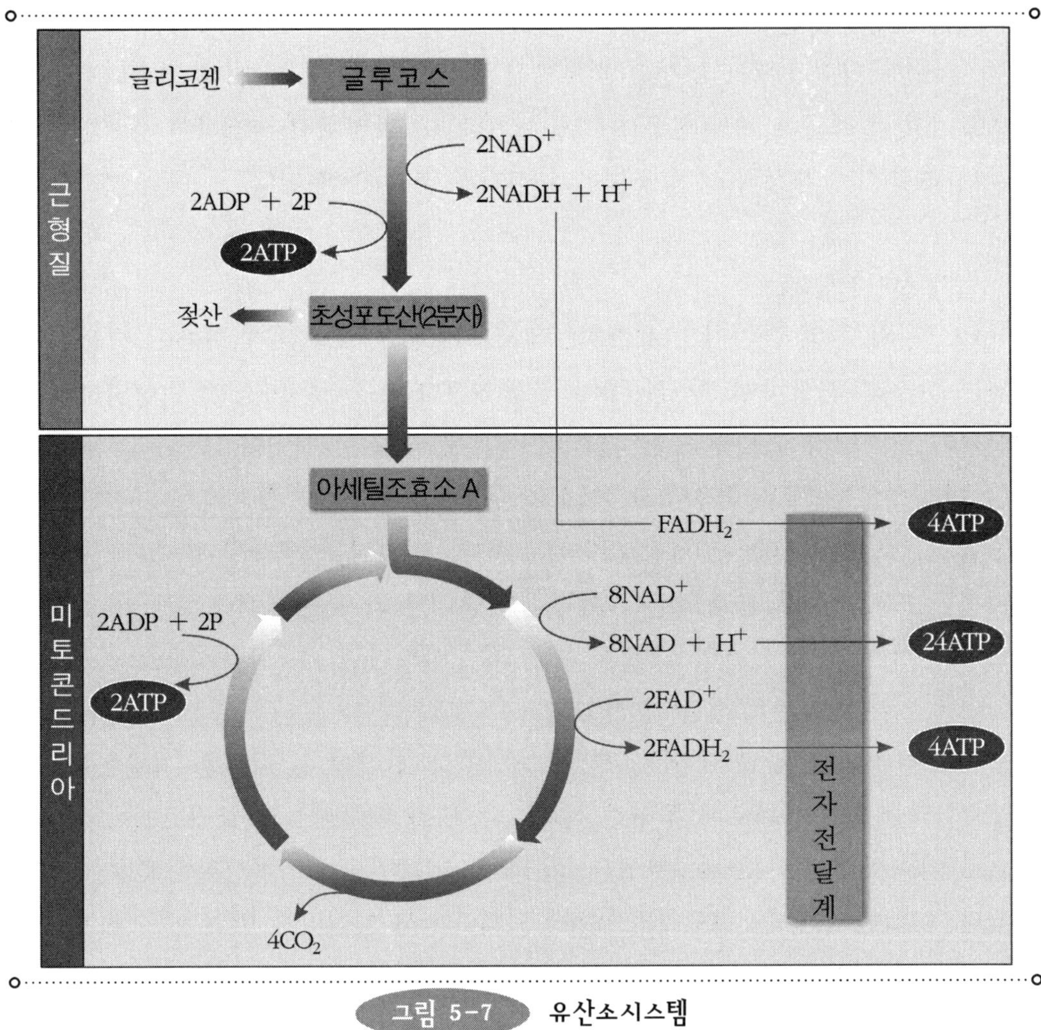

그림 5-7 　유산소시스템

　지금까지 살펴본 3가지 반응계(ATP-PCr시스템, 젖산시스템, 유산소시스템)를 운동과 관련지어 정리한 것이 표 5-1이다.

6) 인체연료의 상호전환

　탄수화물과 인체의 주된 에너지 공급원이다. 단백질이 에너지 대사에 기여하는 비율은 상대적으로 낮지만, 장시간의 지구성 운동의 후반기에는 단백질이 에너지원으로 이용되는 비율은 높아지게 된다.

글루코스와 지방산은 각각 해당과정과 β-산화를 거쳐 아세틸조효소 A를 생성한다. 지방조직이나 근조직에 저장된 중성지방의 분해에 의해 방출된 글리세롤은 혈류를 타고 간으로 보내져 글루코스로 전환된다(당신생과정).

단백질을 구성하는 아미노산 중 어떤 종류는 간에서의 단신생과정을 거쳐 글루코스로 전환될 수 있으며, 일부 아미노산은 산화과정의 중간 산물인 아세틸조효소 A가 초성포도산으로 전환될 수 없기 때문이다. 그림 5-8은 세 가지 연료의 상호 전환과정을 간단하게 나타낸 그림이다.

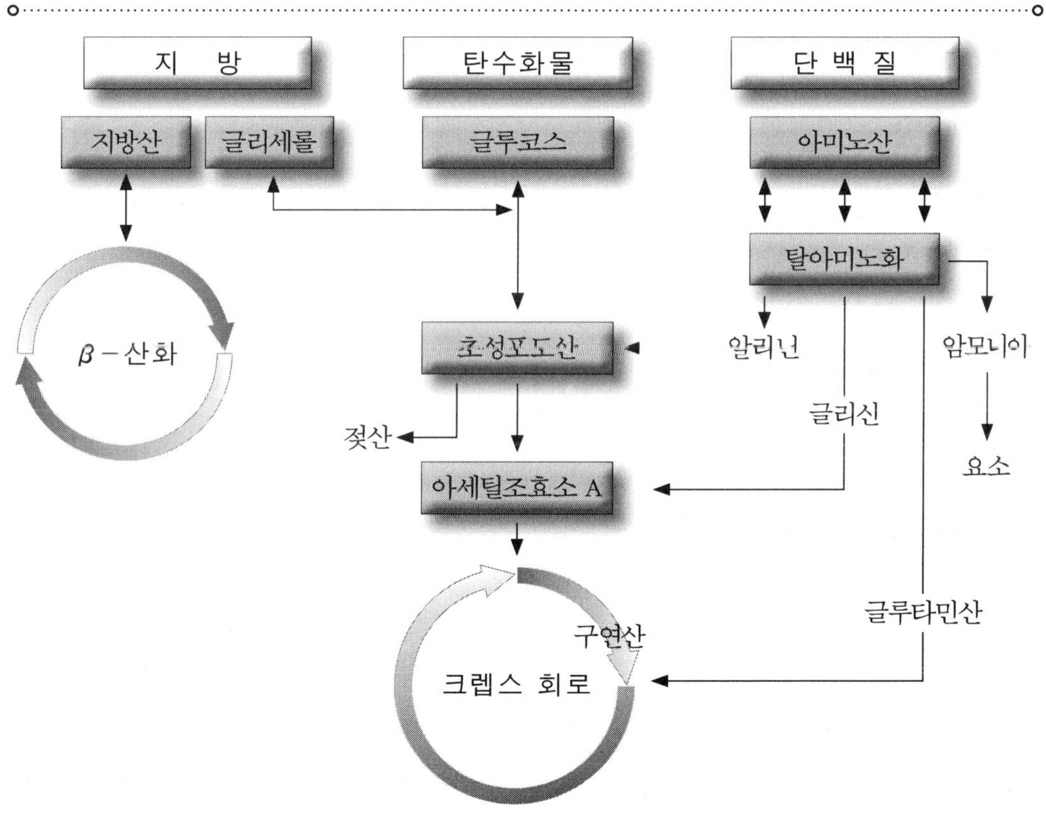

그림 5-8　탄수화물, 지방, 단백질의 상호전환

3 근수축의 기전

1954년 Huxley와 Hason은 근수축은 하나의 근육미세섬유가 다른 근육미세섬유 위로 미끄러져들어가 근육이 짧아진다는 근육미세섬유활주설(sliding filament theory)을 제시하였다. 즉 근수축 시 액틴이나 미오신 근육미세섬유의 길이는 변하지 않고 액틴이 미오신 위의 근육원섬유마디 중심 쪽으로 미끄러져 들어가면서 근수축이 이루어지고, 미오신의 연결교가 액틴부위에 일종의 화학결속을 이루어 혼합단백질인 액토미오신을 형성한다는 것이다. 활주설의 전과정은 안정, 자극-결합, 수축, 재충전, 이완의 5단계로 나눌 수 있다.

1) 제1단계 : 안정

안정(rest)상태에서는 미오신미세섬유의 연결교가 액틴미세섬유와는 상호적으로 작용하지 않고 액틴미세섬유 쪽으로 퍼진다. ATP 분자가 교차결합의 끝에 뭉쳐 있다. 안정 시에는 이 복합체가 충전되지 않은 ATP-교차결합 복합체로 나타나며, 칼슘은 근육세포질그물망의 소포에 많은 양이 축적된다. 유리된 칼슘이 부족할 때는 액틴미세섬유의 트로포닌이 액틴과의 결합에서부터 미오신연결교를 억제하므로 액틴과 미오신은 결합되지 않는다.

2) 제2단계 : 자극-결합

자극이 운동신경에서 운동종판의 끝에 이르렀을 때 근육섬유마디에서 자극의 생성을 자극하면서 아세틸콜린이 분비된다. 이 자극은 가로세관을 통해서 신속하게 근육섬유 전체로 퍼지면서 근육세포질그물망의 소포로부터 칼슘방출을 일으킨다. 그러면 칼슘은 즉각 트로포닌분자에 의해 액틴미세섬유 위에서 뭉쳐진다. 이것은 액틴미세섬유 위의 활성부위를 막고 있는 트로포미오신의 위치변화를 일으켜 연결교가 활성부위와 결합할 수 있게 함으로써 액토미오신 복합체를 형성한다.

동시에 충전되지 않은 ATP 연결교 복합체가 충전된 ATP 연결교 복합체로 바뀌는데, 액틴미세섬유 위의 칼슘이온에 의한 활성부위의 자극과 연결교 복합체의 충전은 두 단백질이 서로 부착되어 있다는 것을 나타낸다. 이것은 액틴과 미오신의 물리-화학적 결합에 기인하는데, 이와 같은 복합체가 힘을 생성해낸다.

3) 제3단계 : 수축

액토미오신의 형성은 ATPase라는 효소를 활성화시킨다. 이 효소는 ATP를 ADP와 Pi로 분해시켜 많은 에너지가 방출하도록 하면서, 방출된 에너지가 연결교를 근육원섬유마디(sarcomere)의 중심을 향하여 부착되어 있는 액틴이 미오신 위로 미끄러져 들어가는 방법으로 붕괴시키거나 새로운 각도로 전환시킬 수 있게 한다. 따라서 근육은 장력을 발생하고 짧아진다.

4) 제4단계 : 재충전

하나의 연결교는 1초의 수축 동안에도 수백 번 액틴미세섬유 위의 활성부위에 붙었다 떨어졌다 한다. 이렇게 하기 위해서 미오신연결교는 재충전(recharging)되어야 한다.

재충전의 첫 번째 단계는 이전의 액틴과 미오신연결교 사이의 결속을 깨뜨리는 것이다. 이것은 새로운 미오신연결교가 ATP 분자(재합성된)를 재장전함으로써 일어난다. 새로운 ATP가 재장전되면 미오신연결교와 액틴의 활성부위 사이에서 결속이 깨어진다. 즉 ATP 연결교가 액틴으로부터 떨어져 나온다. 활성부위와 마찬가지로 연결교도 재순환에 이용될 수 있다.

5) 제5단계 : 이완

근육을 지배하는 운동신경으로 지나는 신경자극의 흐름이 끊어지면 칼슘은 트로포닌으로로부터 구속받지 않고 근육세포질그물망(근형질세망)의 외세포 저장소 안으로 활발하게 분출되어 칼슘펌프에 의해 세망에 축적된다. 칼슘의 제거가 액틴미세섬유를 벗어나게 하여 연결교복합체가 더 이상 활성부위와 결속할 수 없도록 만든다. 미오신 ATP 효소활동도 멈춰지고 더 이상 ATP의 분해가 일어나지 않는

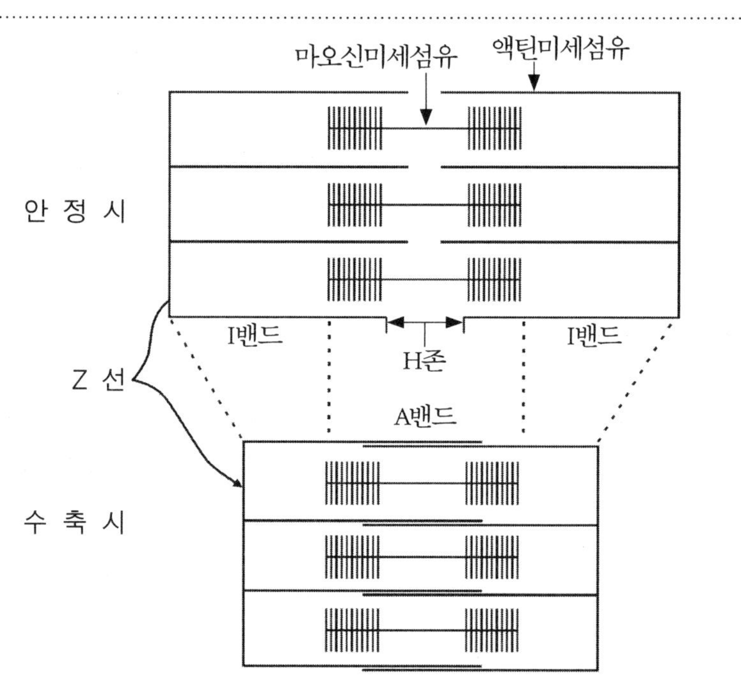

수축시 H 밴드 감소

안정 시와 비교해서 근육의 근육원섬유마디(근절)가 수축할 때
1) 근육원섬유마디의 중심으로 액틴이 미오신 위로 미끄러져 들어가기 때문에 H 밴드가 없어진다.
2) 근육원섬유마디의 양쪽 Z선에 붙어 있는 액틴미세섬유들이 중앙으로 끌어당겨지기 때문에 I 밴드가 짧아진다.
3) A 밴드의 길이는 변하지 않는다.
4) 활주 또는 깍지를 끼는 듯한 구조로 미오신이나 액틴 모두 길이가 변하지 않는다.

그림 5-9　근육미세섬유 활주설

다. 근육미세섬유들이 원래의 위치로 돌아오고 근육이 이완된다.

　이러한 근의 수축과정은 총의 발사와 비교할 수 있다. 총은 먼저 약실(미오신연결교)에 적당한 탄약(ATP)을 장전하여 부하를 주어야 한다. 이 결합(충전되지 않은 ATP 연결교)은 총의 공이를 당김으로써(충전된 ATP 연결교) 준비된 형태로 바뀐다. 방아쇠를 당길 때(칼슘이 활성부위를 결정하는) ATP가 급격히 분해되어 에너지를 방출한다. 일은 탄약(미오신연결교)이 한다. 이러한 과정은 소비된 탄약의 방출과 다른 탄약(ATP)의 재충전으로 이루어진다. 그림 5-9는 근육미세섬유 활주설을 정리한 것이다.

4 에너지공급 시스템과 운동종목 특성

　근육이 수축하기 위한 에너지는 ATP-PCr시스템, 젖산시스템, 유산소시스템의 3가지를 통해 운동시간과 순발력에 따라 만들어진다. 이러한 관계를 그림 5-10에 나타내었다. 이 그림에서 4가지로 나누어진 영역은 표 5-2와 같이 운동시간과 에너지공급시스템, 운동종목과 관련지어 생각할 수 있다.

　영역 1에서 ATP-PCr시스템에 의해 에너지가 공급되는 운동은 매우 단시간에 전력을 내는 종목이다. 영역 2에서는 ATP-PCr시스템에 젖산계가 추가되어 좀 더 시간이 긴 운동을 가능하게 한다. 또한 운동시간이 길어지면 영역 3과 같이 젖산시스템에 유산소시스템이 추가되고, 영역 4에서는 마라톤이나 트라이애슬론과 같이 경기시간이 긴 종목에서 주로 유산소계에 의해 에너지가 만들어진다. 에너지원으로서는 당 외에 지질도 이용된다.

　표 5-3에서 예로 든 경기에서는 거리가 길수록 운동강도가 낮아지고, 운동의 지속시간은 길어진다. 장거리경기일수록 유산소계에서 이용되는 글리코겐의 비율이 많아지고, 마라톤에서는 대부분의 글리코겐이 유산소계로 분해되어 사용된다는 것을 알 수 있다. 이때 글리코겐만으로 부족한 에너지는 지질이 공급하게 된다.

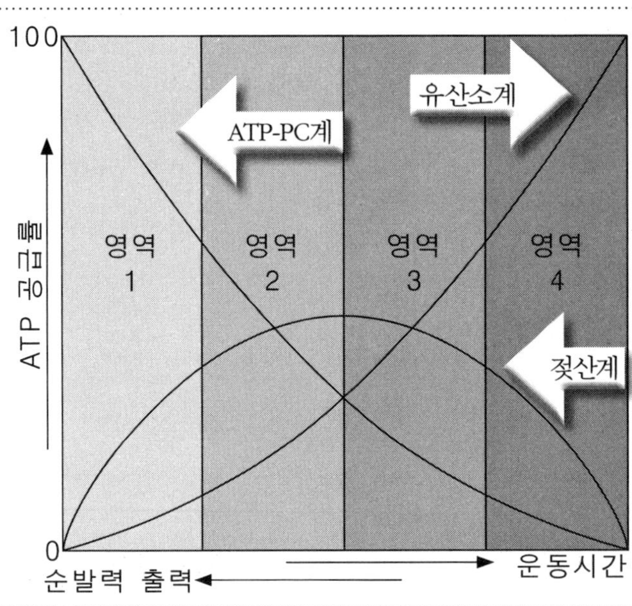

그림 5-10 에너지공급 시스템의 관계

표 5-2 에너지공급 시스템으로 본 운동종목 및 동작

영 역	운동시간	에너지 공급계	운동족목
1	30초 이하	ATC−PCr계	투포환, 100m 달리기, 도루, 골프와 테니스의 스윙, 미식축구에서 러닝백의 플레이
2	30초~1분 30초	ATC−PCr계 + 젖산계	200~400m 달리기, 스피드 스케이트(500m, 1000m), 100m 경영
3	1분 30초~3분	젖산계 + 유산소계	800m 달리기, 체조경기, 복싱(1라운드), 레슬링 (1피리어드)
4	3분 이상	유산소계	1500m 경영, 스피드 스케이트(1000m), 크로스 컨트리 스키, 마라톤, 조깅

표 5-3 육상경기 중 유산소적 또는 무산소적 대사의 비율

거 리(m)	유산소적 대사에 의한 ATP생산비율(%)	글리코겐의 사용량 (g/kg 근)	글리코겐의 비율	
			유산소적 대사	무산소적 대사
800m	50	7.7	7	93
1500m	65	8.3	20	80
5000m	87	17.6	36	64
10000m	97	19.3	72	28
마라톤 (42.195m)	100	20.0	100	0

운동선수의 영양

1 트레이닝기의 영양

1) 에 너 지

(1) 트레이닝기의 에너지소비량

트레이닝기에 섭취해야 할 에너지의 표준치는 트레이닝에 따른 에너지소비량으로 결정된다. 드레이닝을 실시함으로써 1일에너지소비량은 큰 폭으로 증가하지만(그림 6-1), 건강한 일반성인이 섭취해야 하는 1일에너지량과 비교하면 운동선수가 트레이닝기에 섭취해야 할 에너지가 매우 많다는 것을 알 수 있다.

식시로 섭취하는 에너지의 표준치를 설성할 때에는, 같은 경기종목에서도 선수의 개인차가 크므로 충분히 검토해야 한다. 또한 체중측정과 컨디션파악 등의 방법으로 에너지표준치가 적절한지 평가하고, 필요에 따라 재검토할 필요가 있다.

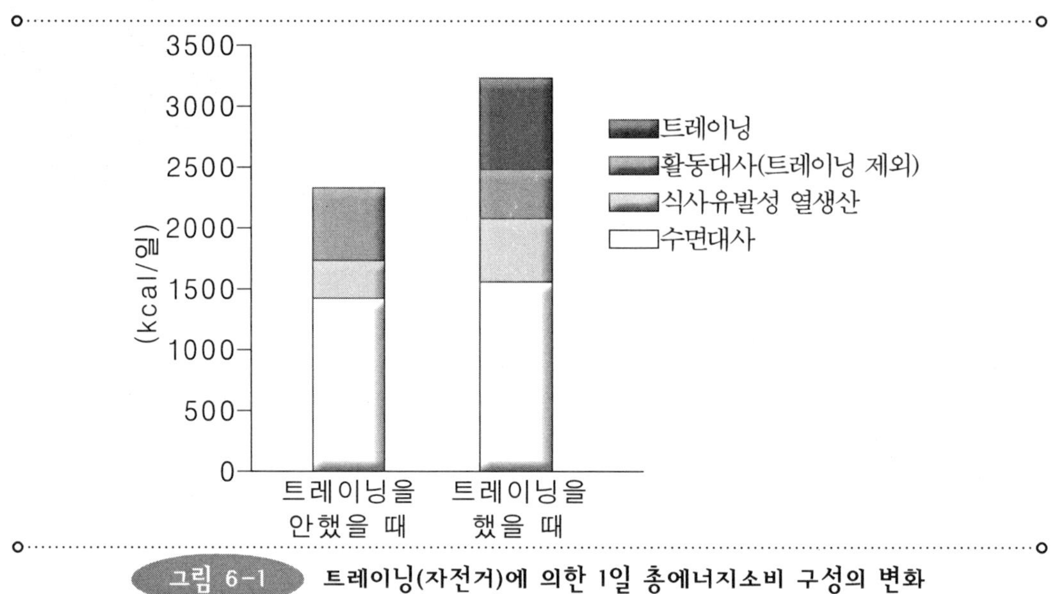

그림 6-1 트레이닝(자전거)에 의한 1일 총에너지소비 구성의 변화

(2) 에너지 밸런스

식사의 에너지는 주로 탄수화물, 지방, 단백질로 공급된다. 이 3가지가 어느 정도의 비율로 함유되어 있는지를 나타내는 것을 에너지 밸런스라고 한다. 운동선수는 탄수화물을 충분히 섭취하는 탄수화물 60%, 지방 25%, 단백질 15% 정도인 고탄수화물식이 이상적이다. 우리나라 사람은 이 수치에 가까운 고탄수화물식을 하고 있지만, 미국에서는 탄수화물이 40% 정도로 낮다(그림 6-2).

그러나 우리나라에서도 젊은 세대를 중심으로 주식량이 감소하고, 반찬이나 과

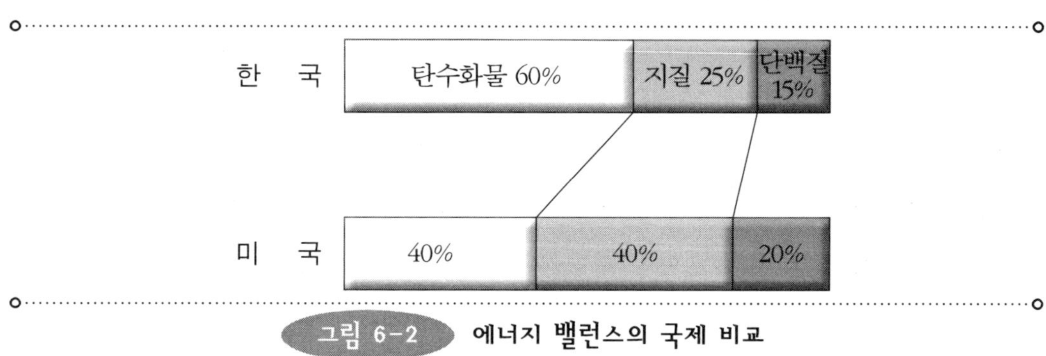

그림 6-2 에너지 밸런스의 국제 비교

자 등의 섭취가 늘고, 지방의 비율이 늘어나는 경향을 보이고 있다.

(3) 에너지원으로서 탄수화물의 중요성

운동을 위한 에너지는 주로 탄수화물과 지방에서 만들어진다. 탄수화물은 주로 근육과 간에서 글리코겐으로서 저장되는데, 저장량은 그다지 많지 않다. 운동이란 어느 정도의 강도를 갖는 활동이기 때문에 지방만을 에너지원으로 하면 대사를 할 때에는 어렵다. 근글리코겐은 근육을 움직이는 에너지가 되고, 소비되어 버리면 근육의 직접적인 에너지원이 부족하여 운동을 계속하기 힘들게 된다. 또한 근육에는 혈액 속에 글루코스를 공급하기 위한 효소가 없기 때문에 근글리코겐은 혈액 속에 글루코스를 공급할 수 없다.

한편, 간글리코겐의 주요역할은 혈액 속에 글루코스를 공급하는 것이고, 또한 혈액 속의 글루코스는 뇌의 유일한 에너지원이다. 간글루코겐이 고갈되어 혈액 속에 글루코스가 공급되지 않으면 운동 중의 집중력이나 판단력이 떨어지고, 경우에 따라서는 저혈당증상(의식저하나 저체온 등)이 나타날 수도 있다.

이상과 같이 글리코겐을 충분히 이용할 수 있는 상태로 만드는 것이 질 높은 트레이닝을 소화해내기 위해 중요하다. 운동의 지속시간이 길 경우에는 운동 중에 당질(탄수화물)을 보급하는 것도 고려해야 한다.

(4) 에너지와 단백질 및 지방

단백질은 근육을 만드는 등 체격을 향상시키는 데 필요한 영양소이지만, 소비에너지가 매우 클 경우에는 분해되어 에너지원이 된다. 당질이나 단백질은 1g당 4kcal인 데 반해, 지방은 1g당 약 9kcal로 높아서, 많은 에너지를 빽빽하게 저장하고 섭취할 수 있다. 요리에 적당한 지방이 함유되어 있으면, 맛이 향상되어 기호를 만족시킨다.

그러나 최근 우리나라에서도 지방을 너무 많이 섭취하는 경향이 있으므로 항상 적당히 섭취하려고 노력해야 한다. 운동선수는 에너지소비량이 클 때에도 지방에서 나오는 에너지는 전체의 30% 정도로 한다.

2) 체력향상과 영양

(1) 근육형성에서 단백질의 역할

단백질은 항상 몸안에서 분해와 합성을 반복하여 오래된 것이 새로운 것으로 바뀌고 있다. 그러므로 매일 식사로서 섭취하지 않으면 체내의 단백질량이 주는데, 이는 근력저하로 연결된다.

① 단백질의 질

단백질의 질은 인간의 체내에서 합성할 수 없는 필수아미노산이 어떤 비율로 함유되어 있는가로 결정된다. 일반적으로 식물성단백질보다 동물성단백질이 단백질의 질이 좋다. 식사 중에 동물성단백질의 비율이 늘어나면 지방섭취량이 너무 많을 수도 있다. 또한 식물성단백질이라도 밥에 두부, 된장국, 계란요리를 추가하면 전체적인 단백질의 질은 좋아진다.

② 단백질필요량과 운동의 관계

일반성인의 단백질필요량은 0.8g/kg/일이지만, 단백질의 소화흡수율 등을 고려하면 1.01g/kg/일이 실제소요량이라고 할 수 있다. 그러나 운동 시에는 단백질의 대사가 활발해지고, 발한 등으로 손실되는 양이 늘어나기 때문에 필요량이 증가한다. 단백질의 대사에는 운동의 종류·강도·지속시간 등이 영향을 미쳐, 운동 시에는 일반성인의 단백질소요량인 1.01g/kg/일로는 부족하게 된다. 섭취에너지가 충분한 경우에 바람직한 단백질섭취량은 지구성운동에서 1.2~1.4g/kg/일, 근력트레이닝에서 1.7~1.8g/kg/일이다.

③ 근력을 키우기 위한 단백질섭취량과 트레이닝의 관계

근육량을 늘리는 것, 즉 체단백질의 합성을 높이려면 트레이닝이 필요하다. 트레이닝을 하면서 단백질을 충분히 섭취하면 체단백질의 합성이 높아지지만, 단백질섭취량을 늘리는 것만으로는 체단백질의 합성이 높아지는 것은 아니다.

그림 6-3에서 보듯이 근육트레이닝을 하지 않고 단백질섭취량을 늘렸을 경우 체단백질합성이 늘어나지 않으며, 단백질섭취량이 2.4g/kg/일로 너무 많으면 트레이닝을 실시하여도 단백질합성은 크게 늘어나지 않는다는 것을 알 수 있다. 어

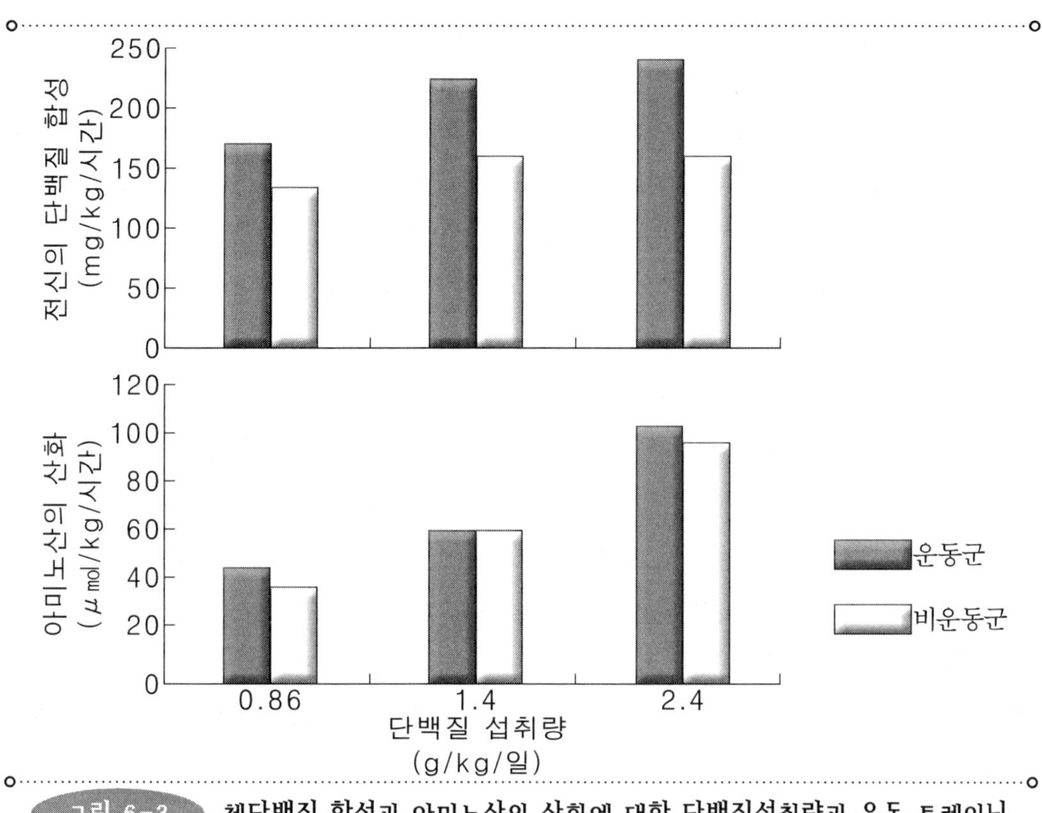

그림 6-3　체단백질 합성과 아미노산의 산화에 대한 단백질섭취량과 운동 트레이닝

떠한 경우라도 너무 많은 단백질은 체지방의 축적으로 연결된다고 생각할 수 있다 (아미노산이 내사되어 산화량이 늘어난 경우, 체단백질의 합성에 이용되지 않으면 체시방으로서 축적되는 양이 늘어난다고 추측된다).

　이상과 같이 근력트레이닝을 하여도 근육형성에 이용할 수 있는 단백질의 양에는 한계가 있다는 것을 알 수 있다.

　　④ 근육을 형성하는 데 효과적인 생활시간

　효과적으로 근육을 형성하기 위해서 근육의 단백질합성을 높이는 성장호르몬의 분비에 주목하여 생활시간을 연구하려는 시도가 있다. 성장호르몬은 강도가 강한 운동에서 많이 분비되고, 또한 밤의 수면 중에도 활발하게 분비된다. 특히 수면 중에는 안정상태에 있기 때문에 근육을 형성하는 데에는 유리한 조건이 된다.

　이러한 이유로 근력트레이닝이나 낮잠시간을 설정하고, 저녁식사에서 단백질을 충분히 섭취할 수 있는 식단을 짜는 등의 노력이 필요하다.

⑤ 단백질의 과잉섭취

단백질은 1g당 4kcal로 탄수화물과 같은 에너지를 갖고 있기 때문에 단백질의 과잉섭취는 체지방의 축적으로 연결될 수도 있고, 체내에서 과도한 단백질대사를 위해 간과 신장에 장애를 일으킬 가능성도 있다. 운동선수의 목표량을 충족시키는 2g/kg/일 정도라면 영양보조식품에 의존하지 않고 식사로 섭취할 수 있다.

⑥ 운동선수의 단백질 수요량

일반 성인의 1일 단백질 권장량은 체중 1kg당 0.8g이다. 따라서 체중 7kg인 일반 성인에게 필요한 일일 단백질량은 70×0.8=56g으로 산정할 수 있다.

그러나 격렬한 신체활동에 참여하는 운동선수의 단백질 권장량에 대해서는 여러 연구자들의 주장이 엇갈리고 있다. Durnin, J.(1967)은 하루에 체중 1kg당 1g 이상의 단백질이 필요하다는 증거가 희박하다고 결론지은 반면, 미국연구위원회에서는 1.2~1.6g의 단백질 섭취를 권장하고 있다. 한편, 많은 운동생리학자들과 영양학자들은 운동선수의 경우 체중 1kg당 2.0~2.5g의 단백질을 섭취하도록 권장하고 있다.

전문적인 운동선수들은 하루 평균 3,000~4,000kcal의 열량을 섭취한다. 총섭취량 중 단백질 섭취비율은 12~15%로 권장되고 있다. 만일 이 운동선수가 총섭취량 중 15%를 단백질로부터 얻고 있다면 단백질 섭취량은 체중 1kg당 1.9~2.1g이 된다. 이 수치는 운동선수들에게 권장되고 있는 1일 섭취량을 대체로 충족시키는 양이다.

표 6-1 에너지 섭취량에 따른 단백질 섭취량(체중 70kg의 성인)

에너지 섭취량 단백질량	3,000kcal	4,000kcal
단 백 질 섭 취 비 율 (%)	15%	15%
단 백 질 칼 로 리	3,000×0.15=525kcal	4,000×0.15=600kcal
단　백　질　량	525÷4=131g	600÷4=150g
체 중 당 단 백 질 량	131÷70=1.9g/kg	150÷70=2.1g/kg

※ 단백질 1g의 열량은 4kcal

  따라서 총섭취열량이 부족하지 않고 균형 있는 식사(즉 섭취열량의 15%를 단백질로 섭취하는 식사)를 하는 운동선수라면 단백질 섭취 부족으로 인한 문제는 발생하지 않을 것으로 생각된다.

  과거에 생각하던 수준 이상으로 지구성운동이나 중량저항운동 시에는 단백질 분해가 증가한다. 단백질 분해의 증가는 체내 탄수화물과 에너지 저장량이 낮을 때 더욱 촉진된다. 이러한 현상은 탄수화물이 근단백질을 보존하는 데 도움이 되기 때문에 강한 훈련기의 선수들은 고탄수화물과 적정열량의 섭취가 매우 중요하다는 것을 말해준다. 근량의 증대, 근력과 순발력의 증대를 위하여 중량부하 운동을 하루에 4~6시간 하는 사람의 경우, 실제적인 단백질 수요량이 어느 정도인지에 대해서는 정확히 알려지지 않고 있다.

  최근의 연구들은 체중당 단백질 수요량이 좌업생활을 하는 사람에 비해 더 많은 수준이지만, 그것은 정상적인 열량의 섭취를 통해 충분히 달성될 수 있으며, 단백질 보충제를 통한 추가적인 단백질 섭취가 불필요하다는 것을 보여주고 있다. 또한 격렬한 훈련 중 에너지원으로서 단백질 사용량이 증가함에도 불구하고 단백질 이용의 효율성 증대를 통해 아미노산 균형을 개선하는 인체적응현상이 일어날 수 있다. 현재로서는 특정 운동종목을 위한 단백질의 권장량을 수정하는 문제는 더 많은 연구가 필요하다.

(2) 뼈를 만드는 칼슘
① 뼈형성과 연령대의 관계

  인간은 유아 때부터 젖을 통해 칼슘을 흡수하여 뼈형성이 활발하게 일어난다. 사춘기 때에는 호르몬의 상태가 변화하여 골량(골밀도)의 증가속도가 최대가 되지만, 그 증가속도는 단시간에 감소하여 여성은 18세, 남성은 약간 늦게 생애 최대골량에 도달한다.

  30대 이후부터 골량은 조금씩 감소하지만, 좋은 생활습관을 유지하면 감소속도를 억제할 수 있다. 그 후 여성은 여성호르몬이 급격히 감소하는 갱년기 때부터 골밀도도 급격히 감소하여 골다공증의 발증이 시작된다.

운동선수의 뼈형성에는 20세 무렵까지의 식사와 트레이닝상황이 큰 영향을 미친다. 특히 여자선수는 과도한 식사제한을 통한 무리한 감량 때문에 뼈형성에 악영향을 미치는 경우가 있다.

② 골밀도와 경기종목

일반적으로 골밀도를 충실하게 만들려면 적당한 운동이 필요하다. 유도, 배구, 농구 등 충격이 강한 경기종목의 선수는 골밀도가 높은 경향이 있다. 한편, 트레이닝에서 주행거리가 긴 육상장거리선수는 일반인보다 골밀도가 낮은 경우가 있다. 특히 육상장거리종목이나 감량을 필요로 하는 경기의 여자선수는 무리한 식사제한으로 영양부족에 빠지게 되는 예도 있다. 이러한 선수 중에는 월경장애를 일으키는 사람도 있고, 여성호르몬의 언밸런스 때문에 골밀도의 저하를 일으켜 피로골절의 발생이 증가한다는 조사결과도 있다.

③ 체내에서 칼슘의 역할

뼈에는 체내 칼슘의 약 99%가 존재하고, 나머지 1%가 혈액이나 세포 등에 존재한다. 이 칼슘은 뼈형성보다 생명을 유지하기 위해 세포 내외의 칼슘농도를 일정하게 유지하는 것이 우선되어 이용된다. 혈액 속의 칼슘농도가 저하되면 뼈에서 칼슘이 녹아들어 그 농도를 일정하게 하려는 기능이 작용한다. 이 작용을 골흡수라고 한다. 골흡수를 방지하기 위해서는 식사로 칼슘을 충분히 섭취하여 혈액 속의 칼슘농도를 유지할 필요가 있다.

④ 칼슘섭취량

칼슘은 체내에서의 흡수율이 나쁘다. 유아기나 사춘기 때는 몸이 요구하는 칼슘량이 늘어나기 때문에 흡수율이 증가하지만 45~50% 정도에 불과하고, 다른 연령대에서는 30~40% 정도에 그친다. 혈액 속에 흡수된 칼슘도 땀과 소변으로도 손실되기 때문에 뼈에 다다르는 양은 더욱 적어진다(그림 6-4).

⑤ 칼슘결핍증

칼슘은 한국에서 가장 보편적으로 결핍이 일어나는 무기질이다. 국민건강통계(국민건강영양조사 제4기 1차년도:보건복지가족부, 질병관리본부, 2007)에 의하면, 2007년 우리나라 사람의 칼슘(권장량 700mg)의 영양섭취기준 대비 섭취비

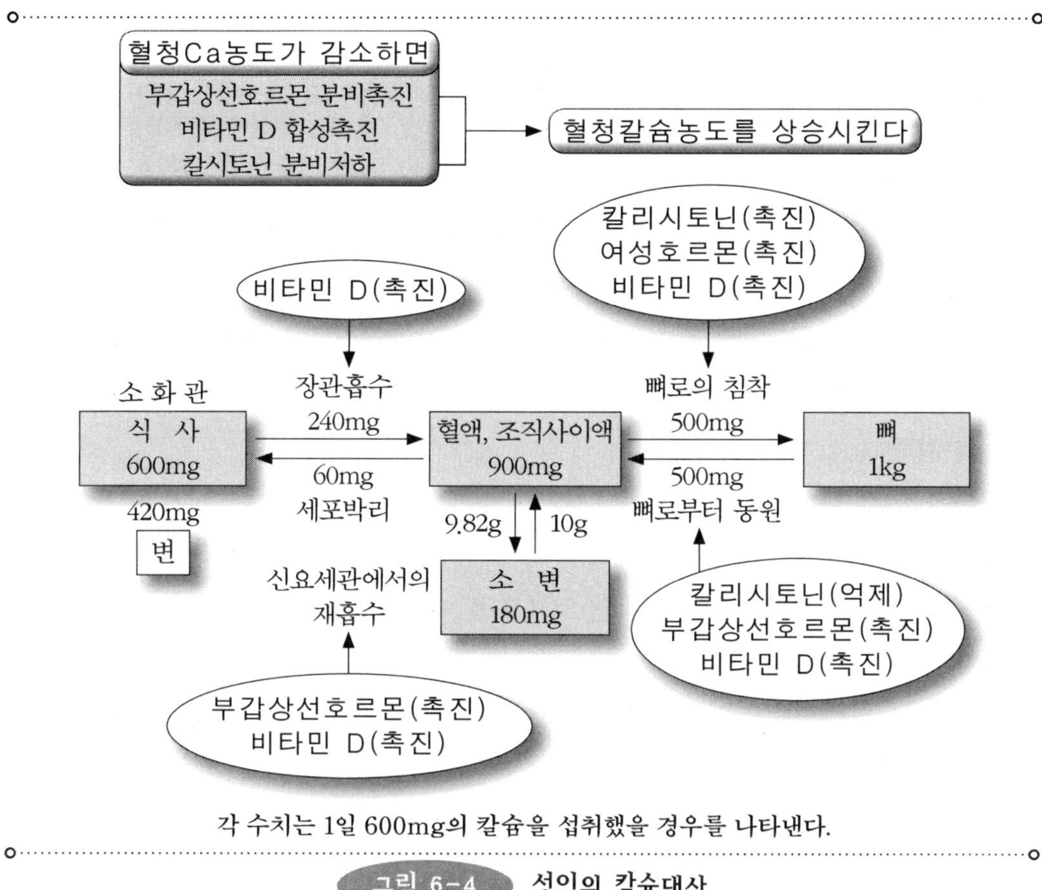

그림 6-4　성인의 칼슘대사

율은 63.4%로 아직도 섭취권장량에 미치지 못하고 있다고 조사되고 있다. 더구나 1일 권장량이 1,000mg으로 훨씬 높은 임신부와 임신부의 경우에는 그 평균 섭취량이 크게 못미치는 것으로 밝혀졌다.

칼슘섭취가 불충분하면 골다공증(osteoporosis)이 초래되기 쉬우며, 비타민 D와 인이 같이 결여될 경우 성인여자에게 흔히 나타나는 골연화증이 초래된다. 특히 폐경기 이후의 여성들은 여성호르몬인 에스트로겐(estrogen)의 부족으로 뼈의 상실량이 형성되는 양보다 많아지기 때문에 골다공증의 위험성이 높아진다. 골다공증으로 인해 골격의 강직성이 저하되는 현상이 일어나 약한 자극에도 쉽게 골절된다. 특히 임신, 수유부의 경우 칼슘과 비타민 D가 부족할 때 골다공증이 자주 나타난다.

⑥ 칼슘흡수율에 영향을 주는 요인

비타민 D는 칼슘의 흡수율을 증진시키며 그 외에도 단백딜 특히 라이신(lysine), 비타민 C, 젖당(lactose)은 칼슘흡수를 촉진시킨다. 칼슘은 산성용액에서 효과적으로 용해되므로 장내의 산성환경이 저하되는 노년기에는 칼슘흡수율이 저하된다. 또한 식사 중 칼슘과 인의 비율이 1:1일 때 흡수율이 최대로 되는데, 인의 비율이 높을 경우에는 흡수가 저하된다. 따라서 특별히 칼슘 첨가가 되지 않은 대부분의 육가공 제품과 인스턴트 식품들은 칼슘보다 인의 비율이 매우 높아서 칼슘의 흡수를 저해한다.

운동부족은 골다공증의 중요한 원인으로서 운동을 거의 하지 않거나 자리에 누워있는 환자는 골격으로부터의 칼슘 유출이 지속적으로 일어나는 반면 재형성 능력은 감소하게 된다. 골다공증을 치료하기 위한 방법으로는 에스트로겐 투여, 칼슘과 비타민 D의 섭취, 그리고 운동요법이 이용되고 있다. 골다공증에 보다 쉽게 노출되는 위험요인들은 백인 및 아시아 여성, 좌업생활, 조기폐경, 흡연, 알콜남용 그리고 가족력이다.

(3) 체중조절을 위한 식사와 트레이닝

① 체중조절 실시상의 주의점

인간의 체중은 제지방체중과 지방으로 나누어진다. 운동선수의 체중조절은 체력을 향상시키려는 것이므로, 경기에 맞는 근육량과 지방량(체지방률)을 목적으로 하여 트레이닝기간 중에 계획적으로 실시하는 것이 이상적이다.

시합 전에는 단기간의 식사나 수분을 제한하여 감량하는 예가 많은데, 이렇게 하면 목표체중에는 도달할 수 있으나 탈수상태에 빠져 컨디션이 악화된다. 운동선수가 감량을 할 때는 체지방을 감량해야지, 수분 등 제지방체중을 감량해서는 안된다. 경기의 특성에 맞춰 제지방체중을 구성하는 근육이나 뼈를 충실히 하고 체지방량을 조절해야 한다.

한편, 스포츠활동의 기초가 되는 건강상태를 유지하는 것을 잊어서는 안된다.

체지방 그 자체는 많은 운동에서 부하되지만, 생명을 영위하는 데에는 에너지를 저장하는 이외에도 호르몬기능에 영향을 주는 중요한 기능도 가지고 있다. 특히 여자선수가 체지방을 너무 감소시키면 월경이상 등 건강을 해칠 수도 있다.

　② 감량계획에서 신체조성의 중요성

　운동선수의 감량계획을 세울 때에는 체지방률 등을 측정하여 체성분을 파악해

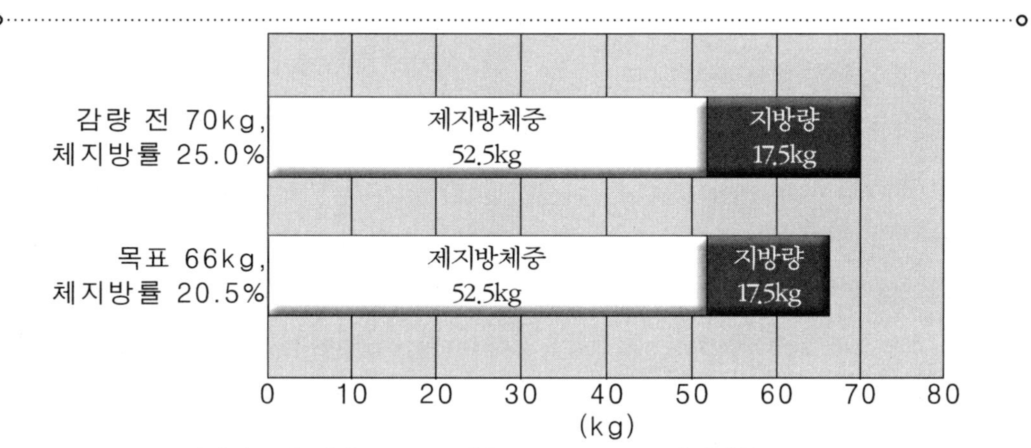

대학 유도부 여자 66kg급 선수. 166㎝, 70kg, 체지방률 25.0%

그림 6-5　제지방체중을 유지한 체중조절의 예

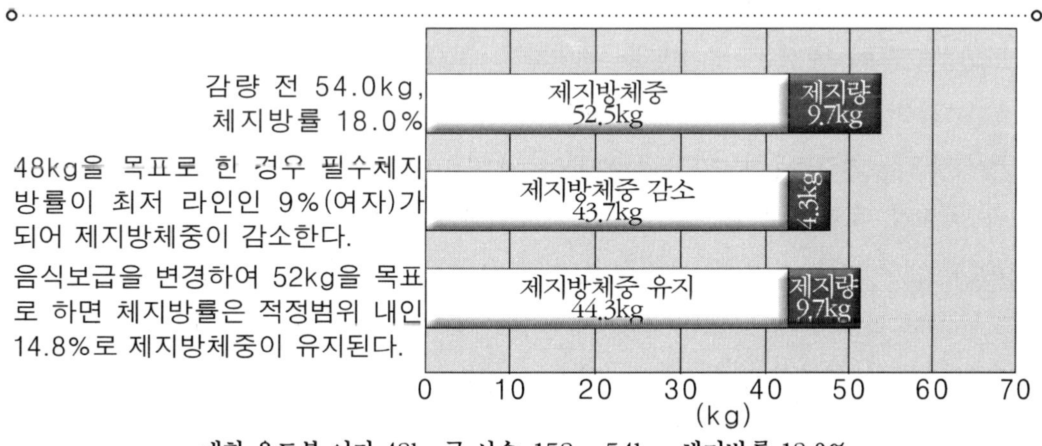

대학 유도부 여자 48kg급 선수. 158㎝ 54kg, 체지방률 18.0%

그림 6-6　목표설정에 무리가 있는 체중조절의 예

야 한다. 다음에 유도 여자선수의 예를 나타내었다. 그림 6-5의 감량 예는 제지방체중 52.5kg을 유지하면서 목표체중 66kg에 도달하여도 체지방률은 20.5%이어서 무리 없는 목표라 할 수 있다.

그러나 그림 6-6의 예는 목표로 하는 48kg에 제지방체중 44.3kg을 유지하면서 도달하면 체지방률이 7.8%가 되어 여자선수로서는 무리한 감량이 된다. 무리하게 48kg으로 감량하였다고 해도 제지방체중이 줄어 나쁜 컨디션으로 경기에 임하게 된다. 이 감량 예에서는 출전하는 체급을 재검토할 필요가 있다.

③ 감량을 위한 식사와 트레이닝

감량은 충분한 시간을 갖고 실시해야 한다. 식사를 할 때는 섭취에너지를 억제하기 위해 지방을 줄이고 다른 영양소는 충분히 섭취해야 하지만, 그중에는 주식을 제외시켜 에너지를 억제하려는 경우가 있다. 이렇게 하면 탄수화물이 부족해져서 트레이닝에서 소비되는 근글리코겐의 보충이 충분하지 않게 된다. 하루 세 끼(또는 그 이상) 주식·부식을 갖추고, 조리와 재료선택에서는 지방을 줄이기 위한 연구가 필요하다. 에너지를 억제하기 위해서 과일은 에너지가 낮은 야채로 대체하고, 우유는 저지방으로 택하여 비타민과 무기질이 부족하지 않도록 주의한다. 또한 과자류와 청량음료 등은 이 시기에 피하는 것이 좋다.

그림 6-5에 든 체지방률이 높은 선수는 식사상의 주의뿐만 아니라 체지방을 소비하기 위한 트레이닝을 도입함으로써 감량의 부담을 약간이라도 줄일 수 있다. 유도의 연습내용에서는 체지방을 연소하는 유산소적인 내용이 적었기 때문에 가벼운 조깅을 도입하는 등의 개별 트레이닝 메뉴를 짤 필요가 있다.

제지방체중에 해당하는 수분을 1kg 줄이는 것은 수분이나 식사를 제한함으로써 비교적 용이하게 할 수 있다. 그러나 체지방 1kg을 줄이는 데에는 에너지 7,000kcal 이상을 소비해야 하므로 단기간에는 곤란하다. 감량은 1주일에 1kg 정도까지만 하고, 수분보급을 충분히 실시한다. 체중측정과 함께 체지방률측정 등 감량의 평가도 적절하게 실시하는 것이 중요하다.

3) 지구력을 높이는 식사

(1) 저장글리코겐량을 늘리는 식사

지구력을 높이기 위한 식사 면에서의 주대책은 저장글리코겐량을 늘리고, 소비된 근글리코겐을 충분히 회복시키는 것이다. 근글리코겐이 부족하면 지구력이 저하되어 질 높은 트레이닝을 할 수 없다. 시합 중에는 피로해지기 쉽고 경기성적에도 나쁜 영향을 미친다. 표 6-2에 나타낸 것과 같이 식사에 함유되어 있는 탄수화물의 비율이 높을수록 체내에 저장할 수 있는 글리코겐량이 늘어난다.

그림 6-7의 연구는 하루 2시간의 격렬한 트레이닝을 계속하면 감소된 글리

표 6-2 여러 종류의 식사 시 체내 각 조직의 저장탄수화물(글리코겐,클루코스)의 양

저장조직	조직중량	혼합식	고탄수화물·저지방식	저탄수화물·고지방식
간	1.2kg	40~50g	70~90g	0~20g
세포외액	12kg	9~10g(90mg%)	10~11g(100mg%)	8~9g(70mg%)
근 육	32kg	350g	600g	300g

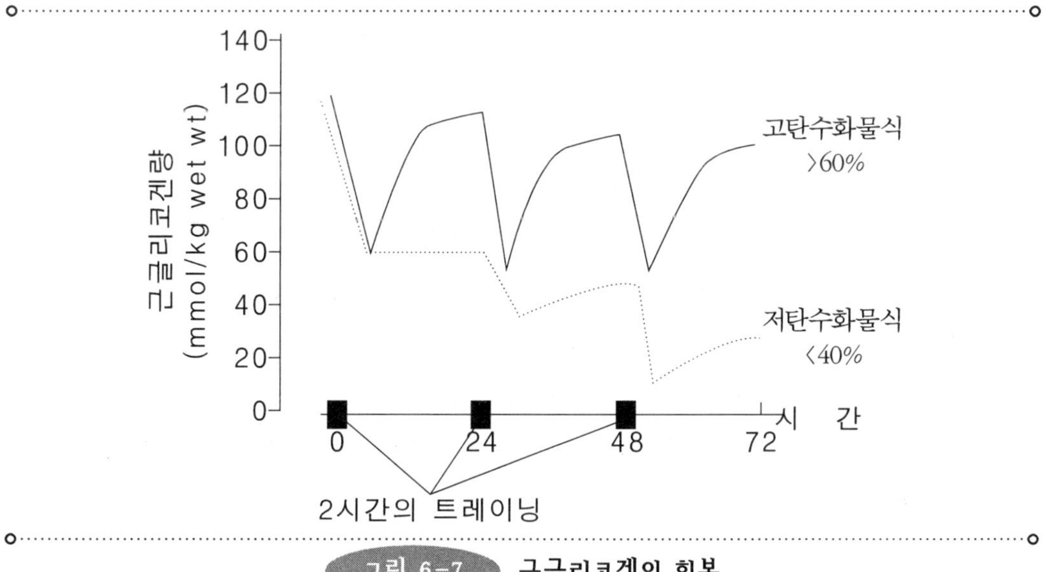

그림 6-7　근글리코겐의 회복

코겐의 회복에는 탄수화물 60% 이상인 고탄수화물식이 필요하고, 탄수화물이 40% 이하의 저탄수화물식을 하면 다음날의 트레이닝개시 시에 근글리코겐량이 원래의 수준으로 회복되지 않고, 점점 근글리코겐량이 적어진다는 것을 보여준다.

이상과 같이 운동선수의 식사에서는 소비한 글리코겐을 회복하기 위해 탄수화물 에너지비가 60% 이상인 고탄수화물식이 필요하다.

(2) 기타 저장글리코겐량을 높이는 방법

① 글리세믹 인덱스(glycemic index ; GI)를 활용한 방법

GI란 어떤 식품을 먹었을 때 어느 정도 혈당치가 상승하는가를 나타낸 것이다 (표 6-3). 혈당치가 상승하면 이자에서 인슐린이라는 호르몬이 분비되어 혈당치를 낮추지만, GI가 높은 식품을 섭취한 후에는 혈중인슐린농도가 올라간다. 이 인슐린은 혈당치를 낮추면서 글리코겐의 합성을 돕는 기능을 갖고 있다. 이상과 같이 GI치가 높은 식품은 저장글리코겐량을 높이는 데에 효과적이다.

표 6-3 식품의 주요 글리세믹 인덱스

식 품	글리세믹 인덱스	식 품	글리세믹 인덱스
빵	100	콘 플레이크	115±4
스파게티	61±6	삶은 감자	80±7
쌀	79±5	고구마	74

② 구연산과 글루코스의 병용

글루코스 단독으로 섭취하는 것보다 구연산과 함께 섭취하는 경우가 글리코겐의 회복이 빠르다는 보고가 있다. 구연산은 글루코스를 분해하여 에너지를 만드는 효소인 포스포프록토키나제(phosphofructokinase)의 기능을 억제하기 때문에 글루코스는 분해되어 에너지를 만들어냄으로써 글리코겐의 합성에 많이 이용할 수 있게 된다. 구연산은 감귤류에 많이 함유되어 있으므로 피로회복에는 레몬 설탕절임이 좋다.

③ 탄수화물섭취의 타이밍

그림 6-8에서 탄수화물은 운동 직후에 섭취하는 것이 2시간 후에 섭취하는 것보다 글리코겐의 회복이 빠르다는 것을 보여주고 있다. 한편, 운동 24시간 후의 글리코겐회복에는 탄수화물 섭취량이 충분하면 운동 직후의 섭취가 아니더라도 커다란 차이가 없다고 하는 데이터가 있다.

하루에 오전과 오후 2개의 시합이 예정되어 있는 경우는 운동 후 가능한 한 빨리 탄수화물을 섭취하면 2번째 시합 때에는 더 많은 글리코겐이 축적된다. 또한 저장글리코겐이 적은 상태가 계속되면 체단백질의 분해가 진행되기 때문에, 운동 후에는 신속히 영양섭취를 하는 것이 좋다.

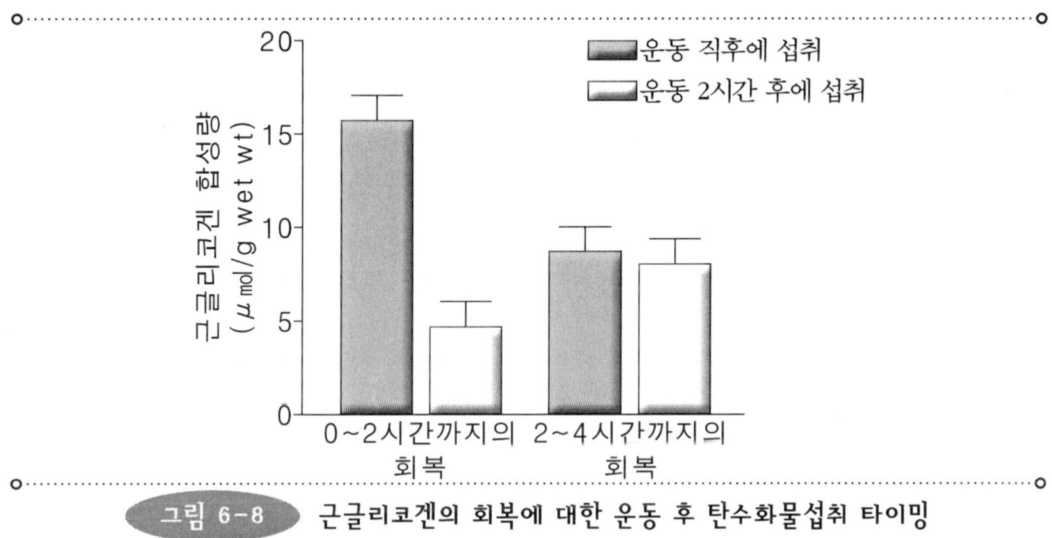

그림 6-8 근글리코겐의 회복에 대한 운동 후 탄수화물섭취 타이밍

(3) 근글리코겐량과 운동수행능력

근글리코겐량이 경기 중의 운동수행능력에 영향을 준다는 사실을 보여주는 연구가 있다. 축구시합은 하프타임을 사이에 두고 전후반 45분씩 실시되는데, 그림 6-9에서는 각근글리코겐량이 하프타임에 게임 전의 약 반 이하로, 시합종료 시에는 1/3 이하로 줄어드는 걸 알 수 있다.

한편, 그림 6-10에서는 근글리코겐이 적으면 게임 중의 이동거리가 줄어들고, 달리는 동작보다 걷는 동작이 늘어나는 것은 보여준다. 축구경기에서는 대시와 킥 등 순발적인 운동이 게임 중에 요구되기 때문에, 게임 후반에 근글리코겐이 감소하면 생각한 대로 재빨리 움직일 수 없게 된다. 이것은 같은 경기특성을 갖고 있는 다른 구기종목에서도 마찬가지이다.

이러한 결과로 보면 시합 전 근글리코겐량을 충분히 높이기 위해서 식사를 조절하고, 시합 중에는 당질이 들어간 음료를 적당히 섭취하여 근글리코겐량의 감소를 막도록 한다.

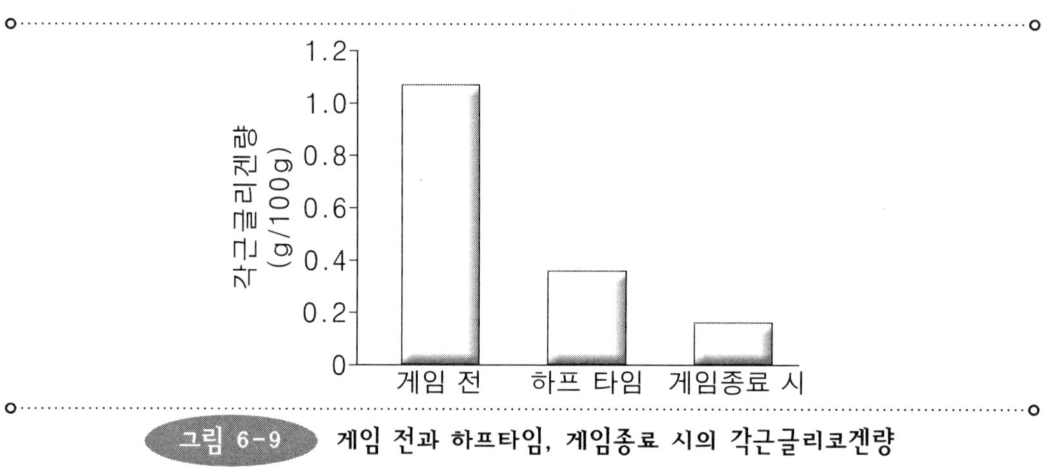

그림 6-9　게임 전과 하프타임, 게임종료 시의 각근글리코겐량

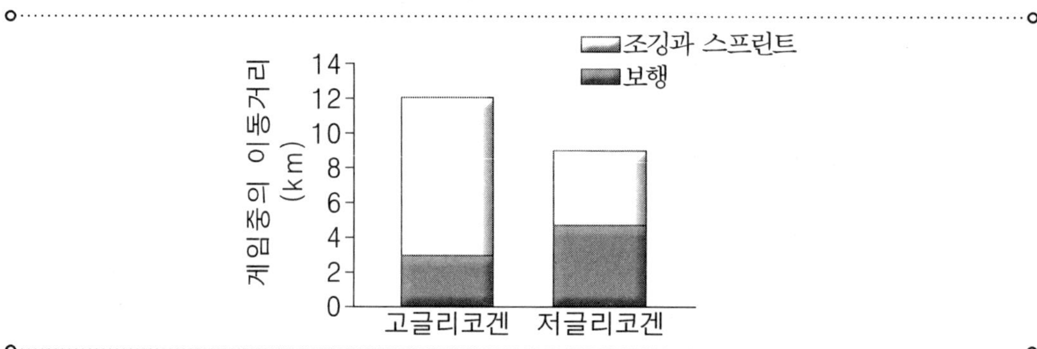

그림 6-10　게임 전의 고·저글리코겐량 상태에서 게임 중 선수의 움직임

(4) 글리코겐로딩

글리코겐로딩(glycogen loading)을 행하면 근글리코겐은 보통 때보다 2~3배가 되고, 간글리코겐은 약 2배가 된다. 이 방법은 주로 마라톤이나 크로스컨트리 스키 등 경기시간이 긴 지구력계 종목의 선수들이 실시했지만, 축구나 테니스 등의 경기에도 효과가 있다고 본다.

그림 6-11은 글리코겐로딩의 고전적인 방법과 그 문제점을 개선한 대표적인 방법을 실시한 경우의 근글리코겐량을 비교한 데이터이다. 고전적인 방법이란 당질을 다 써 버리는 운동을 하고 저탄수화물식을 취하여 일단 체내글리코겐을 다 써 버린 상황을 만들고 난 후, 운동량을 줄인 채 고탄수화물식을 섭취함으로써 그 반동으로 한번에 당질을 체내에 축적시키는 방법이다.

개량법은 테이퍼링(tapering, 운동강도를 유지한 채 운동시간을 서서히 단축시켜 시합 전에 트레이닝의 피로를 제거하는 조정연습)을 실시하면서, 초기단계 식사에서 보통에 가까운 50% 정도의 탄수화물식을 취하고, 그 후 고탄수화물식으로 대체해나가는 방법이다. 고전적인 방법을 실시하면 컨디션관리에 실패하는 경우도 있지만, 최근의 연구에서는 초기의 글리코겐을 완전히 써 버리기 위해 극단적인 운동을 하거나 저탄수화물식을 실시하는 대신, 그 내용을 완화한 개량법으로도 최종적으로 축적할 수 있는 글리코겐량에는 큰 차이가 없다는 것이 밝혀졌다.

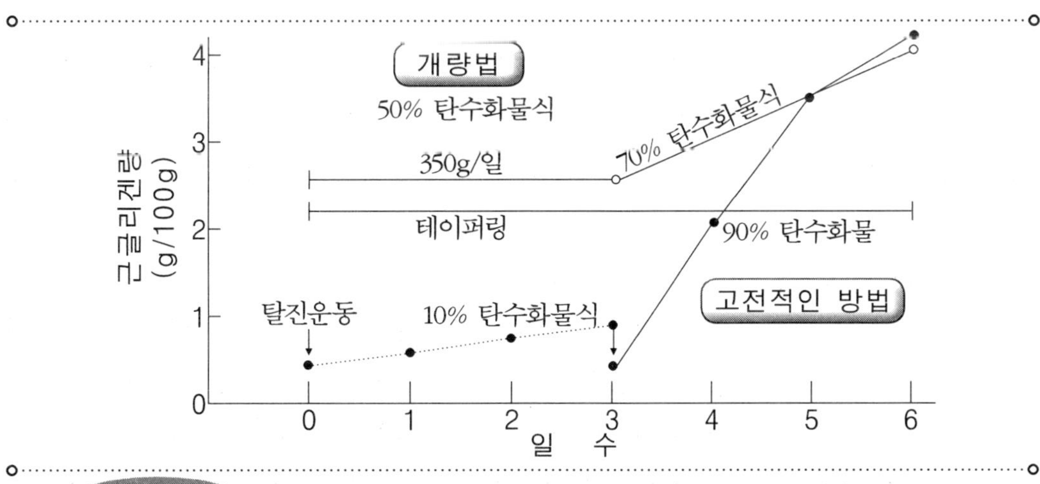

그림 6-11 고전적인 글리코겐로딩과 개량법에 의한 근글리코겐량의 증가사항

또한 글리코겐로딩법 후반의 고탄수화물식은 탄수화물의 에너지 밸런스가 70% 이상인 식사이다. 보통 우리나라 사람의 식사는 탄수화물 에너지비가 55~60%로서, 외국인의 식사와 비교하면 탄수화물의 비율이 높다. 그러나 탄수화물이 70% 이상의 식사에서는 식품의 선택과 양, 조리방법 등 신경써야 할 점이 많고, 에너지조정이 적절하지 못해서 여분의 에너지가 체지방으로 축적되어 버리는 경우도 있다.

글리코겐로딩은 컨디션부조를 일으키는 경우도 있으므로 각 선수에게 필요한지의 여부를 트레이닝 시부터 시험적으로 실시하여 검토해야 한다. 시합 전에는 탄수화물에만 구애받지 말고, 비타민이나 무기질 등의 영양소도 부족하지 않도록 식사 전체에 신경을 써서 컨디션을 조절할 필요가 있다. 표 6-4는 일요일에 시합이 있는 경우에 실시하는 글리코겐로딩을 예시하였다.

표 6-4 일요일에 시합이 있는 경우의 글리코겐로딩의 예

월, 화, 수	목, 금, 토	일 요 일
혼합식(보통의 식사) 주식 + 부식	고탄수화물식 주식 + 부식 + 에너지푸드	시 합

4) 식사계획

운동선수의 식사에서도 메뉴는 주식·부식을 조합하고, 유제품이나 과일을 가미하여 영양밸런스를 조절한다. 여기에서는 목표로 하는 영양섭취를 충족시키는 식사메뉴를 만드는 법과 효과적인 식사계획의 작성방법을 살펴본다.

(1) 에너지와 각 영양소의 섭취목표

목표에너지에 대하여 바람직한 에너지비율이 되도록 단백질, 지방, 탄수화물의 양을 정한다. 일반적으로는 단백질은 15~18%, 지방은 25~30%, 탄수화물은 55~60%의 에너지 비율로 맞춘다. 소비에너지가 늘어나면 비타민이나 무기질의 필요량이 늘어나지만, 트레이닝의 내용, 양, 기온 등의 환경조건에 따라서 달라진다.

표 6-5　목표에너지별 각 영양소의 섭취기준(예)

에너지(kcal)	4500	3500	2500	1600	비　고
단백질(g)	154	130	100	70	에너지 비율 : 15~18%
지질(g)	150	115	70	45	: 25~30%
탄수화물(g)	640	480	370	230	: 55~60%
칼슘(mg)	1000~1500	1000~1500	1000	800	
철(mg)	15~20	15~20	15	12	
비타민 A(μgRE*)	900~1500	900~1200	900	900	
비타민 B$_1$(mg)	2.7~3.6	2.1~2.8	1.5~2.0	1.0~1.3	0.6~0.8mg/1000kcal
비타민 B$_2$(mg)	2.2~2.7	1.8~2.1	1.3~1.5	0.8~1.0	0.5~0.6mg/1000kcal
비타민 C(mg)	200	200	200	200	
식물섬유(g)	36~45	28~35	20~25	13~16	8~10g/1000kcal

그러므로 설정된 목표가 적절한지를 평가할 필요가 있다.

표 6-5는 운동선수를 위해 목표에너지별 각 영양소의 섭취기준을 나타낸 것이다. 이 섭취기준의 예는 건강한 일반인을 대상으로 한 수치에서 30~50% 증가한 수치를 목표치로 하고 있다.

(2) 트레이닝 스케줄과 식사계획

운동선수는 많은 에너지섭취가 필요하기 때문에 식사량이 증가되기 쉽다. 그러나 트레이닝내용이나 피로도, 기온이나 습도 등의 환경조건에 따라서 식욕이 없어지고, 정해진 식사량도 섭취할 수 없는 경우가 있을 것이다. 따라서 트레이닝 스케줄에 맞춰 식사계획을 만드는 것이 중요하다.

일일 목표에너지를 아침·점심·저녁의 3식과 간식으로 배분하는데, 이 배분은 각 선수에 맞춰 설정한다. 기본적으로는 아침·점심·저녁의 3식은 1일 목표에너지의 30% 전후로 하고, 나머지를 간식으로 섭취한다. 아침식사 전의 트레이닝은 공복으로 실시하는 것을 피하고, 드링크류와 김밥 등 위에 부담이 되지 않는 범위에서 가볍게 식사를 하는 것이 좋다. 또한 오후의 트레이닝과 같이 하루에 여러 차례의 보조식이 필요하다면, 간식의 에너지비율을 높이 설정한다. 그러나 식사의 중심은 영양 밸런스가 적절한 아침·점심·저녁의 3식이라는 것에는 변함이 없다.

한편, 장시간에 걸친 달리기나 자전거 로드연습 등에서는 트레이닝 중에 드링크나 영양보급을 위한 보조식품, 가벼운 식사를 섭취하는 경우가 있다. 이러한 경우에는 트레이닝 중에 섭취하는 영양소도 하루의 섭취목표치 중에 넣어 식사계획을 만들어야 한다. 경우에 따라서는 이러한 보조식으로 에너지를 지나치게 많이 섭취하게 되므로 주의해야 한다. 또한 격렬한 트레이닝이 계속되면 저녁식사에 편중되는 경우가 많은데, 가능한 한 에너지소비시간에 맞춰 에너지섭취를 하여야 한다. 저녁식사의 에너지비율이 높아져서 체지방이 축적되지 않도록 주의한다.

(3) 영양 및 식사의 평가

운동선수의 영양관리를 실시할 때에는 영양평가가 필요하다. 식사계획을 작성하고 실천하는 데 그치지 말고, 그 내용이 선수에게 적절한지 평가하여 개선해야 한다. 이때 운동선수의 평가항목에는 경기력과 체력 등의 항목을 포함한다.

영양평가는 선수 자신이 일상적으로 실시하는 방법과 영양사 등의 전문가가 하

표 6-6 선수 자신이 실시하는 식생활체크표

체크 항목	평 가
① 아침, 점심, 저녁의 3끼와 간식을 빠뜨린 적이 있는가?	있다·없다
② 간식의 양은 적당하였나?	많다·적당하다·적다
③ 간식 때 스낵류나 과자류를 먹었는가?	먹었다·먹지 않았다
④ ③에서 먹은 내용은?	
⑤ 식사마다 밥 또는 빵과 같은 주식을 잘 먹었는가?	예·아니오
⑥ 식사마다 고기나 생선같은 부식을 잘 먹었는가?	예·아니오
⑦ 식사마다 당근이나 생선같은 부식을 잘 먹었는가?	예·아니오
⑧ 식욕 없이 식사를 한 적이 있는가?	예·아니오
⑨ 양이 모자란 식사가 있었는가?	예·아니오
⑩ 과식한 적이 있었는가?	예·아니오
⑪ 아침의 체중은?	kg
⑫ 자기 전의 체중은?	kg
⑬ 오늘의 몸상태와 하루의 반성	

는 방법이 있다. 우선 선수 자신이 실시하는 방법으로는 체중, 컨디션, 간단한 식생활 체크 등이 있다. 이러한 것들은 시간이나 노력을 별로 들이지 않고 실시할 수 있어서 바람직하다. 그러므로 체중이나 컨디션 등의 기록용지와 식생활체크표(표 6-6) 등을 선수에게 제공하고, 자기관리의 일환으로서 실시하도록 하는 것이 좋다. 이것은 코치나 영양사 등이 평가하는 경우에도 매우 적절한 데이터가 된다.

영양사 등의 전문가가 실시하는 경우에는 표 6-7과 같이 여러 가지 각도에서 종합적으로 실시하는데, 표에 든 항목은 모든 데이터를 모은 것이 아니며 필요에 따라 실시한다. 예를 들어 체중력이나 기왕력 등은 최초의 조사만으로 충분하다. 또한 기록에 의한 생활시간이나 식사조사로 얻어진 수치는 커다란 오차가 나올 가능성이 있으므로 실시할 때 주의를 요한다.

영양평가의 목적은 실시하는 식사계획(영양계획)이 적절한지를 평가하는 것이

표 6-7 영양평가항목의 예

항 목	내 용
① 질문용지에 의한 신체상황·생활 조사	- 식환경(혼자 먹는 습관, 자취 등) - 체 중 력 - 기 왕 력 - 운 동 력 - 생활시간조사(기상, 식사, 연습, 취침 등의 대체적인 경향) - 기호(좋아하는 음식과 싫어하는 음식) - 자각적인 건강상태에 관해(자주 피로해지거나 자주 설사를 하는 것 등)
② 음식섭취상황 조사	- 자기기록법(선수에게 자신이 먹은 모든 식품의 중량 또는 기준량을 기록하도록 한다) - 24시간회상법(영양사가 면접을 통하여 선수에게 선날의 식사내용을 떠올리게 한다) - 음식섭취빈도 조사(음식 리스트를 준비하여 특정 기간의 섭취빈도를 답하게 한다)
③ 신체측정	- 키, 몸무게, 체지방률(피하지방측정법, 임피던스법 등) - 신체사이즈(가슴, 허리, 엉덩이, 상완곡, 대퇴위 등)
④ 체력측정	- 악력, 배근력, 각력, 수직점프, 최대산소섭취량, 최대심박수 등
⑤ 생리·생화학적 검사	- 혈액 : 단백질·지질·철 영양상태 등 혈중관련 지표 - 요 : 배설성분(케톤, 크레아틴인, 요소질소, 3-메틸히스티딘) - 소비에너지 : 간접 칼로리미터법, 직접 칼로리미터법

다. 조사나 측정이 선수에게 부담을 준다는 것을 고려하고, 필요한 항목을 가능한 한 압축하여 실시한다. 이 평가결과를 분석하여 식사계획을 재검토하고, 필요에 따라 선수에게 영양교육을 실시한다.

2 시합기의 영양

운동선수의 영양·식사계획은 트레이닝기, 시합 전의 조정기, 시즌오프에 해당하는 휴양기 등 3개로 나누어 실시한다. 여기에서는 시합 전의 조정기와 시합 직전·직후의 관리를 포함한 시합기의 식사를 살펴본다.

1) 시합 전의 조정기

시합 전의 조정기는 트레이닝의 최종단계에 해당하고, 근글리코겐을 충분히 축적하고 피로회복을 주로 한 컨디션의 조정을 실시한다. 트레이닝기보다 운동량이 감소하고 소비에너지가 적어지는 경향이 있으므로 주의해야 한다.

지구력계 종목에서는 트레이닝기에 하루에 40~50km 이상 달리는 장시간달리기 등의 트레이닝이 지속되는데, 조정기에 들어가면 트레이닝기의 피로를 완전히 회복시키기 위해 연습량을 줄이는 것이 일반적이다. 또한 레이스 1주일 전부터 근글리코겐의 충분한 회복이나 글리코겐로딩을 실시한다. 글리코겐로딩은 선수에 따라서는 설사 등 컨디션 불량을 호소하는 경우가 있으므로 주의가 필요하다. 또한 보통의 식사보다 주식량을 약간 늘리고, 조리에서 기름의 사용을 삼가는 등의 조정만으로 좋은 경기성적을 거두는 선수도 있다. 앞에서 말한 지구력을 높이는 식사를 참고로 하여 선수의 컨디션을 조정한다.

구기운동에서는 포메이션의 확인과 슛연습이 늘어나 운동량이 감소하는 경우가 많다. 감소된 소비에너지에 맞춰 섭취에너지를 억제하지 않으면 체지방의 축적으로 연결될 우려가 있다. 연습의 피로를 충분히 회복시키는 것이 중요하며, 포지션에 따라서 지구력계 운동과 마찬가지로 글리코겐로딩이 효과적인 경우도 있다.

최근 순발력계 운동에서는 크레아틴 로딩(creatine loading)이라는 방법(크레아틴 섭취에 의한 근육 내 크레아틴인산의 양과 제지방체중의 증가)이 보고되고 있다. 그러나 현 단계에서는 안전성이 충분히 검토되어 있지 않고, 이 방법에 의지하는 것보다 트레이닝 단계에서부터의 체력형성과 평소의 식생활에 주의를 기울이는 편이 더 좋다고 볼 수 있다.

2) 시합 당일

(1) 시합 전

경기종목에 따라 다소 차이가 있지만, 시합 전의 식사는 시합 중의 에너지원으로서도, 또 컨디션을 조절하는 데에도 중요한 것이다.

베스트 컨디션으로 시합에 임하기 위한 시합 당일의 식사에서는 다음과 같은 주의점이 필요하다.

① 근육과 간에 글리코겐을 충분히 저장한다. 시합 전의 식사에서는 탄수화물이 충분하고 소화가 잘되는 식품부터 섭취한다.

② 소화에 시간이 걸리는 식사는 피한다. 지방은 소화에 시간이 걸리지만, 지구력계 스포츠인 자전거 로드레이스나 트라이애슬론, 마라톤 등 경기시간이 긴 종목에는 어느 정도 필요하다.

③ 장 속에 가스가 차는 식사는 피한다.

④ 충분히 소화할 수 있도록 시합 3~4시간 전에 식사를 마친다. 이 시간이면 공복감이 억제되어 혈중포도당이나 인슐린 등 호르몬의 양이 안정된다. 아침 일찍 시합이나 레이스를 하게 되더라도 반드시 아침식사를 해야 한다.

(2) 시합 직전

시합 직전에는 수분보급이 중요하다. 시합 15~30분 전까지는 200mL 정도의 수분을 보급한다. 시합 중의 에너지원으로서 탄수화물도 섭취해야 하지만, 운동 30

분 전에 70~75g의 포도당을 섭취하면 인슐린의 작용에 의해 운동 직전에 저혈당을 일으켜(인슐린 쇼크) 피로가 빨라진다는 보고가 있다. 기본적으로는 시합 3~4시간 전의 식사로 충분히 탄수화물이 섭취되지만, 탄수화물을 더 섭취하려면 시합 직전에 수분보급을 할 때에 당분을 5% 이하로 떨어뜨린 드링크류를 섭취한다.

(3) 시합과 레이스 중

구기경기나 지구력계 경기 등 경기시간이 장시간인 종목에서는 수분보급을 적당히 실시한다. 경기 중에 탄수화물 보급이 잘되면 근글리코겐의 고갈을 막고, 시합이나 레이스 후반의 경기력저하를 최소한으로 억제한다. 그러나 경기 중이라는 특수한 상황에서의 섭취라는 점에 주의해야 한다.

(4) 시합 직후

시합 직후에는 경기 중의 발한으로 탈수상태에 빠지기 때문에 신속히 수분보급이 필요하다. 또한 근글리코겐을 회복하기 위해 포도당이나 설탕 등의 당분을 섭취한다. 시합 직후의 탄수화물섭취는 체중 1kg당 1g 정도가 적당하다. 체중이 60kg이라면 탄수화물이 60g이 된다. 그 이상의 당분은 그 후의 식사로 섭취한다.

한편, 지구력계의 장시간에 걸친 경기 후에는 경기 중의 수분보급으로 당분이 들어간 스포츠음료를 섭취했기 때문에 당분이 들어간 드링크류보다 짠맛의 수프류를 찾게 되는 경우가 있다. 먼저 소량의 수프류로 수분보급을 실시하고, 그 후 신속히 탄수화물의 섭취를 하는 등의 임기응변을 발휘한다. 입으로 수분섭취가 불가능할 정도로 탈진했을 때에는 신속히 의사의 지시를 받아야 한다.

다음날에 시합이나 레이스가 예정되어 있을 때 글리코겐을 원래 수준으로 회복시키는 데에는 24시간 이내에 체중 1kg당 8g 이상의 탄수화물을 섭취할 필요가 있다. 만약 체중 60kg의 선수라면 480g의 탄수화물이 필요하고, 탄수화물에서 나오는 에너지는 1,920kcal가 된다. 우리나라의 일반적인 식생활에서는 탄수화물에너지가 50~60%이기 때문에, 계산하면 약 3,200~4,000kcal의 식사가 된다. 다음날에 시합이 없어도 신속히 글리코겐을 회복시켜야 시합 후 신체손상을 막을 수 있다.

(5) 시합과 시합 사이(하루에 2개의 시합)

구기종목을 비롯하여 각종 경기에서 하루에 2개 이상의 시합을 해야 하는 경우가 있다. 특히 일정이 타이트한 학생스포츠에서는 토너먼트를 이겨 올라갈 때마다 시합의 간격이 좁아져 선수의 피로가 축적되기 쉽다. 이러한 경우는 다음 시합까지의 시간 내에 소화할 수 있도록 첫 번째 시합에서 탈수된 수분을 재빨리 보급하고, 글리코겐 회복을 촉진하기 위해 탄수화물·비타민 등의 영양소를 섭취할 수 있도록 영양계획을 세운다. 이때 도시락 등의 식사형태가 아니라, 주먹밥·카스텔라·오렌지주스 등과 같이 가볍게 씹을 수 있는 음식물이 좋다.

3) 체중조절과 식사

체중조절은 충분한 시간을 갖고 실시하는 것이 중요하지만, 시합 전의 단기간에는 충분히 감량할 수 없는 것이 현실이다. 이때 극단적인 수분제한이나 식사제한을 실시하면, 계체량에 통과하고 난 후 아무리 식사를 섭취해도 충분히 컨디션이 회복되지 않고, 나쁜 컨디션으로 시합에 임하게 되는 경우가 많다(표 6-8).

선수에 따라서는 탈수(극단적인 수분제한과 발한, 이뇨제의 사용 등)를 하면 혈액의 점도가 높아지고, 체온이 상승하는 등 심장이나 내장에 부담이 늘어나 운동에는 바람직하지 않은 상태가 되는 사람도 있다. 시합 전의 단기간 체중조절을 피하고, 트레이닝기에서부터 충분히 고려하여 조절하는 것이 중요하다.

표 6-8 급격한 감량이 체중·근육 중의 글리코겐 힘유량·등척성근력에 미치는 영향

	체중(kg)	근글리코겐량 (mmol/kg)	무릎신전의 피크 토크(Nm)		
			느린 속도	중간 속도	빠른 속도
감량 전	73.9	271	195	145	115
감량개시 후 96시간(계량시)	68.9	147	170	135	100
시합개시 전 (계량 3시간 후)	71.4	168	165	135	105

3 전지훈련기의 영양

1) 전지훈련 시의 식사계획

운동선수의 합숙은 트레이닝효과를 최대한으로 발휘하기 위해 일상생활에서 떠나 실시되는 경우가 많다. 최근에는 육상이나 수영 등의 종목을 중심으로 고지트레이닝도 실시되고 있다. 목적에 따라 숙박장소를 결정하는데, 가능한 한 선수들의 요구를 충족시킬 수 있는 시설을 택한다. 식사로는 트레이닝의 목적을 다할 수 있도록 사전에 시설 측과 합의하는 것이 중요하다.

전지훈련지에서 식사계획을 세울 때 주의점을 표 6-9에 나타내었다. 이 경우에는 사전조사를 충분히 하여 현지에서 당황하지 않도록 준비한다.

표 6-9 전지훈련지에서 식사계획을 세울 때 주의점

전지훈련의 경우	원정시합의 경우
① 식사시간은 평소의 시간대로 설정한다. ② 기본적으로는 하루 3식으로 한다. 트레이닝을 강화하여 운동량이 크게 늘어날 때에는 간식을 넣는다. ③ 격렬한 트레이닝으로 피로가 축적되기 쉬우므로 소비된 근글리코겐을 충분히 회복시키는 등 피로회복이 중요하다. ④ 시합 전의 컨디션 조절을 목적으로 합숙할 때와 운동량이 감소할 때에는 소비에너지에 맞춰 에너지섭취량을 적게 설정한다.	① 원정시합의 경우, 시합 전의 최종 컨디션 조절을 하기 위해 각 선수에게 맞는 식사를 배려한다. ② 기본적으로는 시합기의 식사관리 사항을 따른다. 컨디션관리를 위한 비타민, 무기질의 섭취와 근글리코겐의 축적을 위한 탄수화물 섭취가 중요사항이다. ③ 시합 당일의 식사시간은 시합시간에 제약되는 경우가 많기 때문에 숙박시설 측과의 사전조율이 필요하다. 식사내용도 사전에 그날의 메뉴를 입수하여 검토한다. ④ 식사제공이 무리인 경우에는 주변의 외식시설을 조사한다. 과일이나 야채 등은 지참한다.

2) 숙박지에서의 식사내용

숙박지에서의 식사내용은 주식·부식을 균형있게 갖추고, 유제품과 과일을 가미하여 비타민과 무기질을 충분히 섭취할 수 있도록 한다. 운동선수용으로 메뉴를 제공할 수 있는 시설은 일반적으로는 여러 가지 음식을 늘어놓는 뷔페 형식인 경우가 많다. 이 내용은 입맛을 끌어당길 수는 있겠지만, 주반찬을 너무 많이 먹게 되므로 운동선수에게는 탄수화물과 비타민, 무기질의 섭취부족이 되기 쉽다. 또한 글리코겐의 회복을 충분히 하지 못하게 되는 등 컨디션관리에 문제가 생길 가능성이 있으므로 변경해야 한다. 식사내용은 사전에 시설 측에 메뉴를 제시하고 운동선수에게 적당한 내용이 되도록 조정해 둔다.

한편, 조리법과 요리에 사용되는 재료의 주의점을 살펴보면 호텔이나 여관에서의 식사는 야채가 부족하고, 그 야채도 샐러드 등 생야채로서 나오는 경우가 많으므로 가능한 한 데치거나 찐 야채, 건더기가 많은 국 등으로 야채를 충분히 섭취하도록 한다. 기름에 튀긴 음식이 많은 경우에는 삶고, 굽고, 찌는 등의 조리법으로 변경하도록 하여 기름 사용량을 줄인다.

지역에 따라서는 희귀한 재료나 해산물·회 등이 나오는데, 먹는 데 익숙하지 않은 것이나 날것은 설사나 식중독 등 컨디션을 망가뜨리는 원인이 되기 쉬우므로 피하는 것이 좋다. 또한 조미료로는 저지방이나 넌오일드레싱(non oil dressing)을 준비하여 가능한 한 조절을 한다.

식사의 제공방법이 뷔페식이라면 사전에 숙박기간의 식단을 입수하여 선수에게 필요한 영양소가 섭취가능한지 검토하고, 선수에게 뷔페식 요리를 선택하는 방법에 관해 간단한 영양지도를 실시할 필요가 있다.

직접 밥을 지어먹을 때에는 팀 내의 부담을 고려하여 영양사 등 조리와 영양관리 양쪽이 가능한 스태프를 동행시키는 것이 바람직하지만, 동행이 어려운 경우에는 사전에 식단을 의뢰한다. 숙박지, 주방, 식품의 구입장소 등을 사전에 조사하여 미리 합의를 해 놓는다.

지금까지 전지훈련지에서의 식사에 관한 주의점을 설명했는데, 사전조사와 숙박지와의 합의를 실시하고 조정해 두는 것이 가장 중요하다.

4 스포츠에 동반된 영양장애

1) 운동선수의 빈혈

빈혈이란 혈액 중의 적혈구수와 헤모글로빈농도가 줄어든 상태이다. 헤모글로빈은 산소를 운반하는 역할을 갖고 있기 때문에, 부족하게 되면 지구력의 저하로 연결된다. 운동선수에게서 볼 수 있는 주된 빈혈을 표 6-10에 나타내었다.

표 6-10 운동선수에게 자주 일어나는 빈혈

희석성 빈혈	융혈성빈혈	철결핍성빈혈
격렬한 신체활동에 동반하여 혈액량이 늘어남으로써 일어난다. 이 상태는 몸 전체의 적혈구수와 헤모글로빈량은 감소하지 않고 지구력의 저하로 연결되지는 않는다. 대량의 발한 등에 의한 혈액의 점도 상승을 막는 등, 운동에 대한 적응현상이라고 할 수 있다.	스포츠활동에 동반하여 적혈구막이 변화하고, 잘 파괴됨으로써 일어난다. 마라톤 등에서 발바닥에 연속된 기계적인 충격을 원인으로 들 수 있다.	적혈구의 수명은 약 120일이고, 매일 전체의 약 1%가 새롭게 만들어지며, 적혈구에는 철을 갖고 있는 헤모글로빈이 함유되어 있다. 이 빈혈의 원인으로는 발한이나 소화관에서의 출혈, 성인여성의 경우 월경에 의한 철 손실을 들 수 있는데, 이러한 체내에서의 철 손실을 보충하고 적혈구를 만들기 위한 재료(철과 단백질 등)가 식사로 충분히 섭취되지 않으면 철결핍성빈혈이 일어난다.

(1) 철의 역할과 영양상태의 지표

스포츠활동에서 철은 체내의 산소운반이라는 중요한 역할을 갖고 있는 영양소이다. 그러나 대량의 발한 등으로 철이 손실되고, 감량 시의 부적절한 식사로 철부족 상태를 불러일으키기 쉽다.

철의 영양상태의 지표로서는 적혈구수, 혈중헤모글로빈농도, 헤마토크리트(hematocrit)치 등이 있다. 빈혈이 있는 경우에는 혈청철, 트랜스페린(transferrin)농도, 혈청페리틴(ferritin) 등의 변화가 보이므로 신속히 발견할 수 있다면 빈혈 예방을 위한 대응이 가능해진다.

(2) 철의 급원과 결핍증

성인남자와 폐경기의 여성은 1일 12mg, 가임여성과 성장기 남자(13~19세)는 18mg의 철분섭취가 권장되고 있다. 식품 내에 철은 있는 철운반 단백질과 결합되어 있는 헴철(heme iron), 그리고 비헴철(nonheme)로서 헴철은 육류, 달걀노른자, 어류에 함유되어 있으며 철흡수율이 높은 반면 곡류, 야채 등에는 비헴철이 함유되어 있어 흡수율이 동물성 급원에 비해 떨어진다.

철분의 흡수는 십이지장에서 대부분 이루어지며, 십이지장의 산성도가 흡수에 영향을 미친다. 즉 위산분비가 적은 노인에게서 철흡수가 저해되는 현상이 주로 나타난다. 비타민 C와 단백질에서 분해된 아미노산, 특히 시스테인(cyctein)은 철의 흡수를 촉진시킨다. 균형적인 식이에는 열량 1,000kcal당 6mg의 철이 함유되어 있다. 따라서 1일 2,700~2,800kcal를 섭취하는 정상적인 성인남자는 1일 16~17mg의 철분을 섭취하게 되어 1일권장량을 충족시키는 데 별다른 어려움이 없다.

그러나 하루 2,000~2,100kcal를 섭취하는 여성의 경우에는 하루에 12~13mg의 철분만을 섭취할 수 있어 1일 권장량인 19mg에 훨씬 미달하게 된다. 그로 인해 철분결핍은 전세계적인 영양문제로서 미국 여성의 30~50%가 권장량에 미달하는 철분을 섭취하고 있으며(McArdle, 1991), 한국을 비롯한 아시아게 어싱은 이보다 훨씬 높은 비율의 여성이 철분결핍에 처해 있다고 할 수 있다. 우리나라 일부 노시 섦은 여성들의 철분함량을 혈청페리틴을 기준으로 조사한 연구들(계승희, 1993 ; 남혜선, 1992)은 철결핍빈도가 조사대상자의 40~50% 이상으로 매우 높다고 보고하고 있다.

특히 학령기 이전의 아동, 임신부, 청소년기 아동에 있어서 철분결핍이 흔하게 나타난다. 철분결핍은 철분결핍성 빈혈(iron deficiency anemia)을 일으키는데, 이는 철분결핍에 의해 혈중헤모글로빈 농도와 적혈구 수 등이 저하되는 것을 말한다.

표 6-4에서 체내 철분함량을 나타내는 여러 가지 지표들이 갖는 생리적 의미는 다음과 같다.

① 헤마토크리트(Hct)……혈액 전체에서 적혈구가 차지하는 용적을 백분율로

표시하는 것으로, 이의 저하는 적혈구수의 감소를 의미한다.

② 트랜스페린포화도(%TS)……철분결핍성 빈혈에서 현저히 감소하며 임상치 이하의 수치는 골수로 동원할 수 있는 철분이 부족함을 나타낸다.

③ 총철결합능(TIBC)……철분에 대한 체내 요구수준을 반영하며, 체내 철분저장량이 감소할 때 높아진다.

표 6-11 철분결핍성 빈혈을 판단하는 여러 가지 지표

항 목	남 자	여 자
헤모글로빈(g/dl)	13.5~17.5	11.5~15.5
적혈구수(10^{12}/dl)	4.5~6.5	3.9~5.6
헤마토크리트(%)	40~52	36~48
혈 청 철(μg/dl)	60~180	60~180
트랜스페린포화도(%)	20~50%	20~50%
총철결합능(μg/dl)	400이하	400이하
페 리 틴(mg/dl)	25~50	20~50

철분결핍성 빈혈이 일어나기 직전 단계인 잠재성 철분결핍증(latency iron deficiency)에서는 우선 혈청 페리틴 농도가 저하하며, 이어서 혈청 철과 결합하는 트랜스페린의 비율(트랜스페린 포화도)이 감소하고 총철결합능(total iron binding capacity : TIBC)이 임상 수준에 가깝게 상승하게 된다.

이러한 철분결핍상태가 지속되면 결국 골수에서의 조혈작용에 영향을 주게 되어 빈혈(anemia)이 초래된다. 철분결핍성 빈혈의 주된 증세는 산소운반과 이용에 관련된 기능의 저하로 발생하며, 창백한 피부, 호흡가쁨, 무기력, 현기증, 식욕부진 등을 들 수 있다.

(3) 철결핍성빈혈의 예방

철은 흡수율이 10~15%로 낮아서 섭취부족이 되는 경우가 많다. 운동선수는 격렬한 트레이닝으로 철의 손실이 많기 때문에 하루에 20mg 정도의 섭취가 필요하다.

식사로서 섭취한 철이 소화관에서 흡수될 때의 흡수율은 재료에 따라 다르지만, 식물성식품 속의 철(비헴철)은 2~10%, 동물성식품 속의 철(헴철)은 10~35%이다. 일반인의 식사는 밥 등 비교적 식물성식품의 섭취가 많고, 흡수율은 평균 10% 정도로 낮다.

빈혈예방을 위한 식사상의 주의점은 다음과 같다.

① 하루 3식(이상), 주식·부식을 균형있게 하는 식생활의 기본을 철저히 지킨다.

② 철을 충분히 섭취할 수 있는 재료를 사용한다.

③ 철의 흡수율를 좋게 하기 위해 헴철을 함유한 동물성재료를 사용하여 채소를 위주로 한 식단을 작성한다.

④ 철흡수를 저해하는 성분은 차나 커피에 함유되어 있는 타닌(tannin) 등의 폴리페놀(polyphenol), 식물섬유, 곡물에 함유되어 있는 피틴산(phytic acid), 칼슘(calcium) 등이다. 보통의 식사에서 철 흡수를 저해할 정도의 양을 섭취하는 경우는 없지만, 영양보조식품이나 기호식품으로써 대량으로 마시는 경우가 있으므로 주의한다.

2) 피로골절의 주요 원인

적당한 운동은 뼈를 형성하는 데 필요한 인자이지만, 과도한 트레이닝이 계속되면 골밀도가 감소한다. 골밀도의 감소는 피로골절의 원인이 된다. 여자 운동선수 중에는 장거리달리기 선수나 체조선수 등에게 피로골절이 비교적 많이 발생한다.

이 피로골절은 칼슘부족 등 영양소의 부족만이 원인이 아니다. 경기를 위해 부적절한 식사나 과도한 트레이닝을 하면 결과적으로 체중이나 체지방이 과도하게 감소하고, 호르몬 균형이 파괴되어 월경주기이상이 일어난다. 월경주기이상이 일어난 여자선수는 갱년기나 폐경 후에는 여성 호르몬이 감소되어 골밀도가 감소한다. 여성호르몬은 골흡수(혈액 중의 칼슘농도를 일정하게 하기 위해 뼈에서 칼슘이 녹아드는 것)를 방지하는 인자이다.

여성의 골밀도는 여성호르몬이 활발하게 분비되는 사춘기 때에 증가속도가 상승한다. 18세 경에 생애 최대골밀도에 도달하는데, 이 수준을 30세 경까지 유지하는 것이 보통이다. 그러나 경기 스포츠 때문에 초경이 오기 전 단계에서부터 과도한 트레이닝을 한 선수 중에는 초경이 오는 나이가 늦거나, 희발월경이나 무월경이 장기간 계속되는 등, 골밀도가 충분히 증가하지 않는 경우가 있다.

피로골절이 잘 일어나는 장거리달리기나 체조경기의 여자선수는 앞으로 골다공증을 예방하고 건강관리를 하기 위해 골밀도의 측정을 정기적으로 실시하는 등의 대책이 필요하다. 또한 피로골절을 일으킨 여자선수 중에는 섭식장애를 일으키는 경우가 있으므로 의심이 될 때에는 신속히 전문의의 진단을 받고 앞으로의 대책을 연구해야 한다.

3) 섭식장애에 대한 대응의 주의점

섭식장애는 식사량이 줄거나 식행동의 이상을 동반한 신경성식욕부진증과 과식·자기유발구토를 주된 증상으로 하는 신경성과식증의 2가지로 크게 나눌 수 있는데, 양쪽의 증상을 모두 갖는 경우도 많다. 여자 운동선수는 같은 연령대의 젊은 여성보다 이상식행동의 발현율이 높다(표 6-12).

표 6-12 이상식행동의 발현율

조사대상	표준체중에 대한 비율(%)	이상식행동(%)		
		과 식	자기유발구토	하제, 이뇨제
고등학생	90.5±9.7	7.5	1.7	0.0
대 학 생	96.3±9.2	8.3	0.4	2.0
단거리선수	94.0±5.3	28.6	3.6	3.6
중·장거리선수	94.0±6.4	39.3	7.1	3.4
체조선수	95.0±9.7	57.1	28.6	10.7
리듬체조	97.3±8.5	24.6	12.3	1.7

여자 운동선수는 코치로부터 지시받거나 자발적으로 감량을 하는 사람이 많은데, 감량방법이 부적절하여 섭식장애에 빠지는 경우가 많다. 섭식장애의 원인은

개인의 심리적인 문제뿐만 아니라, 코치와 팀과의 인간관계의 스트레스, 가정과 사회적인 요인도 복잡하게 관련되어 있다. 여자 운동선수 중에서도 체중이 적은 것이 유리한 육상 장거리 선수나, 리듬체조나 체조경기 등 예술적 요소가 높은 경기의 선수 중 대다수는 감량의 고통을 겪고 있고, 섭식장애에 빠질 위험성이 크다. 감량이 필요하지만 잘되지 않을 때 구토나 이뇨제·하제의 사용 등 건강에 좋지 않은 수단을 써서 감량하려고 하는 선수도 있다.

이렇게 식행동의 이상이 보이는 모든 운동선수가 섭식장애라고 진단되는 것은 아니지만, 필요로 하는 영양소의 양이 많은 운동선수는 부적절한 식사내용 때문에 영양실조 상태에 빠지기 쉽다. 또한 섭식장애는 급격한 체중감소나 증가 등 눈으로 보아 알 수 있는 경우에는 발견하기 쉽지만 남몰래 과식과 구토를 반복하는 경우는 발견이 늦어지므로 주의가 필요하다.

"체중을 줄여라"라는 말은 지도자 입장에서는 가볍게 지시할 수 있다. 그러나 여자선수 중에는 그 지시를 충실히 지키고, 그 때문에 선수생명이 끊어지는 경우도 있다. 또한 통상적인 생활로 복귀하여 건강한 상태로 돌아가는 것만으로도 긴 시간을 요하는 경우도 있다. 운동선수 주위에 있는 코치와 가족은 섭식장애에 관한 올바른 지식을 갖고, 무심코 감량을 강제하지 않도록 주의해야 한다. 만일 증상이 의심된다면 신속히 비만클리닉이나 정신과 등 전문의사에게 상담을 받는 것이 중요하다.

다음에 섭식장애의 징후가 있는 선수의 행동특징상 수요사항을 정리하였다.

① 음식이나 체중에 온 신경을 쏟는다.

② 살이 찐 것 같다는 말을 자주 입에 놀린다.

③ 자신의 체형에 불만이 강하다.

④ 자주 혼자서 식사를 한다.

⑤ 하제를 사용한다.

⑥ 식사 중이나 식사 후에 화장실에 들락날락한다.

⑦ 화장실 안에서 구토를 하기 위해 엎드려 있는 자세를 취한다.

⑧ 다이어트음료를 끊임없이 마신다.

⑨ 무리하게 과도한 운동을 한다.

⑩ 항상 춥다고 말한다.

5 운동선수와 일반인의 영양

몸을 움직이면 움직일수록 에너지를 소모하여 배가 고파진다. 이것은 누구나 알고 있는 사실이다. 그러나 운동선수와 몸을 많이 움직이지 않는 일반인은 실제로 어느 정도 사용 에너지의 차이가 나는 것인가?

표 6-13은 고등학교 운동부 학생과 일반 학생이 하루에 필요한 에너지량을 비교한 것이다. 에너지가 되는 탄수화물을 밥으로만 섭취한다고 할 때, 운동부 학생은 일반 학생의 2배의 밥을 매일 먹어야 활동을 유지할 수 있다. 일반 학생이 하루에 필요한 에너지량은 생명의 유지에 필요한 기초대사량(자고 있어도 소비된다)과 일상생활에 필요한 양의 합계, 운동부 학생은 거기에 운동부 활동분이 플러스된다. 일상생활분은 거의 같기 때문에 나머지는 모두 운동부 활동에서 소비되는 에너지이다.

표 6-13 고등학생의 일일 필요영양

	운동선수	일반학생
에너지(kcal)	3500	2400
단백질(g)	140~174	75
칼슘(mg)	2000	700
철(mg)	25	12
비타민 A(IU)	4000	2000
비타민 B_1(mg)	5.0	1.0
비타민 B_2(mg)	4.0	1.3
비타민 C(mg)	300	50

　에너지가 일반 학생의 2배가 필요하다고 해서 다른 영양소도 2배라고 단순히 단정할 순 없다. 필요한 영양소가 2배인 것도 있지만 그 이상인 영양소가 많고, 비타민 C나 B_1은 무려 5~6배나 필요로 한다. 이것은 운동함으로써 소비되는 영양소의 양이 일상적인 활동에 의한 소비를 크게 상회한다는 것을 보여준다. 근육의 글리코겐이 에너지로 변화할 때에는 비타민 B_1이 계속 사용되고, 컨디션의 유지에 비타민 C도 대량으로 동원되며, 땀을 흘리면 무기질이 줄어드는 등, 운동량이 많으면 많을수록 소비되어지는 영양소도 기하급수적으로 늘어난다.

　경기종목은 지구력계, 순발력계, 순발지구력계 등 3가지 타입으로 나눌 수 있다. 지구력계는 유산소운동계로서 커다란 순발력은 별로 필요 없는 대신 운동을 하는 시간이 긴 경기이다. 순발력계는 무산소운동계로서 단시간의 커다란 순발력 발휘가 요구되는 경기이다. 순발지구력계는 그 중간에서 양쪽의 특징을 균형 있게 갖추는 것이 요구되는 경기이다. 실제 경기종목을 보면, 지구력계는 마라톤·육상장거리, 순발력계는 육상단거리·역도, 순발지구력계는 축구 등이 그 대표격이라고 할 수 있다.

　다만 경기에 따라서는 포지션별로 요구되는 능력에 꽤 차이가 나는 케이스가 있다. 예를 들면 야구의 야수와 투수 등이 그렇다. 또한 유도와 복싱과 같이 움직임에 요구되는 것은 순간적인 순발력이라도 시합은 지구력이 없으면 안되는 경우

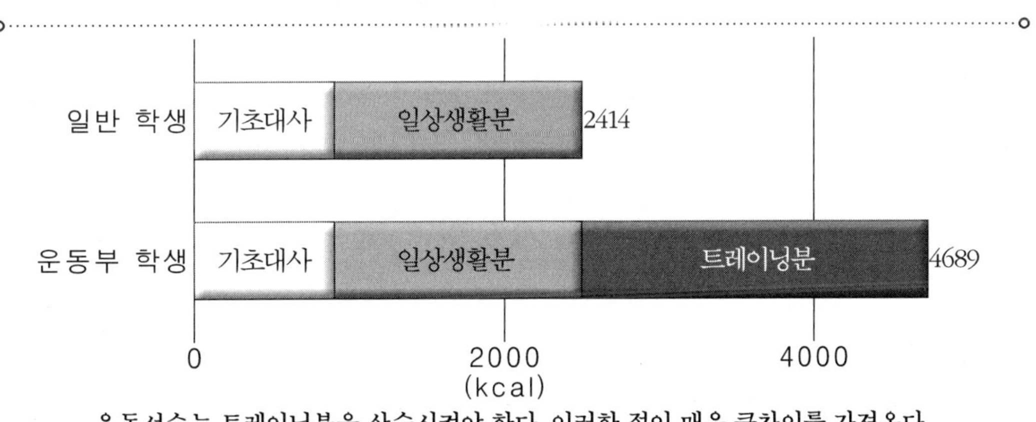

운동선수는 트레이닝분을 상승시켜야 한다. 이러한 점이 매우 큰차이를 가져온다.

그림 6-12　운동부 학생과 일반 학생의 에너지소비 차이

도 있다. 3가지의 분류는 어디까지나 '전반적으로 보아 그 경향이 강한 경기'라는 의미이며, 자신에게 적용할 때는 '자신에게 필요한 힘은 무엇인지'를 최우선적으로 파악해야 한다.

6 지구력계 경기선수의 영양

마라톤, 1만m, 5000m 등 장거리달리기·경보 등이 전형적인 지구력계 경기에 들어간다. 아주 날씬하고 다부지게 잡힌 상반신, 결코 살이 많지 않지만 강인해 보이는 다리를 가진 육상선수의 모습이 떠오를 것이다.

이에 비하면 선수의 체격을 보아도 알 수 있듯이 육상 중거리, 수영 장거리, 스피드스케이트 장거리, 카누 등은 근육의 순발력이 필요한 경우도 많다. 트레이닝도 지구력계의 달리기 일변도가 아니라, 근력강화 트레이닝도 가미해야 한다. 따라서 순발지구력계와 공통적인 특성도 가미해야 하지만, 3가지로 나눈다면 중요성에서는 가장 비중이 큰 지구력계라고 할 수 있다.

1) 연습·시합 모두 에너지소모가 매우 크다

"지구력계의 경기에 기술은 없다"고 하면 선수의 반감을 살지도 모르지만, 구기나 격투기에 비하면 기술연습에 많은 시간을 할애할 필요가 없는 것이 사실이다. 지구력계 경기의 트레이닝 목적은 전신지구력의 강화에 있다고 해도 과언이 아니다. 야구 등 다른 많은 경기에서도 기초체력의 강화시기에는 지구력을 기르기 위해 달리기를 실시한다. 지구력계 경기선수는 그것을 매우 높은 수준으로 항상 실시하는 것이다.

기술은 연습할 때에는 한번도 성공하지 못했지만 시합에서는 잘할 수도 있다. 그러나 지구력에서는 그러한 일은 전혀 일어나지 않는다. 시합에서 상정되는 상황보다 훨씬 혹독하게 몸을 몰아붙여, 그것을 참아내는 경험이 없으면 시합에 나올 준비가 되었다고 말할 수 없다. 마라톤을 예로 들면, 선수는 1번의 레이스에서 2,000~2,500kcal의 에너지를 사용하고, 땀에 의한 수분상실을 포함하면 4kg 가까이 체중이 줄어드는 경우도 있다. 트레이닝으로는 그보다 더 가혹한 상황에서도 견딜 수 있도록 해야 한다.

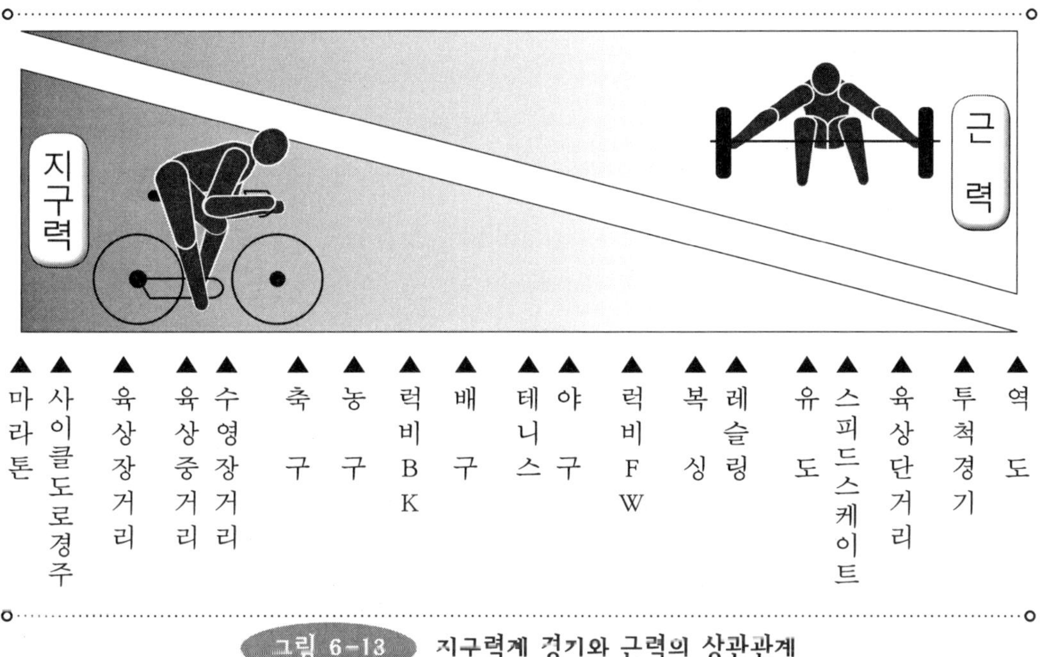

그림 6-13 지구력계 경기와 근력의 상관관계

2) 지구력계 경기선수가 중시해야 하는 영양소

(1) 탄수화물

무엇보다 중요한 것은 에너지원이 되는 탄수화물이다. 지구력계 경기의 운동은 유산소계이므로 지방도 에너지로 사용된다. 그러나 지방이 가장 자주 사용되는 것은 유산소운동 중에서도 심박수를 120~130회/분으로 유지할 수 있는 정도의 부하가 가벼운 운동이다. 다시 말해 워킹이나 가벼운 조깅 정도의 수준이다. 워밍

업이나 쿨링다운을 할 때 이외에는 일류선수들이 그렇게 여유있는 트레이닝을 할 이유가 없으므로, 주된 에너지원은 근글리코겐 즉 탄수화물이 된다.

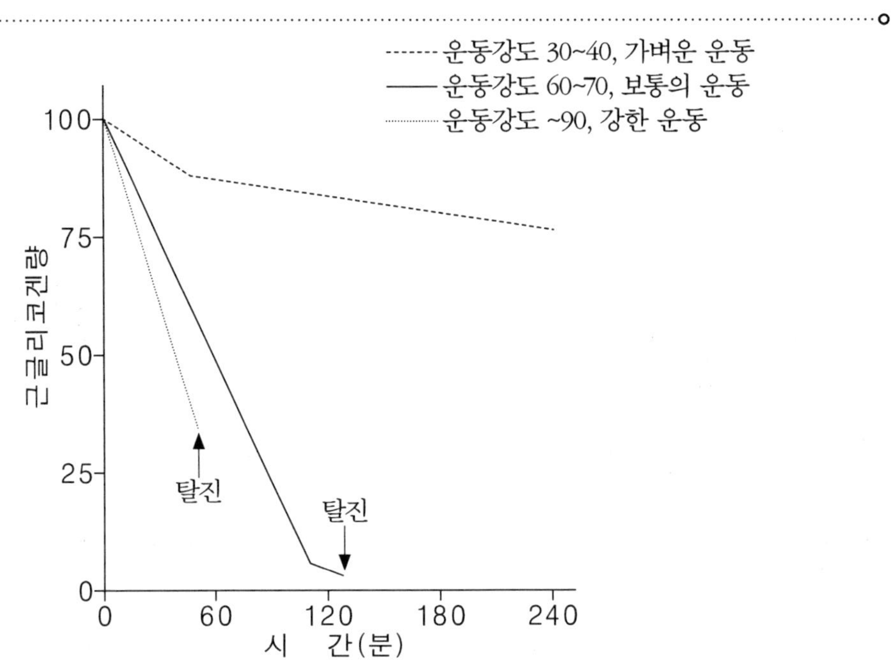

지구력계 경기는 '보통의 운동'에 해당한다. 그래프에 나타났듯이 근글리코겐이 없어지는 시간과 탈진이 되는 시간은 거의 일치한다. 탄수화물의 보급이 경기성적에 직결되는 것을 보여준다.

그림 6-14   운동시간과 근글리코겐량의 변화

지구력계에서도 유난히 에너지 소비가 많은 마라톤이나 육상 장거리선수의 연습의 피크 때에는 하루에 체중 1kg당 8g 이상의 탄수화물이 필요하다. 체중이 65kg의 선수라면 식사환산으로 약 4,000kcal 이상(탄수화물의 비율이 50~60%)이라는 계산이다. 그렇게 매일 먹어야만 연습에서 완전히 사용한 체내의 글리코겐량을 회복할 수 있고, 다음날 계속되는 연습이 쉬워지는 것이다. 당연히 탄수화물의 대사에 이용되는 비타민 B_1이 마찬가지로 필요하다는 것을 잊어서는 안 된다.

(2) 단 백 질

지구력계 경기선수는 몸이 비교적 날씬하지만, 단백질의 필요량은 하루에 체중 1kg당 2g 이상으로 다른 경기와 거의 비슷하다. 지구력계 경기는 운동량이 많아도 근육의 소모가 심하므로, 조혈을 위해서도 부족하기 쉬운 탄수화물 대신 에너지용으로서 근단백질이 분해된다. 이것을 방지하기 위해서 확실히 단백질을 보급하여야 한다.

(3) 철

달리고 있을 때 근육으로 산소와 영양소를 운반하는 혈액은 모두 활용되어 평소에 생활하고 있을 때의 2배 가까운 속도로 파괴되고 재생된다. 이 신진대사를 유지할 수 있을 만큼의 철분과 단백질을 보급할 수 있다면 아무런 문제는 없다. 그러나 만일 부족하다면 혈액은 완벽하게 재생되지 않게 되고, 점차 산소 등을 운반하는 성능이 떨어지게 된다. 그러한 상태가 철결핍성빈혈이다.

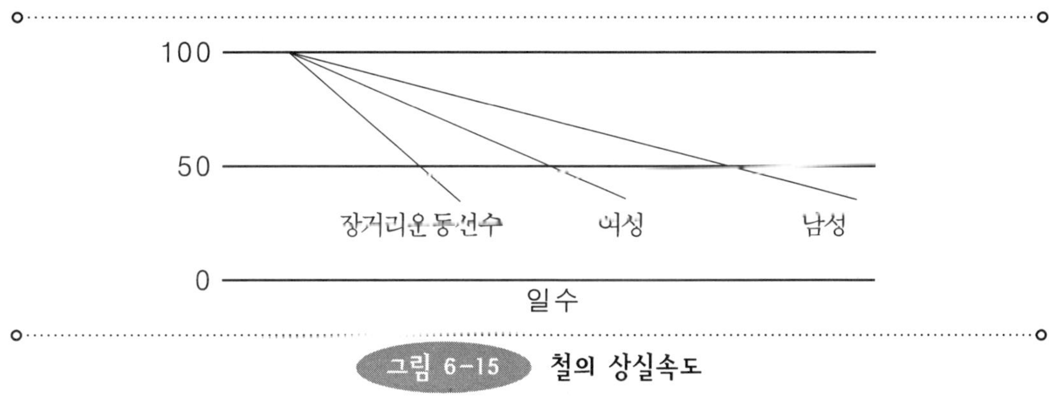

그림 6-15 철의 상실속도

(4) 칼 슘

땀에 섞여 몸 바깥으로 나오는 무기질 중에서 가장 주의해야 하는 것이 빈혈을 부르는 철과 칼슘이다. 칼슘은 근육의 수축 시에도

표 6-14 땀 1리터로 체외에 배출되는 무기질

칼 슘	21~78mg
철	0.5~1.2mg
칼 륨	200~1000mg

동원되는 영양소이기 때문에 부족하면 뼈에서 유용하게 된다. 칼슘부족은 뼈의 재료를 부족하게 할 뿐만 아니라 뼈 자체를 조금씩 파괴시키기도 한다.

3) 지구력계 경기선수의 식사 포인트

(1) 에너지원은 충분히 섭취한다

지구력강화를 목적으로 하는 경기라면 시합은 물론 연습 때에도 철저하게 에너지원이 되는 탄수화물을 충분히 섭취하는 것이 식사에서 최고로 중요과제가 된다. 그림 6-16은 식사에 함유되어 있는 탄수화물의 양에 따라 달리기의 지속시간이 달라지는 것을 나타낸 것으로, 고탄수화물일수록 운동지속시간이 확실히 늘어나는 것을 알 수 있다. 연습기의 식사는 극단적으로 탄수화물의 비율을 늘릴 필요는 없지만, 시합 전에는 고탄수화물식으로 체내의 글리코겐량을 일시적으로 늘리는 '글리코겐로딩'이라는 식사방법을 도입하는 선수도 많다.

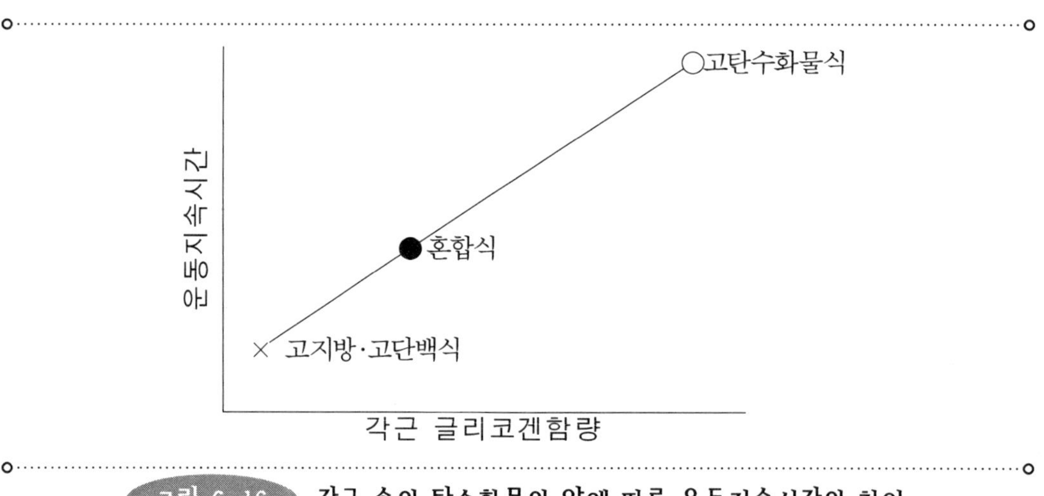

그림 6-16 각근 속의 탄수화물의 양에 따른 운동지속시간의 차이

(2) 경기 중의 보급도 계획적으로 한다

2시간 이상이나 달려야 하는 마라톤은 지구력계의 대표종목으로 인터벌 없이 가장 장시간 시합을 지속하는 경기라고 할 수 있다. 마라톤에서 말하는 '35km의

벽'이란 35km 부근에서 연료가 다 떨어져 페이스가 떨어지기 쉬운 상태를 가리킨다. 그러므로 레이스 중에는 수분과 탄수화물의 보급이 필요하게 된다. 출발 1시간 전에 바나나와 에너지젤리를 먹고, 5km마다 급수대에서 물과 정제포도당을 섭취하고, 35km부근에서의 연료소모에 대비하여 25km 정도에서 에너지젤리를 섭취하는 등, 음식의 소화흡수시간에 맞춰 계획적으로 탄수화물을 보급하는 것이 현명하다.

비타민 E

　폐에서 체내로 흡수된 산소는 혈액의 헤모글로빈에 의해 근육으로 운반되어 세포막을 통해 근육내로 들어가는데, 운동으로 산소를 사용할수록 세포막이 산화되어 산소가 지나가기 어렵게 된다. 이 세포막의 산화를 방지하는 것이 '항산화'라고 하는 작용인데, 비타민 E는 이러한 항산화 작용을 갖고 있다. 산소소비량이 많은 지구력계 선수에게는 중요한 영양소이다. 장어구이는 지구력계 경기에 안성맞춤의 음식 중 하나이다.

7　순발력계 경기선수의 영양

　몇 초에서 1분 정도의 짧은 시간 내에 커다란 순발력을 단번에 사용하는 것이 순발력 경기인데, 역도, 육상 100m, 창던지기, 해머던지기 등 투척경기가 그 전형적인 예이다. 육상 단거리에서 200m, 400m는 순발지구력계에 가깝다. 그러나 트레이닝의 주안점은 역시 순간적인 순발력 발휘에 있으므로 분류는 순발력계가 된다. 스피드스케이트나 수영의 단거리, 유도, 레슬링, 복싱, 체조 등도 마찬가지이다.

　야구나 미식축구가 역도와 같은 분류에 속한다는 것에 위화감을 느낄지도 모르겠지만, 배팅을 하고, 슬라이딩을 하고, 좌우로 움직이며 플레이를 하는 것은 순간적인 동작이지 지구력은 아니다. 팀이 공수교대를 하고, 포지션별 역할이 확실히 정해져 있는 미식축구도 마찬가지이다. 다만 야구에서 선발완투형 투수만은 '순발지구력계'로 분류해도 괜찮을 것이다.

1) 단시간에 최대한의 순발력발휘가 요구된다

지구력계에서는 오로지 탄수화물에서 변화한 근육 속의 글리코겐을 에너지원으로 사용하는 데 비해, 순발력계 경기의 에너지 사용법은 약간 다르다. 역도에서 바벨을 들어올리고, 100m 달리기에서 지면을 강하게 차고, 야구에서 장타를 노리고 풀스윙을 하는 것과 같이 순간적으로 큰 순발력발휘에는 근육세포에 함유되어 있는 아데노신3인산(ATP)이라고 하는 물질이 동원된다. ATP는 에너지를 낸 후 순간적으로 크레아틴인산(PCr)의 기능으로 재생되므로, 이 에너지원을 ATP-PC계라고 한다. 유감스럽게도 ATP-PCr계는 저장량이 적기 때문에 10초 정도밖에 지속하지 못하고, 그 이후에는 근글리코겐이 사용된다. 하지만 가장 폭발적인 순발력은 ATP가 가져다준다.

순발력은 근육을 얼마나 강하고 빠르게 수축할 수 있는가에 달려 있다. 근육, 특히 무산소운동 시의 에너지(ATP-PCr계도 이에 속함)로 힘을 내는 속근육섬유(지구력계에서 역할을 하는 것은 지근육섬유)의 강도가 순발력계 경기에서 최우선시된다.

구해진 근력은 경기에 따라 다르므로, 같은 순발력계라도 선수의 체형은 크게 다르지만 근력의 강화는 모두에게 중요한 공통항목이다.

2) 순발력계 경기선수가 중시해야 하는 영양소

(1) 단 백 질

순발력을 높이기 위한 근력을 기르기 위해서는 웨이트 트레이닝을 빼놓을 수 없다. 육상경기, 레슬링, 유도, 야구, 골프에 이르기까지 순발력계 경기의 일류선수들 중에서 웨이트 트레이닝을 하지 않는 선수는 전혀 없다고 해도 좋을 것이다.

하지만 웨이트 트레이닝만으로는 근력이 강화되지 않는다. 트레이닝은 근육섬유를 파괴하는 작업이기 때문에 오히려 근육섬유가 가늘어지며, 트레이닝 후의 영양과 휴양으로 초회복된다. 파괴된 근육섬유를 굵게 되살리는 영양소는 단백질 이외에는 없다. 단백질은 최대근력을 내려는 것을 목표로 하는 순발력계 선수에게 가장 중요한 영양소이다.

(2) 비타민 C

단백질은 근육과 혈액 속 헤모글로빈의 재료가 되는 것 외에 건, 인대에 많은 콜라겐의 재료가 되기도 한다. 단백질을 많이 섭취하면 관절도 그만큼 튼튼해진다. 다만 단백질에서 콜라겐을 잘 합성하는 데에는 조건이 있다. 그 보조역할로서 비타민 C가 필요하다. 단백질과 함께 비타민 C를 잘 보충하여야 강한 건과 인대가 만들어진다.

(3) 탄수화물

순발력을 발휘할 때 사용되는 에너지는 ATP-PCr에서 산출되지만, 연습을 하고 있을 때는 근육의 콜라겐도 많이 소비된다. 그중에서도 연습하고 있는 시간이 긴 유도나 레슬링의 소비에너지는 마라톤선수보다 많다. 게다가 연습내용이 유산소계의 운동이라고는 할 수 없으므로, 지방보다 탄수화물이 에너지로서 많이 사용된다. 탄수화물을 충분히 섭취하지 않으면 매일의 연습을 소화해낼 수 없을 것이다.

3) 순발력계 경기선수의 식사 포인트

(1) 하루에 여러 번 먹는다

근육을 굵게 만들어 최대근력을 높이려고 하는 순발력계 경기선수에게 필요한 단백질의 일일 필요량은 불고기 7인분에 해당한다. 이만큼 먹어야 하지만 한번의 식사에서 유효흡수되는 단백질의 양에는 한계가 있다. 이 문제를 해결하는 방법은 하나밖에 없다. 즉 식사의 횟수를 늘리는 것이다. 하루에 4~5번 먹는 것이 좋다. 물론 매번 식탁에 앉을 필요는 없다. 간식이나 야식도 한번의 식사라고 생각하고 단백질

표 6-15 오전과 오후에 연습이 있는 날의 식사(예)

시　간	내　용	비　고
6:30	기상, 아침식사	트레이닝 전에는 가볍게 먹는다
8:00	아침연습, 간식	가벼운 아침식사를 보충하는 간식
9:00	수　업	
12:00	점심식사, 수업	
16:00	간　식	연습 전의 에너지 보충
16:30	오후연습	수분 보급은 확실히 한다
18:30	간　식	피로회복을 위해
20:30	저녁식사	체력을 형성하는 영양 을 충분히 섭취
21:30	간　식	저지방 우유
22:30	취　침	

을 충실히 섭취하면 된다.

단백질을 많이 먹을 때의 주의점은 재료와 요리방법에서 가능한 한 저지방을 유지하려고 노력하는 것이다. 지방으로 체격이 늘어나는 것은 아무런 의미도 없다. 늘려야 하는 것은 어디까지나 근육이기 때문이다.

(2) 시합 전에는 탄수화물을 섭취한다

시합 직전에 필사적으로 근트레이닝을 하여 힘을 기르려는 선수는 없다. 하루이틀 만에 유효한 근육이 생길 수도가 없고, 쓸데없는 근육통이나 피로를 시합에 가져가게 될 뿐이다.

식사도 마찬가지라고 할 수 있다. 많은 단백질이 필요한 이유는 근육을 단단히 기르기 위해서이므로, 그럴 필요가 없는 시합 전에는 단백질의 중요도도 낮아진다. 필요한 것은 순발력계에서도 마찬가지로 시합의 에너지에 동원되는 탄수화물이다. 지구력계 경기와 같이 특별히 고탄수화물식으로 전환할 필요는 없지만, 시합 1~2일 전부터 식사에서 지방이 많은 반찬을 피하고, 밥과 빵을 평소보다 의식적으로 많이 먹도록 한다.

유도와 레슬링 같은 경기에서 감량하는 선수도 계체량 이틀 전부터는 탄수화물의 양을 늘려야 한다. 체력소모가 심한 야구의 선발투수는 글리코겐로딩을 실시하여도 좋을 것이다.

식이섬유의 역할

양배추, 시금치 등의 야채와 해조류에 많이 포함되어 있는 식이섬유에는 변통을 좋게 하는 기능이 있다. 변비의 해소는 건강의 기본이기 때문에 다른 영양소와 같은 적극적인 기능이 없음에도 불구하고, 식이섬유를 6번째 영양소라고 부르는 사람도 있을 정도이다. 대량으로 먹어야 하는 운동선수에게 변비는 운동성과를 저하시키는 큰 적이다. 식이섬유는 컨디션유지에 필요한 영양소이다. 다만 가스를 잘 참지 못하게 되므로 시합 직전에는 피하는 것이 좋다.

8 순발지구력계 경기선수의 영양

지구력과 순발력 모두를 높은 수준으로 유지해야 하는 것이 순발지구력계이다. 예를 들어 축구에서 상대를 제칠 때의 볼 컨트롤과 킥은 순발력계의 동작이지만, 그러한 동작을 반복하면서 시합 내내 움직여야 하는 점이 야구의 야수 등과 같은 순발력계의 경기와 다르다. 다시 말해서 시합의 전후반을 통틀어 고강도의 운동수행능력을 유지하는 지구력이 필요한 것이다.

럭비, 농구 등도 마찬가지이고, 테니스의 경우도 풀세트 말에 타이브레이크가 되었을 때의 체력소모는 상당하다. 또한 배드민턴은 코트가 좁은 만큼 체력소모가 적을 것같지만, 랠리가 빠르기 때문에 운동량은 상상 이상으로 많아진다. 특히 단식에서는 지구력이 승패를 좌우한다고 할 수 있을 정도다.

1) 스피드와 지구력의 양립과 고도의 테크닉이 필요하다

순발지구력계 경기의 대부분은 단체경기여서 팀플레이가 요구되고, 테니스나 배드민턴경기에서 단식이라 하더라도 대전상대가 있다. 운동량이 많고 심한 체력소모로 피로해져도 자신만의 타이밍에서 쉴 수 없다. 이 점이 공수교대 때마다 짧은 시간 동안 쉴 수 있는 야구·미식축구, 자신의 타이밍에서 경기에 임하는 투척경기·역도와 커다란 차이가 있다. 특히 순발력 스피드와 지구력의 양립이 필수적이다.

럭비는 물론 축구, 농구, 핸드볼 등에는 접촉을 많이 하는 접촉스포츠의 요소가 있다. 이러한 경기에서는 시합 중에 상대팀(때로는 자기 팀) 선수와 심하게 접촉하는 것은 흔한 일이어서 부상을 당하는 경우도 많다. 뿐만 아니라 유도나 레슬링과 비슷한 경기특성도 있다.

상대의 움직임에 맞추거나 예측을 하면서 볼 컨트롤이나 라켓 컨트롤 등 고도의 테크닉을 반복한다. 팀경기일 경우, 자기팀 선수의 움직임도 계산에 넣어야 한다. 이러한 것을 소화하기 위해서는 높은 집중력이 필요하다. 또한 자신의 타이밍에서 쉴 수 없기 때문에 시합 내내 그 집중력을 유지해야 한다.

2) 순발지구력계 경기선수가 중시해야 하는 영양소

(1) 단 백 질

역도나 투척선수만큼 굵은 근육은 필요 없지만, 순발지구력계에도 탄력 있고 강한 근력이 필요하기 때문에 근 트레이닝은 필수적이다. 따라서 첫 번째로 중요한 영양소도 역시 단백질이라고 할 수 있다.

단백질을 경시할 수 있는 경기는 존재하지 않는다. 다만 경기에 따라서 무엇에 많이 쓰이는지에 대한 비율이 다르다는 것을 알아두어야 한다. 지구력계라면 혈액에서, 순발력계라면 근육에서, 순발지구력계라면 양쪽에서 모두 많이 이용된다. 이처럼 실시하는 운동의 특성에 따라 몸이 더 필요로 하는 부분에서 단백질이 많이 이용된다.

(2) 탄수화물

축구와 럭비의 전후반, 배구와 테니스의 풀세트를 끝까지 견딜 수 있는 지구력의 토대는 탄수화물의 에너지이다. 슛이나 강서비스, 점핑 스매시 등을 하는 순간에는 ATP-PC계의 에너지가 발휘되기도 하지만, 그 순간순간을 연결하는 움직임에는 근글리코겐이 에너지로 계속 사용된다. 이것은 게임 중의 판단력이나 집중력을 무디게 하지 않게 하는 두뇌에너지원이 되기도 한다.

(3) 비타민 B_1

탄수화물이 포도당이 되어 뇌와 근육으로 운반되어 에너지로 사용될 때에는 (바로 이용되지 않는 포도당은 글리코겐이 된다) 비타민 B_1이 필요하다. 탄수화물과 비타민 B_1은 항상 같이 생각하는 것이 좋다.

(4) 비타민 C와 칼슘

"시합에 나갈 수 없을 정도는 아니다", "테이핑을 하면 왠지 느낌이 안 좋다"라는 이유로 부상을 감추는 선수가 적지 않다. 부상은 접촉이 많은 스포츠를 하는 선수에게는 숙명과 같은 것이다. 그렇다고 해도 항상 부상을 당해야 좋은 선수라고 할 수도 없고, 부상이 원인으로 100%의 힘을 낼 수 없다면 팀의 발목을 잡아당기는 것밖에 되지 않는다. 부상은 당하지 않는 것이 좋고, 부상을 당한다면 가능한 한 빨리 치료를 받는 것이 좋다는 것이 당연하다. 그러므로 식사로 얻을 수 있는 도움은 단백질, 칼슘, 비타민 C의 충분한 보급이다.

3) 순발지구력계 경기선수의 식사 포인트

(1) 연습기에는 영양 풀코스를 빈틈없이 확보한다

순발지구력계 경기는 근력, 지구력, 집중력, 컨디션 유지 등 모든 것에 걸쳐 높은 수준이 요구되기 때문에 식사에서도 영양 밸런스가 무너지지 않도록 항상 주의해야 한다. 영양 밸런스의 확보는 어떤 형태의 경기에서든 중요하지만, 복잡한 움직임이나 테크닉을 동반하는 상황이 많은 순발지구력계 경기에서는 영양부족의 영향이 겉으로 드러나기 쉽다.

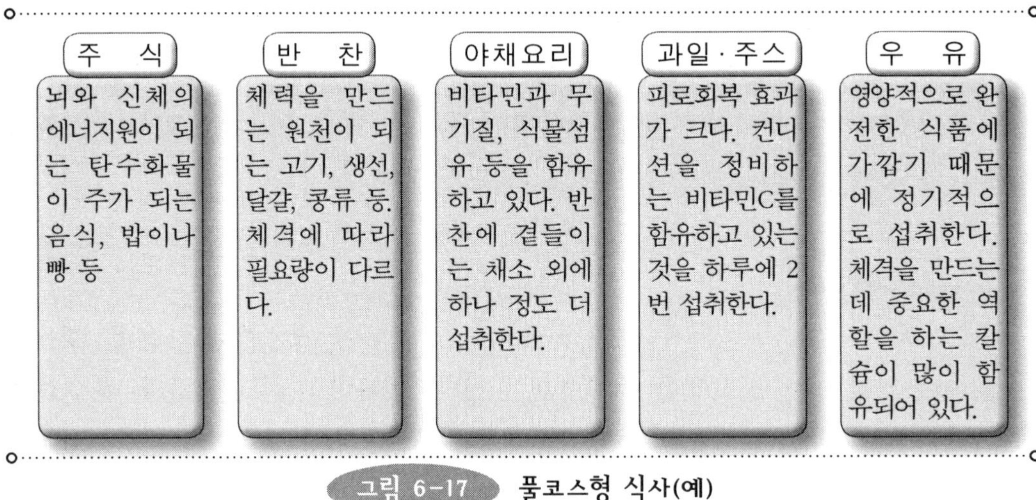

그림 6-17 풀코스형 식사(예)

시합전 등 특별한 시기를 제외한 일상적인 연습기에서는 영양 풀코스 형태의 식사를 철저히 지키는 것이 영양 밸런스 확보의 최대 포인트이다. 완벽한 풀코스는 어렵더라도, 그와 비슷하고 간단한 방법은 얼마든지 있다.

(2) 간식에 신경쓴다

3끼의 식사뿐만 아니라 간식의 내용에도 눈을 기울이면 영양 밸런스의 확보는 매우 편해지고, 영양풀코스가 되지 못했던 식사에서의 부족분을 커버할 수도 있다. 탄산음료나 캔커피를 마시는 대신 우유나 과일주스를 마시고, 과자 대신 고기만두를 먹는 것이 좋다. 조그만 것이 매일 축적되면 나중에는 아주 커다란 차이가 나게 된다.

(3) 시합 직전에는 고탄수화물식으로 전환한다

시합에서 탄수화물이 효과를 나타낸다. 순발력계와 마찬가지로 지구력계만큼의 탄수화물 저장은 필요없지만, 시합 전날 식사에서부터는 탄수화물의 비율을 높인 메뉴로 시합에서의 에너지를 확보하는 것이 좋다. 기름기가 많은 반찬을 피하고, 밥과 면류, 과일을 많이 먹어야 한다. 시합 당일의 아침식사는 수분을 많이 섭취하여 식사의 전체량을 약간 적게 하는 것이 포인트이다.

표 6-16	시합 당일의 식사 예(하루에 시합이 2개 이상 있는 경우)	
아침식사	시합 3~4시간 전	아침식사:밥, 국, 약간의 반찬, 과일, 과즙 100% 주스(밥 대신에 빵, 국수, 토스트, 시리얼 등도 괜찮다)
	시합 2~3시간 전	야채죽, 국수, 바나나 등의 과일, 과일캔
	시합 1시간 전	에너지젤리, 에너지드링크, 스포츠음료
	시합 30분~15분 전	사탕, 포도당정제, 스포츠음료, 미네랄워터
	시 합	
점심식사	다음 시합 2~3시간 전	햄을 끼워 놓은 롤빵, 과자빵, 카스테라, 과일, 과즙 100% 주스
	다음 시합 1시간 전	에너지젤리, 스포츠음료, 미네랄워터

9 체중조절 경기선수의 영양

체중에 의한 체급이 정해져 있는 유도, 레슬링, 복싱, 역도 등의 경기에서 대부분의 선수는 많든 적든 체중조절이 필요하다. 감량과 증량 중에 선택해야 한다면, 평상시 체중보다 가벼운 체급에 출장하기 위해 감량하는 케이스가 많지만, 증량을 고려하는 선수도 적지 않다. 증량을 하는 이유는 어떠한 경기라도 1팀에서는 각 체급에 1명의 대표를 내보내기 때문에 자신의 체중과 같거나 가벼운 체급에 매우 상한 농료가 있다면 한 체급 상승하여 좀 더 무거운 체급에 나갈 수밖에 없기 때문이다.

체중별 체급이 없는 종목 중에서 럭비의 포워드는 증량을 해야 하고, 아름다움을 겨루는 경기인 싱크로나이즈드 스위밍도 아름다운 체형을 유지하고 부력을 확보하기 위해 증량이 필요하다.

1) 순발력과 지구력을 유지하면서 체중을 줄여나간다

감량으로 단지 체중을 줄이는 것뿐이라면, 먹지 않으면 되기 때문에 그다지 어려운 일이 아니다. 선수의 경우는 시합 후에 많이 먹을 수 있기 때문에 일반여성의 다이어트만큼 심각하지는 않다.

그러나 그렇게 하면 시합에서 최대의 힘을 발휘할 수 없을 뿐만 아니라, 원래의 체중으로 돌아갈 위험성도 있다. 따라서 순발력과 지구력을 높이면서 체중만을 줄이고, 컨디션도 시합시에 피크에 올려놓을 수 있는 체중조절을 해 나가는 작업이 필요한 것이다. 그 포인트 중 하나는 감량의 기간이다. 자신의 체중의 5% 이내의 감량은 최저 3주 동안, 그 이상 감량한다면 더 긴 기간이 걸린다. 확실한 스케줄을 세우고 실천한다.

체중의 증감을 좌우하는 것은 체내의 근육, 수분, 지방이다. 근육을 줄일 수는 없는 것이고, 수분의 부족은 생명을 위협한다. 감량에서 제일 타겟으로 해야 하는 것은 체지방이다. 식사에서 지방을 줄임과 동시에 이미 체내에 있는 지방을 줄이려는 노력도 요구된다. 효과적인 것은 조깅, 자전거타기, 수중보행 등의 가벼운 유산소운동을 30분 이상 계속하는 것이다.

감량보다 증량이 쉽다는 생각은 잘못된 것이다. 체지방만으로 늘리는 것은 쉽지만, 근육을 붙이면서 체중을 늘리기 위해서는 트레이닝과 함께 3개월~반년의 기간을 필요로 한다.

2) 체중조절 경기선수가 중시해야 할 영양소

(1) 단 백 질

섭취한 에너지보다 연습으로 소비하는 에너지가 많으면 서서히 야위게 된다. 당연한 이치로, 연습량이 같으면 섭취하는 에너지를 줄이면 된다. 에너지로 사용되는 영양소는 탄수화물, 지방, 단백질의 3가지이다. 이 중 감량기에 먹는 양을 줄이는 것은 탄수화물과 지방이다. 탄수화물은 격렬한 연습을 극복하기 위해 평소에 듬뿍 섭취해 두어야 하는 영양소이지만, 감량기에 한해서는 최저한도를 확보하는 것으로 그쳐야 한다.

반대로 감량기에도 절대 줄여서는 안되는 것이 단백질이다. 근육의 재료를 확보해 두지 않으면 순발력과 지구력도 없어져 버린다. 단백질에는 어느 정도의 지방이 포함되어 있다. 재료선택과 조리방법을 잘 연구하여 가능한 한 지방을 줄이며

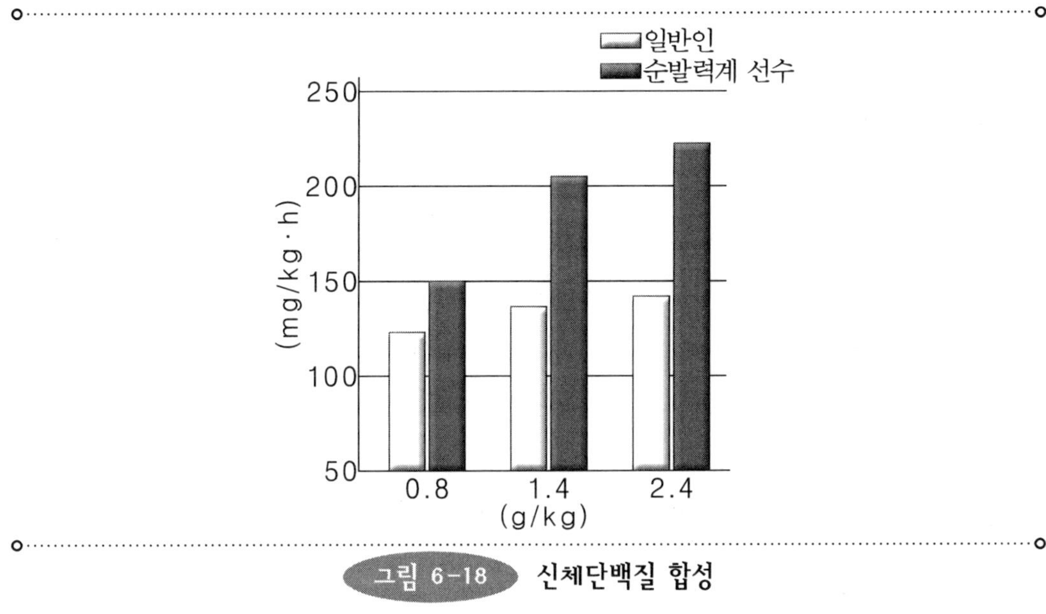

그림 6-18 　신체단백질 합성

단백질 보급을 해야 한다.

　체중을 증량 할 때에는 지방을 너무 많이 섭취하는 것에만 주의하고, 단백질과 탄수화물은 듬뿍 먹어도 좋다.

(2) 무 기 질

　어떠한 스케줄대로 잘 감량을 하여도, 에너지가 되는 탄수화물은 평소보다 감소하고 식사의 양 자체도 매우 줄어들기 때문에 아무래도 피로나 스트레스가 쌓이기 쉽다. 감량기에는 필요한 최소한의 말 이외에는 말도 않는 선수도 있다. 따라서 아무리 감량기라고 해도 컨디션 유지에 빼놓을 수 없는 비타민류와 칼슘, 철 등의 무기질은 의식적으로 잘 섭취해야 한다.

3) 체중감량기 식사의 포인트

(1) 바람직한 감량과 잘못된 감량

유도나 레슬링에는 누구나 인정하는 실력을 갖고 있으면서도 감량을 실패해서 시합에서 입상하지 못하는 선수가 반드시 있다. 감량방법이 시합의 결과를 크게 좌우하는 것이다.

'바람직한 감량'과 '잘못된 감량'의 차이는 표 6-17과 같다. 감량을 힘들어하여 실패하는 선수에게서는 다음과 같은 공통점이 발견된다. ① 식사의 횟수를 줄인다(또한 저녁식사에서 과식한다), ② 가벼운 음식은 칼로리도 적다고 생각한다(음식물의 중량과 지방의 크기는 비례하지 않는다), ③ 조리방법이 잘못되었다, ④ 사우나 등을 하여 땀에 의한 체중감량에 너무 의존하다. 반대로 이러한 것들만 하지 않는다면 바람직한 감량이 된다고 할 수 있다.

표 6-17 시합 당일의 식사 예(하루에 시합이 2개 이상 있는 경우)

바람직한 감 량	●5~7kg의 감량에는 3주 이상이 걸린다. ●시합 2일 전에는 규정체중이 되도록 한다. ●식사의 분량은 줄여야 하지만, 3번의 식사를 빠뜨리지 않는다. ●반찬의 재료로는 지방분이 적은 육류를 고르고, 야채류를 평소보다 많이 섭취한다. (매일의 훈련으로 체력이 소모되므로, 순발력과 지구력을 떨어뜨리지 않기 위해 단백질이 중요하다. 가능하면 저지방으로 섭취하고, 시합 2~3일 전까지는 배고픔을 달래고 변비해소를 하기 위해 야채를 의식적으로 많이 섭취한다) ●체지방을 줄이기 위한 러닝을 시합장 주변에서 실시한다. ●비타민이나 철 등과 같은 영양보조제는 하루에 3번 나누어 섭취한다.
잘못된 감 량	●감량기간이 1주일 정도이다. ●아침식사를 거르고 점심식사는 조금만 하고, 저녁식사에서만 볶고 튀긴 음식을 먹는다. ●점심식사로 가벼운 샌드위치나 빵을 먹는다. ●샐러드 중심으로 식사를 할 때 마요네즈나 드레싱을 뿌린다(야채는 저칼로리이지만, 드레싱이나 마요네즈에는 기름이 많이 함유되어 있다). ●후식으로 아이스크림이나 과자를 먹는다. ●사우나에 장시간 들어가 땀을 빼어서 체중을 감량한다(혈액이 끈적해져서 순환이 나빠지고, 심폐기능에 커다란 부담을 준다. 숨이 차 괴로워질 뿐만 아니라 생명도 위험해진다.

(2) 단번에 감량하면 요요현상이 생긴다

감량에 시간이 걸리는 근육량을 유지하면서 체중을 줄여야 하기 때문이다. 단시간의 감량은 지방과 함께 근육량까지 줄여버리기 때문에 중대한 손실을 가져온다. 그 손실의 하나는 시합에서 힘을 낼 수 없다는 것, 다른 하나는 요요현상에 의해 체중이 불어어 버린다는 것이다.

특히 지방이 점착되어 체중이 늘면 살이 안 빠지는 체질이 된다. 감량을 할 때마다 점점 괴로워지는 악순환에 빠져버릴 수 있으므로 주의가 필요하다.

4) 체중증량기 식사의 포인트

(1) 식사의 횟수와 식사법

단순히 체중을 늘리는 것은 지방이 많은 음식만을 계속 먹으면 체지방이 점점 증가하기 때문에 그다지 어려운 일이 아니다. 문제는 지방을 별로 늘리지 않고 중량하는 것이다. 1번의 식사에서 과식을 하는 것은 체지방을 늘릴 뿐이므로 좋지 않다. 먼저 식사횟수를 하루에 4~5번으로 늘리는 것이 최대의 포인트이다. 그런 후에 양이 적어 보이면서도 손쉽게 만들 수 있는 요리를 택하고 향신료를 사용하여 식욕을 돋운다. 간식의 내용을 충실히 하는 것도 중요하다. 수분과잉은 피한다. 수분으로 위액이 희석되면 식욕이 떨어져서 맛있는 음식을 보아도 별로 먹고 싶은 기분이 들지 않는다. 식사 자체에서도 국물이 든 음식은 마지막으로 먹는 것이 좋다.

(2) 트레이닝 후에 반드시 먹는다

근육을 굵게 만드는 초회복에는 영양보급이 필수직이지만, 먹는 타이밍에 따라 영양보급의 효과에 차이가 난다는 것도 알아야 한다. 영양이 가장 효과적으로 이용되는 것은 웨이트 트레이닝을 한 직후부터 그날밤까지의 시간대이므로, 근육트레이닝이 있는 날에는 트레이닝 후에 반드시 근육의 재료가 되는 단백질과, 그것을 도와주는 비타민 C를 보급하는 습관을 들인다.

(3) 식후에는 휴식을 취한다

섭취한 영양을 확실히 소화흡수하기 위해서는 위와 장이 충분히 기능해 주어야 한다. 불수의근이므로 의식할 수는 없지만, 위장이 작동할 때에는 사지근육과 마찬가지로 혈액이 많이 동원된다. 즉 소화흡수를 정상적으로 실시하기 위해서는 위장에 혈액을 모을 필요가 있는 것이다. 방법은 여유있게 휴식을 취하는 것이다. 식후에 바로 운동하거나 머리를 사용하면 위장에 있는 혈액이 적어지기 때문에 주의가 필요하다.

특수집단을 위한 영양

1 유소년선수의 영양

1) 필요한 영양량은 성인과 같다

유소년이라고 하면 초등학교 고학년부터 중학생(10~14세)까지를 말한다. 중학생이라면 꽤 어른스럽지만, 초등학생은 아직 몸도 작고, 어른의 입장에서 보면 식사의 양도 작다고 생각할 수 있다.

하지만 표 7-1을 보면 알 수 있듯이 유소년은 그 아버지 세대인 30~49세의 세대와 거의 같은 수준의 에너지를 필요로 하고, 단백질·칼슘·철 등은 성인보다 많이 먹어야 한다. 표 7-1은 별다른 운동을 하지 않는 어린이와 성인의 비교이기 때문에, 스포츠를 열심히 하는 어린이의 필요량은 더욱 높아지고, 에너지에서도 성인을 웃돌게 된다.

표 7-1 유소년에게 필요한 하루분의 에너지량

	9~11세	12~14세	15~17세	30~49세
신 장(cm)	139.0	158.3	169.3	169.1
체 중(kg)	34.6	42.9	59.8	67.0
에너지(kcal)	1,950	2,200	2,400	2,250
단백질(g)	75.0	85.0	80.0	70.0
칼 슘(mg)	700	900	800	600
철(mg)	10.0	12.0	12.0	10.0
비타민 A(μgRE)	450	600	600	600
비타민 B$_1$(mg)	1.0	1.1	1.2	1.1
비타민 B$_2$(mg)	1.1	1.2	1.3	1.2
비타민 C(mg)	70	80	90	100

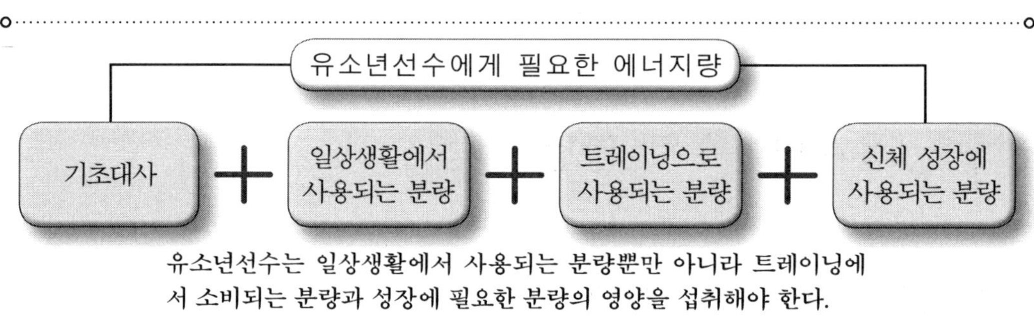

유소년선수는 일상생활에서 사용되는 분량뿐만 아니라 트레이닝에서 소비되는 분량과 성장에 필요한 분량의 영양을 섭취해야 한다.

그림 7-1 유소년 선수에게 필요한 에너지량의 내용

2) 뼈의 강도는 10대의 칼슘으로 결정된다

유소년선수의 영양소요량에서 칼슘과 단백질의 양이 유난히 많은 것은 성장기이기 때문이다. 특히 칼슘은 유소년일 때 부족하면 평생 후회할 수 있는 결과를 낳기 때문에 의식적으로 많이 먹는 것이 좋다.

그림 7-2에서 나타낸 골염량은 골밀도와 함께 골격의 강도를 판단하는 지표인데, 많을수록 뼈가 강하다고 할 수 있다. 그 증가는 20대에 최대치를 나타내고, 30세를 넘겼을 때부터 저하되기 시작한다. 유소년일 때 칼슘을 충분히 섭취하여

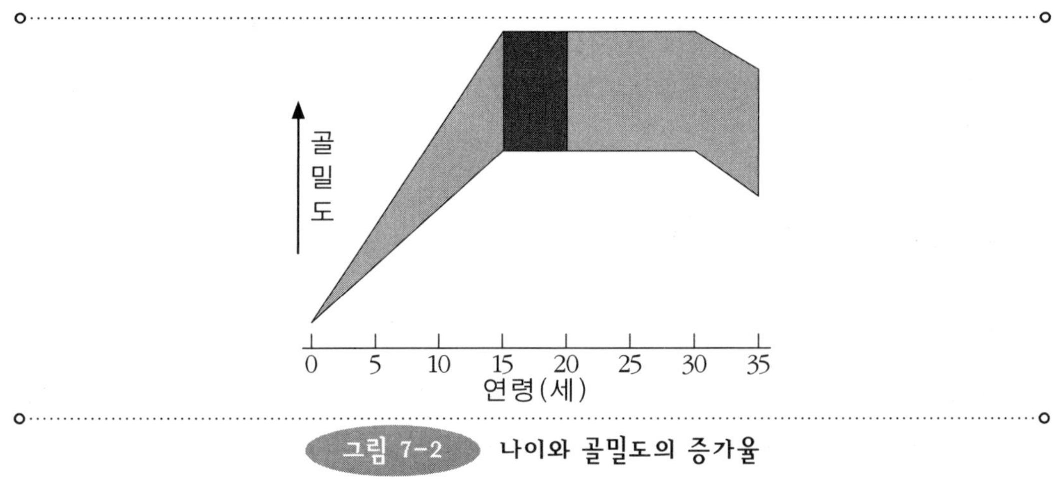

그림 7-2   나이와 골밀도의 증가율

많이 증가시켜 두지 않으면 어른이 되고 나서 부족하게 된다.

3) 신체의 발육을 우선하는 생활

유소년은 경기력의 향상보다는 우선 발육·발달을 우선시해야 한다. 토대를 만들어야 할 이 시기에 무리하게 운동을 시키면 앞으로 선수로서의 인생에 영향을 줄 수 있으므로 보호자와 지도자는 주의해야 한다.

신체가 미발달된 시기에는 체격과 체력의 개인차가 크다. 그러므로 개이의 개성과 성장 정도에 따른 식사를 고려하는 것이 중요하다. 또한 댄스와 체조계통 등 자태가 중시되는 종목에서는 식사를 제한하는 경우가 많다. 어린이의 식사를 제한하면 사춘기에 큰 반동이 일어날 수 있으므로 에너지 섭취량을 채울 수 있는 균형 잡힌 식사가 좋다.

4) 보호자가 확실한 판단기준을 세운다

어려서부터 재능이 발견된 어린이가 있다면 보호자는 자신의 아이와 비교를 하게 된다. 그러나 아동기의 경기성적이나 체격이 앞으로의 미래를 결정짓는 것은 아니다. 보호자의 가치관이 확실하지 않으면 검증이 안된 정보에 휘둘리거나 식사에 대한 입장이 흔들리기 쉽다. 이에 따라 필요 이상으로 먹게 하여 비만을 일으키거나 과영양상태를 만들기도 한다. 우선 보호자 자신이 식사에 대한 판단기준과 입장을 세우는 것이 필요하다.

5) 식사와 운동의 균형

필요한 영양소는 식사로 섭취하는 것이 기본이다. 특히 아동기에는 영양보조제가 필요할 정도로 운동을 시키는 것은 위험하다. 이때 연습시간이나 트레이닝량을 재검토해야 한다. 아동기는 체력과 체격의 개인차가 크지만 운동부에서는 같은 연습량을 요구받는다. 신체가 성숙하지 않은 어린이는 운동을 너무 많이 하여 피로해지거나 식욕이 왕성해지거나 식사를 하지 않고 자기만 하는 경우가 종종 생긴다. 그러면 신체의 발육에 큰 해를 입을 우려가 있다. 식사를 맛있게 할 수 있도록 운동량을 조절하고 식사와 운동에 균형을 잡는 것이 좋다.

6) 소화에 좋은 식사

어린이는 소화기계통의 조직과 내장이 미발달되어 있으므로 소화를 완전히 하지 못하고 배설량이 많다. 보호자의 생각보다 많이 먹는 이유가 여기에 있다. 잘 씹어서 먹지 않으면 소화를 할 수 없고 소화기관에 부담을 준다. 또한 한번에 입에 많이 넣으면 입속에서 잘 씹지 못하고 그대로 목으로 넘겨버리게 되어 소화가 어렵게 된다.

좋은 식생활을 위해서 적당한 양을 입에 넣도록 하고 잘 씹어 먹는 습관을 어렸을 때부터 몸에 배도록 한다.

7) 영양에 균형이 잡힌 식사

"튼튼해지려면 고기를 많이 먹어야 한다"고 얘기하는 것은 틀린 말이다. 튼튼해지려면 여러 가지 영양소를 골고루 섭취해야 한다. 그러나 어린이는 자기가 좋아하는 음식만 먹으려고 하는 경향이 강하다. 그러면 다른 여러 가지 음식을 먹기 전에 배가 불러 먹을 수 없게 된다.

이를 방지하기 위해서는 밥과 반찬을 교대로 먹는 습관을 길러야 한다. 어렸을 때 길러놓은 좋은 식습관을 어른이 되었을 때에도 그대로 유지할 수 있으므로 보호자는 식습관에 대한 지도를 게을리해서는 안된다.

2 여성선수의 영양

1) 무월경과 골밀도의 관계

여성들의 스포츠경기 참가가 급속도로 증가하고 있는 반면, 고강도 트레이닝에 의해 발생되는 여성 특유의 장애도 문제점으로 대두되고 있다. 특히 스포츠 경기 현장에서 문제시 되는 것이 운동성무월경이다.

여성은 월경이라는 특유의 생리현상이 있다. 월경이 시작되는 날을 1일째로 하여 다음 월경 전날까지의 기간을 월경주기라고 한다. 사람에 따라 다소 개인차가 있긴 하지만 26~35일 정도의 주기로 일어난다. 에스트로겐이나 프로게스테론은 난자에서 분비되어 주기적인 배란일유지나 월경조절에 관여한다. 이와 같이 정기적인 월경주기는 성호르몬이 중요한 역할을 하고 있다.

운동성무월경이라는 것은 운동에 의해 월경이상을 초래하는 장애를 총칭하여 말한다. 월경이상으로는 초경이상, 월경주기이상, 월경지속일수의 이상, 월경량이상 등이 있다. 월경주기이상으로는 월경의 간격이 연장되는 희발성월경(39~90일 간격)이나 월경이 90일 이상으로 주기적으로 나오지 않는 속발성무월경이 있다.

과격한 트레이닝을 실행하는 여성선수, 장거리 육상선수, 발레리나 등에게 운동성무월경의 발생률이 높다고 보고되고 있다. 특히 월경이상 가운데에서도 스포츠활동과의 관계에서 문제시되고 있는 것은 초경지연과 속발성무월경이다.

월경이상을 가져다주는 요인으로는 정신적·신체적 스트레스, 체중(체지방)감소, 호르몬변화 등을 들 수 있다. 초경지연으로는 16세 이후에 월경이 나오는 지발성월경이나 18세까지 초경이 없는 월발성무월경 등이 있다. 초경이 나오기 전인 어릴 때부터 심한 훈련을 실행하고 있는 여성선수는 초경지연의 발생률이 높고 트레이닝 개시연령이나 운동강도 또는 체지방률의 낮은 수치가 요인이다. 스포츠선수의 체지방률과 월경의 상관관계를 보면, 체지방률이 낮을수록 무월경비율이 높고 체지방이 증가됨에 따라 무월경이 감소하는 경향이 있다. 따라서 월경주기를 유지하기 위해서는 22%의 체지방률이 필요하다는 보고도 있다.

운동성무월경인 여성선수들에게서는 혈중여성호르몬 수치가 낮게 나타나는 경향이 있다. 속발성무월경이 장기간에 걸쳐 지속될 경우에는 회복이 어려울 뿐만 아니라 난자로부터 에스트로겐 분비가 억제되어 낮은 에스트로겐 상태에 의해 골밀도의 감소까지 초래하여 골다공증이나 피로골절을 일으킬 우려도 있다. 이와 같이

※ 운동과 골밀도

정기적인 운동은 골격의 노화속도를 늦추어준다. 모든 연령층에서 활동적인 운동을 하는 사람은 좌업적인 사람보다 현저히 많은 골격량과 골밀도를 갖고 있다. 특히 걷기, 달리기, 에어로빅 댄스와 같은 체중을 지탱하는 운동이나 중량부하운동은 골밀도를 증가시켜준다.

특정부위의 운동은 특히 그 부위의 뼈의 골밀도에 영향을 미친다. 예를 들어, 크로스컨추리 달리기를 하는 사람은 다리의 골밀도가 다른 비활동적 부위의 골밀도보다 높다고 보고되고 있다.

뼈에 가해지는 기계적 스트레스는 전기적 에너지로 전환되어 뼈의 형성에 관계하는 조골세포를 자극함으로써 칼슘의 침착이 촉진된다는 것이 유력한 설명이 되고 있다.

한편, 역설적으로 매우 격렬한 훈련에 의해 체질량과 체지방이 감소된 여성에게서 나타나는 이차성무월경(secondary amenorrhea)이 주목되고 있다. 이러한 이차성무월경은 일시적인 호르몬 분비의 불균형에 의해 초래되며, 이는 에스트로겐의 보호작용을 상쇄하여 뼈의 칼슘 손실을 유발할 수 있다. 이러한 현상은 저단백질과 저지방 식사에 의해 더욱 악화된다. 만일 무월경이 지속된다면, 운동 중 근육·골격계의 부상위험이 높아지며 조기에 골다공증이 나타날 수 있다.

체조나 발레 댄서에게서 자주 나타나는 피로골절은 반복적인 기계적 충격과 식이제한에 따른 칼슘섭취 부족이 복합적인 영향을 미치기 때문으로 볼 수 있다.

과도한 운동이나 영양균형의 저하, 또는 선수들끼리나 코치와의 인간관계, 경기에 대한 불안 등의 심리적인 스트레스도 운동성무월경의 발생과 깊게 관련이 있다.

2) 여성선수의 식사

표 7-2는 일상적으로 적당한 운동을 하고 있는 그룹과 운동량이 많은 운동선수의 대부분이 해당하는 그룹의 18~29세 남녀의 에너지소요량을 나타낸 것으로, 어떠한 경우라도 여성은 남성의 75~80%이다. 체격에 따라서 일괄적으로 말할 수 없지만, 평균적인 여자선수의 경우 필요한 식사의 양은 남자선수 필요량의 80% 정도를 기준으로 생각하면 될 것이다. 다만 각 영양소 중에서 철만은 여자의 소요량이 남자를 웃돈다. 이것은 여자가 월경이 있기 때문인데, 운동선수에게 필요한 소요량인 하루 20mg을 섭취하면 아무런 문제는 없지만, 먹는 양이 적으면 남자보다 영향이 크기 때문에 주의해야 한다.

중학생에서 고등학생이 될 무렵에 걸쳐 여성의 몸은 체지방이 늘어 몸의 곡선

표 7-2 남녀별 에너지소요량

생활활동강도가 보통일 때		생활활동강도가 높을 때	
남	여	님	여
2,650	2,050	2,950	2,300

이 여성스러워진다. 살이 찌는 것이 아니라 성인 여성처럼 체형이 변화하는 정상적인 발달이다. 그러나 체지방은 관리해야 할 것이라고 생각하는 습관에 사로잡혀 있는 여자선수 중에서는 그러한 변화를 극단적으로 혐오하고, 먹는 것에 대한 죄책감 때문에 섭식장애가 되는 사람이 있다. 섭식장애를 일으키면 모든 영양소가 부족하게 되는데, 거기까지는 안 가더라도 지방이 부족한 것만으로도 사춘기 여성에게는 문제가 발생한다.

지방은 성호르몬에 관련이 깊고, 체지방이 극단적으로 줄면(여성은 최소한

12%의 체지방이 필요하다), 여성호르몬의 하나인 에스트로겐(난포호르몬)의 분비가 잘되지 않게 되고, 월경이상이나 무월경이 될 가능성이 커진다. 또한 에스트로겐의 감소는 골밀도를 저하시켜 피로골절의 원인이 되기도 한다.

운동과 활성산소

인체는 약 60조 개의 세포로 이루어져 있는데, 이 세포들 속의 미토콘드리아에서 산소와 영양물질을 이용해서 에너지를 만드는 대사과정에 약 2%가 활성산소(active oxygen) 또는 유해산소로 변한다. 이 활성산소들은 너무나 불안정하고, 또 수십만 분의 일 초 동안만 존재하지만, 이 짧은 시간 동안에 자신들의 안정을 위하여 주위의 물질 즉 단백질, 지방, 혈액, 근육, 뼈 등으로부터 닥치는 대로 전자를 빼앗아 산화시키므로 인체에 막대한 피해를 주고 있다. 산화한다는 것은 녹슨다는 것이다. 우리 몸을 구성하고 있는 세포들을 산화시킨다는 것은 결국 우리들의 조직을 파괴한다는 뜻이다.

활성산소는 눈으로 볼 수도 없고 만질 수도 없지만, 매 순간마다 인체에서 이 활성산소는 번쩍이는 섬광처럼 생성과 소멸을 반복하면서 많은 질병을 유발시키고 노화도 촉진시키고 있다. 활성산소에 의한 세포의 장애, 면역계의 억제, 노화촉진 등은 스트레스로 파악할 수 있는데, 이것을 산화스트레스라고 한다. 산화스트레스는 산소가 없으면 살 수 없는 사람의 생명구조에서 볼 때 숙명적인 스트레스라고 할 수 있다.

여기에서는 활성산소의 개념과 운동에 부수되는 산화스트레스의 영향에 관하여 설명한다.

 활성산소와 노화

노화에는 다양한 면들이 있다. 인류는 이러한 다양한 면으로부터 노화의 정체에 접근하면서 '노화'라는 현상을 연구하고 그것을 해명하기 위해 오랫동안 몰두해왔다. 그러나 그러한 노력에도 불구하고 아직까지 노화의 진상은 명확하게 밝혀지지 않고 있다. 노화의 메커니즘에 관한 몇 가지 가설들이 있지만 어떤 것도 결정적이지 않다.

주된 노화설을 예로 들어보면 표 8-1과 같다. 이 중에서 최근 주목받고 있는

표 8-1 주된 노화설

생물시계설	생물에는 처음부터 노화 프로그램이 정해져 있기 때문에 생물은 그 프로그램에 따라서 노화한다.
세포수명설	세포는 무한히 분열하는 것이 아니라 수명이 있다. 따라서 세포로 구성된 생물에도 정해진 수명이 있다.
유전설①-프로그램설	유전자(DNA) 속에는 처음부터 노화 프로그램이 짜여 있기 때문에 생물은 그 프로그램에 따라서 노화해간다.
유전설②-에러(error)설	유전자(DNA)가 유전정보를 전달할 때 조금씩 착오가 생기는데, 그것을 회복시키는 기능이 나이가 들면서 저하되어 노화현상이 일어난다.
내분비설	나이가 들면서 뇌하수체나 부신피질호르몬 등 호르몬의 분비능력이 저하되어 노화에 이른다.
면역력 저하설	나이가 들면서 몸 전체의 면역력이 저하되어 결국에는 쉽게 병에 걸리게 되는데, 이것이 생물의 노화로 연결된다.
활성산소설	생물의 생존에 필요한 에너지의 생성과정에서 활성산소가 발생되는데, 이것이 생물노화의 원인물질이 된다.
복합요인설	생물의 생존에는 여러 가지 마이너스적인 요인이 있는데, 그것들이 복합적으로 겹쳐져서 노화가 일어난다.

노화의 가설은 활성산소가 노화의 원인이 된다는 '활성산소설'이다.

활성산소설을 활동량과 수명의 관계로서 설명하면 다음과 같다. 즉 코끼리의 평균수명은 약 70년이고, 쥐는 종류에 따라 다르지만 대체로 1년으로 보고 있다. 코끼리와 쥐의 수명은 같은 포유류라도 차이가 매우 크다. 그러나 코끼리와 쥐의 일생동안 뛰는 맥박수는 약 8억 회로 거의 비슷하다. 이것은 쥐의 심장이 코끼리의 약 70배의 속도로 움직이고 있다는 것을 나타내고 있다. 그러나 일생동안 소비하는 세포 또는 조직 1g당 산소의 양은 코끼리나 쥐나 똑같다. 이것은 쥐가 코끼리의 약 70배의 속도로 산소를 소비하고 있다는 것이 된다.

인간도 호기성생물의 일종이기 때문에 당연히 산소를 마시면서 살고 있다. 또한 아주 평범한 공기라고 할지라도 그 속에 산소가 있는 한 활성산소의 해로부터 피할 수는 없다. 사람은 산소를 이용하여 미토콘드리아 내에서 전자를 주고받음(산화와 환원반응)으로써 에너지를 생성하는데, 이때 활성산소가 발생한다. 따라서 생활에서 소비하는 에너지(대사에너지)가 많으면 많을수록 활성산소의 생성도 많아진다. 즉 동물이 활발하게 활동하면 할수록 활성산소의 공격을 많이 받기 때문에 '산소의 소비량이 수명을 결정한다'고 할 수 있다.

2 활성산소의 의미

활성산소가 어떻게 해서 산소로부터 생성되는지를 이해하기 위해서는 먼저 활성산소가 발생하는 현상은 눈에 보이지 않는 분자나 원자상태에서의 반응이라는 사실부터 알아야 한다. 활성산소가 발생하는 메커니즘을 알기 위해서는 분자나 원자에 대한 지식이 있어야 한다. 왜냐하면 분자나 원자의 구조를 알지 못하면 활성산소의 위험성을 충분히 이해할 수 없기 때문이다.

산소(O_2)는 산소원자(O) 2개가 결합하여 1개의 산소분자를 형성하고 있다. 1개의 산소원자(O)는 그 중심에 1개의 핵(원자핵)을 가지며 8개의 전자가 핵 주위를 돌고 있다.

8개의 전자는 K각(1S)에 2개, L각에 6개(2S에 2개, 3P에 4개)로 구성되어 있고, 원자핵의 궤도상을 질서정연하게 돌고 있다. 이 8개의 전자를 짝짓는 관계로 분류해보면 다음과 같다. 즉 1S의 2개, 2S의 2개, 3P의 2개는 짝을 짓고 있지만 3P의 나머지 2개는 각각 '짝이 없는' 상태이다.

각각의 궤도에서 짝을 짓고 있는 원자는 전기(電氣)적으로 안정되어 있다. 그런데 바깥쪽의 2개의 궤도(제4궤도와 제5궤도)에는 전자가 1개씩밖에 없다. 그렇기 때문에 이 궤도상의 전자는 자체 내에서 '또 1개의 전자와 짝짓는' 것이 불가능하

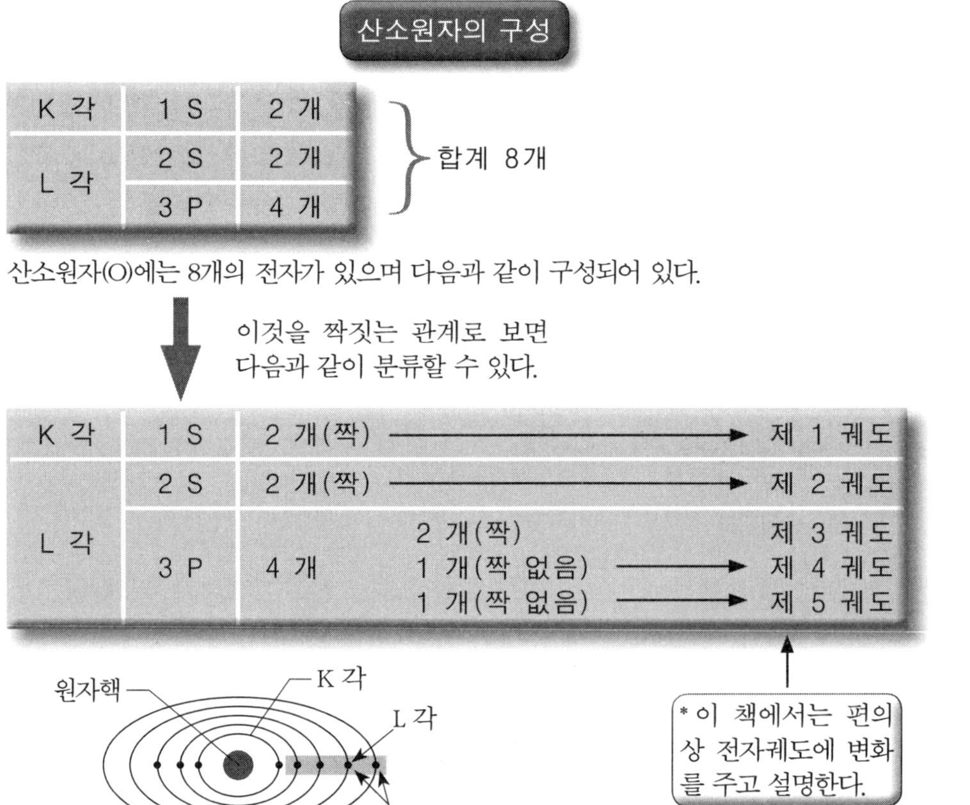

그림 8-1　산소원자의 전자궤도

다. 이처럼 짝짓지 않은 전자를 '홀전자'라고 한다. 따라서 홀전자를 가지는 원자는 불안정한 상태인 것이다. 그리고 산소원자 중에서 산화나 활성산소의 생성에 관계하는 전자는 바깥쪽의 2개의 궤도를 돌고 있는 '홀전자'이다.

다음에는 산소분자에서 활성산소가 어떻게 해서 생성되는지를 살펴본다. 즉 산소(O_2)는 분자형태로 존재하기 때문에 1개의 산소원자(O)는 또 한 개의 산소원자(O)와 결합하고 있다. 그러나 이 산소분자(1개)는 원래 제4궤도와 제5궤도상에서는 각각 1개씩의 전자만 가지고 있다. 그림 8-2에서 산소원자의 제5궤도상에 있는 전자는 상대 원자의 제5궤도상의 전자와 결합하여 짝을 짓는다(언뜻 보기에는 안정된 것처럼 보인다).

그런데 제4궤도상에는 아직 1개의 전자만을 가지고 있다. 즉 제5궤도에는 겉보기에 2개의 전자가 짝을 짓고 있지만 제4궤도상에는 짝짓지 않은 전자(홀전가)가 아직도 존재하고 있어 여전히 짝을 짓기 위해 상대를 찾고 있다. 따라서 산소분자는 매우 불안정한 상태라고 할 수 있다.

이런 불안정한 산소분자가 다른 분자나 원자를 만나면 안정을 찾기 위해 상대로부터 전자(다른 분자의 홀전자나 짝짓고 있는 전자라도)를 빼앗으려고 한다. 즉 상대의 분자 입장에서 보면 '산소분자에게 전자를 빼앗기는' 것이 되어 '산화' 되게 된다. 이것이 산소가 다른 물질을 산화시키는 과정이다. 여기서 '다른 물질과 과격하게 반응하는 물질'을 '라디칼(radical)' 또는 프리라디컬(free radical)이라고 한다. 활성산소도 프리라니컬의 일종이다.

한편, 전자를 빼앗긴 분자는 자신이 홀전자를 가지게 되므로 다른 분자로부터 전자를 빼앗으려는 빈응을 곧바로 일으키게 된다. 이렇게 하여 계속적으로 반응이 일어나서 산화가 진행되는 것이다.

신체내에서는 여러 물질에서 홀전자가 만들어지므로 자연히 프리라디컬의 종류도 여러 가지이다. 예를 들어 안정된 구조를 가신 난백질이 어떠한 이유로 홀전자를 가진 물질이 생기면 이를 단백질래디칼이라고 한다. 산소가 주성분이 되어 홀전자를 가진 물질이 만들어지면 이를 산소라디컬이라고 한다. 산소캐디컬을 우리말로 번역하면 활성산소가 된다. 여러 가지 프리라디컬 중에서 인체내에서 가장

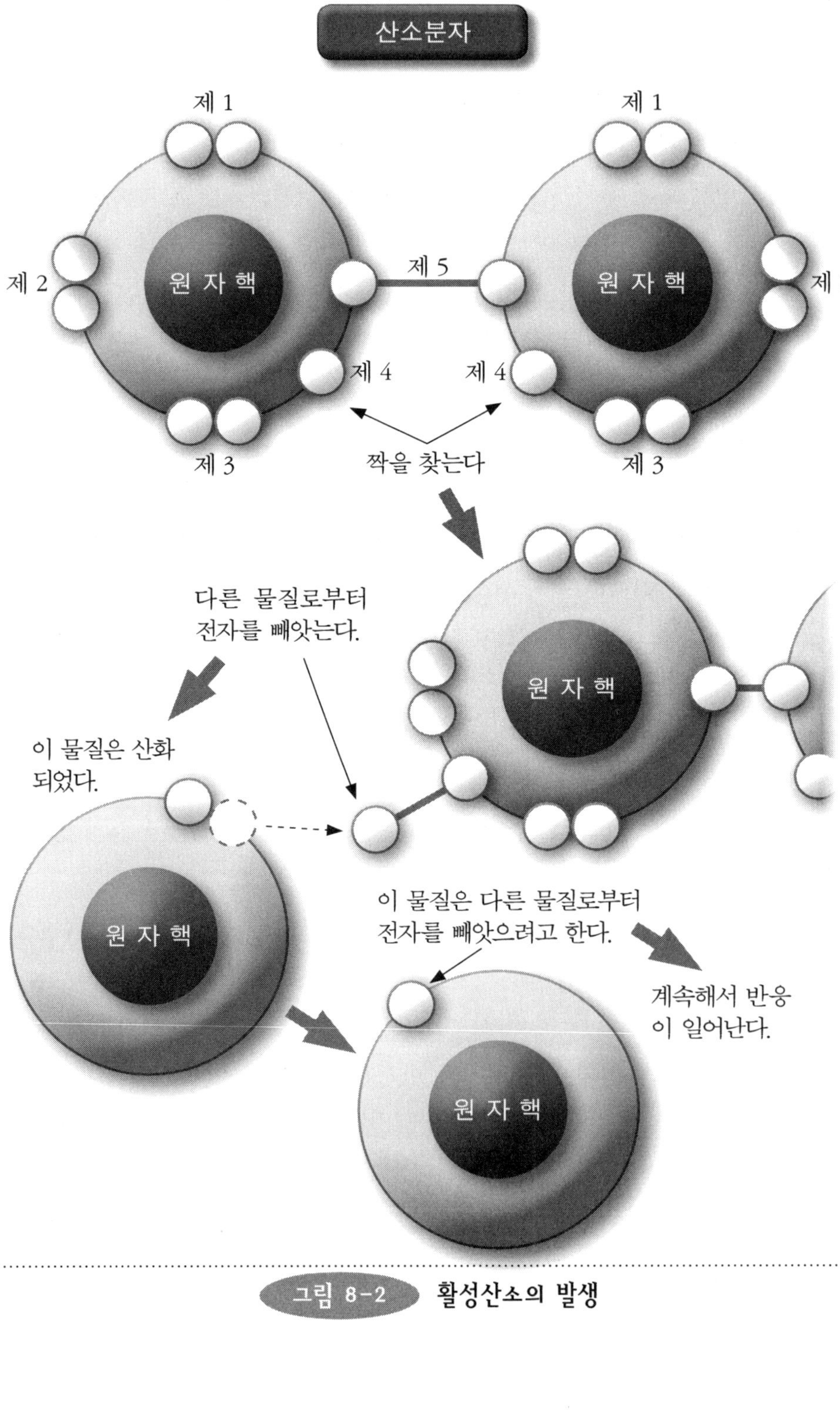

그림 8-2 활성산소의 발생

흔하게 많이 생기며 주목을 받아온 것이 바로 활성산소이다.

인간을 비롯한 지구상의 호기성생물은 대기 중에 20.95% 함유되어 있는 산소를 이용하여 그 생명을 유지해 나가고 있다. 이 산소는 에너지원인 ATP(아데노신 삼인산) 생성에 이용되는데, 이 중에서 수명이 매우 짧으면서도 세균이나 물질의 대사 등 여러 가지 생체내 산화반응에 관여하는 산소종(oxygen species)이 있다. 이러한 것을 총칭하여 활성산소종(reactive oxygen species : ROS)이라고 한다. 이 활성산소종은 생체내에서 생산되어 체내의 이물처리도 하고 있는데, 이 때 그 강력한 산화력으로 생체분자를 공격하여 여러 가지 독성을 나타내는 등, 산소스트레스로서 작용하는 경우가 있다.

산소분자는 상태가 불안정하기 때문에 항상 다른 물질의 전자를 노리고 있다. 산소분자가 어떤 방법을 통해 불안정한 상태를 해소하려고 하느냐에 따라서 생성되는 활성산소의 종류가 달라진다.

여기에서는 주된 4가지 활성산소 생성과정을 설명한다.

① 다른 물질로부터 전자 1개를 빼앗아와서 한쪽 산소원자의 제4궤도에 넣는다→슈퍼옥사이드 라디컬(superoxide radical : $O_2{}^{\cdot-}$) 생성

② 다른 물질로부터 전자 2개를 빼앗아와서 양쪽 산소원자의 제4궤도에 각각 1개씩 넣는다→과산화수소(hydrogen peroxide : H_2O_2) 생성

③ 2개로 결합되어 있는 산소원지의 흰쪽 편 제4궤도상의 전자 1개가 다른 한쪽 편의 제4궤도상으로 들어간다(결과적으로 한쪽 원자의 제4궤도는 비게 된다)→일중항산소(signlet oxygen : $^1O_2$) 생성

④ 산수분자가 분열해서 서로 독립된 산소원자가 되어 각자의 제5궤도에 수소원자의 전자를 1개씩 집어넣는다→하이드록시 라디컬(hydroxy radical : $HO^{\cdot}$) 생성

$O_2{}^{\cdot-}$나 $HO^{\cdot}$에 붙어 있는 ·은 라디컬을 의미하고, 산화환원반응에서 물질 간의 전자교환 때문에 최외곽궤도의 전자가 쌍을 이루지 않는 홀전자를 만들었을 때의 기호이다.

일반적으로 활성산소(active oxygen)와 프리라디컬(free radical)은 혼동되는

일이 많은데, 슈퍼옥사이드 라디컬과 하이드록시 라디컬은 프리라디컬이며 과산화수소나 일중항산소는 프리라디컬이 아니다. 넓은 의미의 활성산소에는 일산화질소, 이산화질소, 오존, 과산화지질 등이 있다. 표 8-2는 생체에 관련이 깊은 활성산소를 정리한 것으로, 여기에는 라디컬과 비라디컬이 있다는 것을 알 수 있다.

일반적으로 활성산소는 불안정하고 반응성이 풍부하며, 생체분자를 공격하는 악역적인 측면이 있다. 그러나 기질의 산화반응이나 산소첨가반응에 이용되거나, 식세포가 탐식한 바이러스나 세균 등의 침입물질을 융해시켜 생체를 방어하는 좋은 역할도 하고 있다. 결국 이것은 생체에서 나쁜 역할과 좋은 역할에 모두 영향을 끼치는 양날의 칼과 같은 성질을 갖고 있다고 할 수 있다.

표 8-2 생체와 관련 깊은 프리라디컬과 비라디컬

라디컬(프리라디컬)		비라디컬	
$HO^\cdot$	하이드록시 라디컬	$^1O_2$	일중항산소
$HOO^\cdot$	하이드로퍼옥시 라디컬	H_2O_2	과산화수소
$LOO^\cdot$	퍼옥시 라디컬	$LOOH$	지질퍼옥시드 (과산화지질)
$LO^\cdot$	알콕시 라디컬	$HOCL$	치아염소산
NO_2	이산화질소	N_3	오 존
NO	일산화질소	$ONOOH$	과산화아질산
$O_2^{\cdot-}$	슈퍼옥사이드 라디컬		

생리적인 상태에서 생체분자는 산화방어기구에 의해 활성산소로부터 보호받으며, 산소스트레스에 노출되는 경우는 거의 없다. 즉 정상적인 생리작용에서 생성되는 활성산소는 그 생성장소·양·타이밍이 잘 조절되고 있고, 합목적적으로 이용된 후 제거되고 있다.

그러나 컨트롤되고 있는 장소에서 벗어나거나 과잉생성, 체외로부터의 직접 침투 등에 의해 제거능력을 넘어서면 생체에 산소스트레스를 준다. 즉 각각 단독 또는 공동으로 상호반응에 의해 생체의 구성성분인 단백질이나 핵산, 지방이나 탄수화물 등을 표적분자로 하여 반응하고, 산화에 의해 이러한 물질을 파괴하거나 반응성

표 8-3 활성산소로 인한 생체내 표적분자의 장애

표적분자	장애
지 질	과산화, 생체막 장애
핵 산	세포회전변화, 돌연변이, DNA사슬 절단, 염기장애
아미노산	단백변성, 중합, 효소억제, 가교결합변성
탄수화물	세포표면 수용기 변화
하이알루론산	해중합
생체내 활성물질	비활성화(α_1안티트립신, 주화성인자, 케미컬 메디에이터, 신경전달물질)

표 8-4 주요 활성산소의 특징

슈퍼옥사이드 라디컬($O_2 \cdot^-$)	다른 물질로부터 빼앗은 전자 1개가 산소분자의 한쪽 편 제4궤도상으로 들어간 유형의 활성산소를 '슈퍼옥사이드 라디컬'이라고 한다. 이것은 체내에서 산소분자로부터 처음으로 생성되는 활성산소로서 대량으로 발생한다. 이 유형은 세포 내에서 미토콘드리아가 산소로부터 에너지를 생성할 때 발생한 것이기 때문에 우리의 삶에서 슈퍼옥사이드 라디컬의 발생은 피할 수 없다.
과산화수소 (H_2O_2)	과산화수소는 산소분자가 다른 분자로부터 전자 2개를 빼앗아와서 그 전자를 양쪽 산소원자의 제4궤도상에 각각 1개씩 넣은 유형이다. 이것은 슈퍼옥사이드 라디컬이 물분자(H_2O)와 반응함으로써 생성된다. 과산화수소는 산소분자의 모든 궤도상에 2개씩의 전자가 들어 있어 홀전자를 갖지 않기 때문에 '라디컬'은 아니다. 그러나 과산화수소는 극히 불안정한 물질로서 아주 작은 계기로도 전자를 방출하기 때문에 '프리라디컬'의 한 종류라고 볼 수 있다.
일중항산소 ($^1O_2$)	일중항산수는 산소원자의 한쪽편 제4궤도상에 있는 1개의 전자가 다른 한쪽의 제4궤도상으로 들어가는 것이며 홀전자는 갖지 않는다. 그렇게 되면 산소원자의 한쪽편 제4궤도에는 전자가 존재하지 않는 형태가 된다. 따라서 일중항산소는 '라디컬' 은 아니지만 전자를 갖지 않는 궤도가 있기 때문에 산화력이 강한 활성산소로 작용하게 된다. 싱글레트 옥시젠은 방사선(X선)이나 자외선의 공격을 받으면 체내에서 대량으로 발생되며 피부암을 비롯한 여러 가지 암을 일으키는 매우 위험한 활성산소이다. 물론 여성 피부의 큰 적이 된다.
하이드록시 라디컬($OH \cdot$)	하이드록시 라디컬은 산소분자(O_2)가 분열하여 서로 독립된 2개의 산소원자(O)가 되어, 각각의 산소원자의 제5궤도에 수소원자(H)의 전자를 1개씩 넣는다. 하이드록시 라디컬은 1개만으로도 50%의 사망률로 사람을 죽게 할 만큼 강한 산화력이 있다고 한다. 이것은 성인병이나 암을 일으키며 노화를 앞당기는 가장 위험한 활성산소이다.

이 풍부한 물질로 바꾸는 등 여러 가지 독성을 나타내고 있다(표 8-3). 그리고 세포에 장애를 주어 질병, 발암, 노화 등과 관련된 나쁜 작용에도 관여하고 있다.

유리기(遊離基, free radical)

1개 이상의 홀전자를 갖는 화학종을 말하며 라디컬 또는 자유라디컬이라고도 한다. 유리기는 일반적으로 불안정하여 단리할 수 있는 것이 적으며, 반응이나 분해의 반응 중간물로서 상정되는 것이 많다. 유리기가 관여하는 화학반응은 다음과 같다.

① 분해반응……한 화합물이 나누어져 두 가지 이상의 각각 다른 간단한 화합물로 되는 반응
② 산화환원반응……전자의 이동을 수반하는 반응으로 산화와 환원이 짝을 이루어 동시에 일어나는 반응
③ 치환반응……화합물 분자에 포함되는 원자 또는 원자단이 다른 원자 또는 원자단으로 바꾸어지는 반응
④ 첨가반응……유기화학에서 같은 종류 또는 다른 종류의 화합물이 직접 결합하여 1개의 새로운 화합물을 생성하는 반응
⑤ 중합반응……같은 화합물의 분자 2개 이상이 결합하여 분자량이 큰 다른 화합물이 되는 것

3 생체에서의 활성산소생성

생체내의 활성산소는 생리적으로 일어나는 효소나 금속의 반응에 의해 생산되기도 하고, 허혈이나 스트레스 등 병적 상태, 자외선이나 방사선 등의 조사(照射)에 의해 생기는 경우가 있다. 또한 현대에는 그림 8-3와 같이 세균이나 바이러스 등의 병원체의 침입, 오존층의 파괴에 의한 자외선의 증가, 대기오염, 화학물질에 의한 환경과 식품 오염 등에 의해 활성산소나 프리라디컬, 그 전구물질을 체외에서 직접 흡수하거나 체내에서 과잉 생성하는 요인을 증가시키고 있다.

다음에 대표적인 생체내 활성산소의 생성 및 과잉생성 기전을 설명한다.

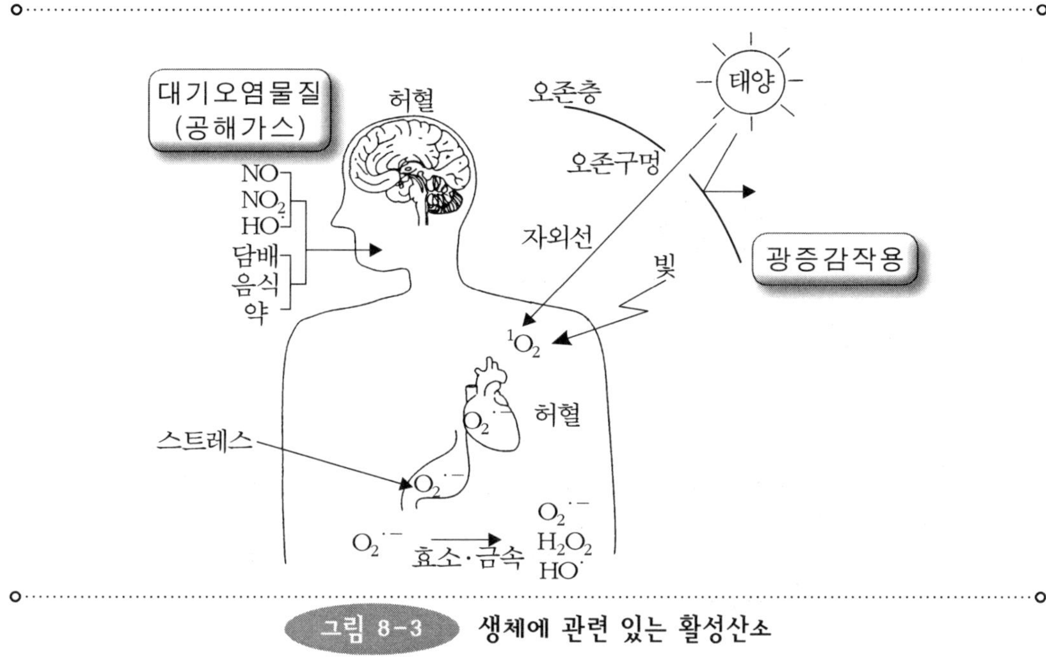

그림 8-3   생체에 관련 있는 활성산소

1) 허혈-재환류

혈액이 조직에 충분히 공급되지 않는 경우, 그 조직은 최종적으로 세포사에 이른다. 그러나 허혈상태 후에 급격히 산소가 공급되면 위중한 조직장애가 일어난다. 즉 허혈부위에서는 ATP에서 나오는 분해물인 하이포크산틴(hypoxanthine)이 축적되고, 동시에 정상조직 속에 존재하는 효소, 크산틴탈수소효소(xanthine dehydrogenase : XDH)가 O_2를 생성하는 크산틴옥시다제(xanthine oxidase : XOD)로 변환한다.

혈류가 재개되어 O_2가 공급되면 기질 하이포크산틴, XOD, O_2가 공존하게 되어 다량의 O_2^-와 $HO^˙$를 생성하고, 조직에 산소장애를 가져온다. 또한 허혈-재환류 시에는 호중구 침윤이 현저해지는 경우가 많고, 호중구에서 생산되는 활성산소의 관여를 생각해 볼 수 있다(그림 8-4).

운동 시에 혈류는 주로 근조직에 공급되기 때문에 다른 장기, 특히 간, 신장, 장관의 혈류는 저하된다. 운동 후에는 혈류가 개선되어 허혈-재환류상태가 일어난다고 볼 수 있다. 또한 운동 직후의 근조직에는 호중구를 중심으로 한 염증세포의 침윤이 생기는데, 그것이 근손상의 원인이 된다.

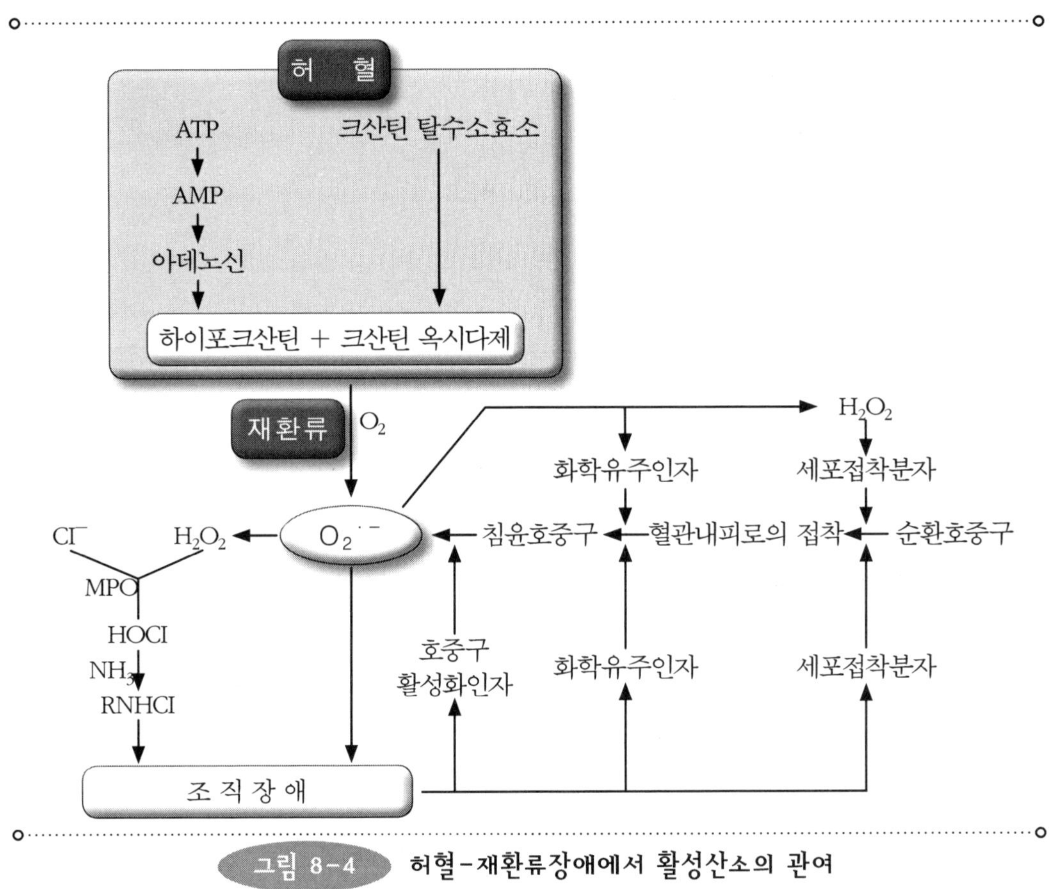

그림 8-4 허혈-재환류장애에서 활성산소의 관여

2) NADPH 옥시다제

NADPH oxidase(NADPH 산화요소)는 호중구와 대식세포, 단구와 호산구 등 식세포 전반에 존재하고, 세포막에 모여 있는 효소이며, NADPH 결합부위는 세포막의 내측(세포질측)에 모여 있다. 식세포의 표면이 세균이나 항원-항체복합체 등으로 자극되면 NADPH 옥시다제가 $O_2^{\cdot-}$를 생성한다. 이 $O_2^{\cdot-}$는 H^+가 있으면 2분자의 $O_2^{\cdot-}$에서 1분자의 H_2O_2와 1분자의 O_2를 만든다. 또한 소량의 천이금

속(transition metal)이 있으면 HO^-로 변환된다. 그리고 H_2O_2는 미엘로퍼옥시다제(myeloperoxidase：MPO)를 촉매로 하여 ClO^-(산화염소)를 만든다. 이러한 H_2O_2와 ClO^-에 의해 세균 등의 침입물질을 죽일 수 있다.

한편, 이 효소는 세포막상에 존재하기 때문에 일부의 $O_2^{·-}$는 세포 외로도 방출되는데, 세포 내에서 방출된 $O_2^{·-}$는 효소적 소거를 받기 어렵기 때문에 더 오래 존재한다. 특히 염증부에서는 호중구나 대식세포에서 생산되는 $O_2^{·-}$가 세포 외로 방출되기 때문에 주변조직장애의 원인이 되고 있다.

NADPH oxidase(NADPH 산화요소)

$NADPH + 2O_2 = NADPH^+ + 2O_2^-$의 화학반응을 촉매하는 산화환원효소의 한 종류이다. 이 반응은 호산구, 단핵식세포에서 호흡방출의 일부이며, 이 반응으로 식세포의 살균계에서 산화제 작용하는 수퍼옥사이드(superoxide)를 생성한다. 이 효소계의 유전적 결핍은 만성육아종성질환을 유발한다.

플라보단백(flavoprotein)

보결분자족으로서 플라빈뉴클레오타이드를 함유한 효소. flavoenzyme

---

3) 미토콘드리아에서의 $O_2^{·-}$ 생성

미토콘드리아는 NADH(nicotinamide adenine dinucleotide hydrogen) 또는 석신산(succinic acid)으로부터 전자를 내막에 존재하는 전자전달계에 차례로 보내고, 마시막으로 O_2에 전달하여 H_2O를 만드는 과정에서 에너지원인 ATP를 효율적으로 생산한다. 그림 8-5와 같이 이 전자전달계 안의 NADH와 NADH 디하이드로나제 부분, 플라보단백(flavoprotein)과 유비키논(ubiquinon：CoQ, 보효소 Q) 부분 등 2군데에서 각각 1선자 환원에 의해 $O_2^{·-}$ 및 H_2O_2가 생긴다. 이 미토콘드리아에서 생성되는 H_2O_2의 대부분은 $O_2^{·-}$의 불균화반응에 의해 생긴다.

운동 시에 전신의 산소소비량은 운동의 종류에 따라 다를 수 있지만, 안정 시의 10~20배, 활동근에서는 약 10~40배로 증가하기 때문에 활성산소 생성도 증

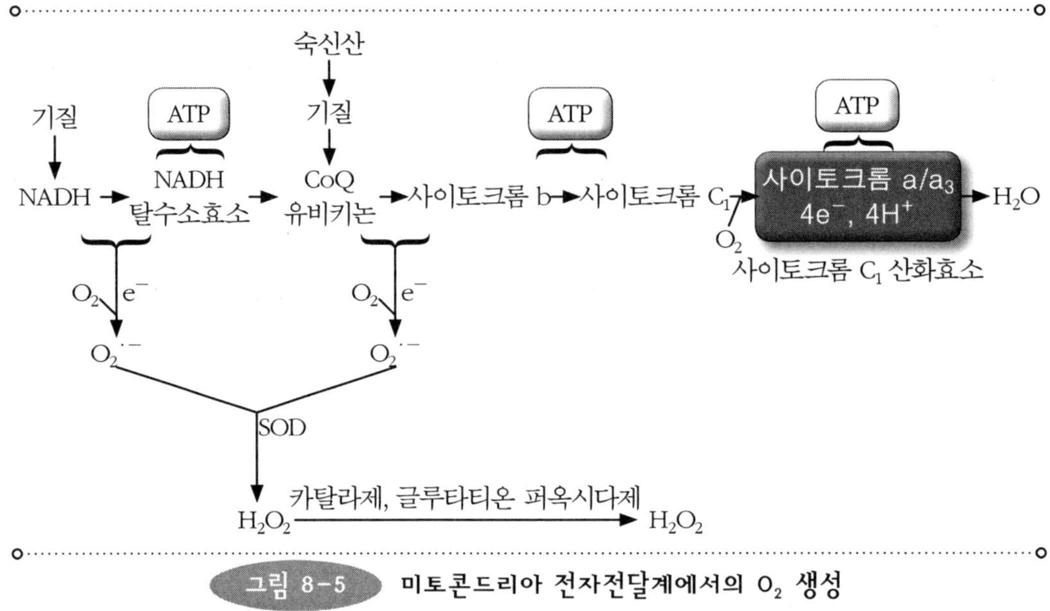

그림 8-5 미토콘드리아 전자전달계에서의 O_2 생성

가한다.

4) 마이크로솜에서의 $O_2^{\cdot-}$ 생성

마이크로솜(microsome, 조면소포체)은 원형질막, 소포체 및 핵막이 절단된 과립이다. NADPH-사이토크롬 P450 환원효소계가 여러 가지 약물대사(해독작용)에서 중요한 기능을 담당하고 있는데, 이때 $O_2^{\cdot-}$가 발생하고, 마이크로솜을 구성하는 인지질에 함유되어 있는 다가불포화지방산을 과산화한다.

5) 과산화지질의 생성

세포막의 성분인 지질은 활성산소와 가장 반응을 잘 하고, 또한 그 생성부위에 위치하고 있다. 활성산소가 장애를 일으킬 때에는 직접 핵산이나 단백질에 손상을 주는 경우와 과산화지질 생성을 거치는 경우가 있다.

지질과 활성산소와의 반응에 의해 다양한 생체작용을 갖는 과산화지질이 생성된다. 하이드록시라디컬(hydroxyradical：HO˙)과 하이드로퍼옥시라디컬 (hydroperoxyradical：HOO˙), 철−산소 착물은 불포화지방산의 자동산화(라디 컬연쇄반응)의 개시인자로서 작용한다. 퍼옥시라디컬(peroxyradical：LOO˙)은 연쇄운반체로서 기능하고, 생성물인 과산화지질(LOOH, 지질과산화물)은 반응 성이 높은 알콕시라디컬(alcoxyradical：LO˙) 등의 발생원으로서 존재한다. $^1O_2$ 는 불포화지방산과 높은 반응성을 갖고 있지만 연쇄는 일어나지 않고, 생성되는 LOOH의 이성질체 조성도 다르다.

　생체내에서 직접 활성산소를 측정하는 것은 어렵지만, 생성된 지질의 과 산화반응 물질은 안정성을 갖고 있기 때문에 타이오바르비투르산 테스트 (thiobarbituric acid test)와 고성능액체 크로마토그래피(high performance liquid chromatography：HPLC)를 이용한 과산화지질측정법이 확립되어 있다.

4 활성산소의 제거

　생체내에 있는 활성산소는 세포 내외의 여러 곳에서 생성되고 있다. 이것이 제 어불능인 상태로 존재하면 생체는 산화스트레스에 의해 치명적 장애를 받아 생존 할 수 없게 된다. 그 때문에 호기성 생물은 진화과정에서 산화 스트레스를 견디기 위한 항산화기구나 산화장애 수복기구를 획득해 왔다. 즉 ① 활성산소의 생성을 억제하는 기구(예방적 항산화물), ② 생성된 활성산소를 신속히 제거하는 기구(라 디컬 포착형 항산화물), ③ 장애를 받은 DNA, 지질, 단백질을 수복·재생하는 기 구(수복재생기구)의 3단계로 된 정교한 방어기구에 의해 스스로를 지키고 있다.

　산소장애는 활성산소가 그 수명 내에서 방어기구에 의해 제거되지 않고, 표적 분자와 반응함으로써 생긴다. 활성산소는 반응성이 풍부하고 표 8−5에 나타난 것처럼 수명이 짧으며 연쇄적인 반응을 일으킨다. 그러므로 발생한 장소에서 신속 히 제거하는 것이 중요하다. 산화방어계를 담당하는 항산화물질은 세포 내외에 존

표 8-5 활성산소의 수명

종 류	화학기준	반감기, 37℃, 초
슈퍼옥사이드 애니온 라디컬	$O_2^{\cdot-}$	1×10^{-6}
하이드록시 라디컬	$HO^{\cdot}$	1×10^{-9}
알콕시 라디컬	$LO^{\cdot}$	1×10^{-6}
퍼옥시 라디컬	$LOO^{\cdot}$	1×10^{-2}
일중항산소	$^1O_2$	1×10^{-6}
산소분자	O_2	$>10^2$

재하고 있다. 이러한 항산화물질은 효소적 방어계와 비효소적 방어계로 크게 나눌 수 있다.

1) 효소적 방어계

슈퍼옥사이드 디스뮤타제(superoxyde dismutase : SOD)는 반응성은 약하지만 다른 활성산소의 전구체로서 특히 중요한 $O_2^{\cdot-}$의 제거를 행하는 효소이

표 8-6 세포 내 항산화물질과 그 특징

효소적 방어계	
슈퍼옥시아드 디스뮤타제(SOD)	전 세포에 존재. $2O_2^{\cdot-}+2H^+\rightarrow H_2O_2+O_2$ CuZn-SOD는 세포질, 절결구 내. Mn-SOD는 미토콘드리아에 모여 있다.
카탈라제(CAT)	퍼옥시솜, 적혈구 내 과산화수소분해 $2H_2O_2\rightarrow H_2O+O_2$
글루타티온 퍼옥시다제(GSH-Px)	과산화지질, 과산화수소분해, 세포질에 약 75% $LOOH+2GSH\ LOH\ H_2O\ GSSG$ $H_2O_2\ 2GSH\ H_2O\ GSSG$
비효소적 방어계 : 저분자화합물	
글루타티온 (환원형 : GSH, 산화형, GSSG)	세포 내외에서 친수성의 주요 항산화저분자화합물 세포 내 농도는 2~10mM 다른 분자의 SH기를 환원상태로 유지
비타민 E(α 토코페롤)	지용성이고 세포막 항산물질로서 작용
비타민 C(토코페롤)	친수성의 환원물질, 비타민 E와 공동으로 작용한다

다. SOD에서는 활성중심에 있는 금속(동, 망간)이 그 산화-환원 사이클에 의해 $O_2^{\cdot-}$를 불균화(dismutation, 不均化)하여 과산화수소와 산소로 분해한다. SOD는 $O_2^{\cdot-}$가 생성되는 장소와 세포소기관에 많다. 이것은 $O_2^{\cdot-}$의 수명이 짧고 확산거리도 짧다는 점, 생체막을 통과할 수 없다는 점 때문에 $O_2^{\cdot-}$가 생성되는 곳에 SOD가 존재할 필요가 있다는 점을 반영하고 있다고 생각된다.

SOD의 $O_2^{\cdot-}$ 제거반응은 과산화수소 생성을 동반한다. H_2O_2는 그 자신이 산소독성을 갖고 있고, 생체막을 쉽게 통과할 수 있으며, $HO^{\cdot}$의 생성원이 될 수 있으므로 SOD가 효과적으로 기능하기 위해서는 뒤에 설명하는 H_2O_2 제거계의 존재가 필요하다.

카탈라제(catalase : CAT)는 세포 내 과립의 퍼옥시솜(peroxisome)에 모여 있고, 적혈구·간·신장에 많으며, 그 분포는 다양하다. 또한 CAT는 불균화반응을 촉매하고, H_2O_2를 물로 분해한다.

글루타티온 페록시다제(glutathione peroxidase : GSH-Px)는 세포 내에서

표 8-7 세포 외 항산화물질과 그 특징

효소적 방어계	
세포외 SOD	세포 외의 슈퍼옥사이드 디스뮤타제
(EC-SOD)	반응은 세포외 SOD와 동일, 혈관 내 표피세포와 혈액 중
비효소적 방어계 : 비효소단백계	
셀룰로플라스민	동이온의 킬레이트(chelate)화
트랜스페린	철이온의 킬레이트화
페 리 틴	철이온의 킬레이트화
락토페린	철이온의 킬레이트화
알 부 민	SH기를 가지며, 혈액 중에서는 주요한 SH단백이다. 비릴루빈복합체는 강한 항산화 능력을 갖는다.
비효소적 방어계 : 저분자화합물 등	
비릴루빈	알부민과 결합하여 항산화작용
요 산	크산틴 디옥다제의 대사산물이고 $HO^{\cdot+}$에 항산화작용
글루타티온	표 8-6 참조
비타민 C(아스코르브산)	표 8-6 참조

SOD에 의한 불균화에 의해 생기는 H_2O_2로 환원되어 제거하는 역할과, 막지질구성지방산 및 유리지방산의 지질과산화물(LOOH)을 환원하고, 대응하는 알코올(LOH)로 변환함으로써 세포 내 구성성분을 산화적 변성으로부터 지키는 역할을 담당하고 있다.

2) 비효소적 방어계

(1) 비효소단백계

세룰로플라스민(ceruloplasmin : CP)은 세포외액에 존재하고, 1분자당 1분자의 $O_2^{\cdot-}$를 비효소적·화학량적으로 제거한다. 이 동결합단백질은 지질의 라디컬연쇄반응의 개시에 관여하는 2가철이온을 산화하여 3가철이온으로 만듦으로써 생체막의 지질과산화 및 세포장애를 막고 있다. 트랜스페린(transferrin)이나 락토페린(lactoferrin)은 CP와 공존하며 2가철의 생성을 간접적으로 저해하고 있다.

(2) 저분자화합물

수명이 짧은 활성산소는 저분자화합물에 의해 제거된다. $^1O_2$, $HO^{\cdot}$와 같이 반응성이 높고 수명이 짧은 경우 단백질이나 DNA에서 볼 수 있듯이, 생성된 곳에서 가까운 위치에 있는 잔기를 공격하여 부위특이적(site-specific)인 손상을 준다. 따라서 막에 결합되어 있는 지질산화물 및 수명이 짧은 활성산소의 제거는 단백질과 같은 고분자에서는 사실상 불가능하고, 저분자화합물이 담당하고 있다. 지용성 비타민 E는 주로 막 중에 존재하고, 생체막 안에서 발생한 활성산소의 제거작용을 하며, 수용성 비타민 C는 세포질이나 세포외에 존재하고, 막 바깥에서 활성산소를 제거하고 있다.

운동부하에 의한 지질과산화 반응이 비타민 E 섭취에 의해 억제된다는 보고도 있고, 불포화지방산의 라디컬연쇄반응에 대해 비타민 E와 C는 항산화제로서 서로 협력하고 효율적으로 기능하고 있다(그림 8-6). 세포막은 지질이 이중층을 이루어 규칙적으로 배열되어 있다. $HO^{\cdot}$와 $HOO^{\cdot}$, 철-산소착물 등이 라디컬 연쇄반응의 개시인자로서 작용하고, 막을 구성하는 지질의 전자가 떨어지면 규칙적으로

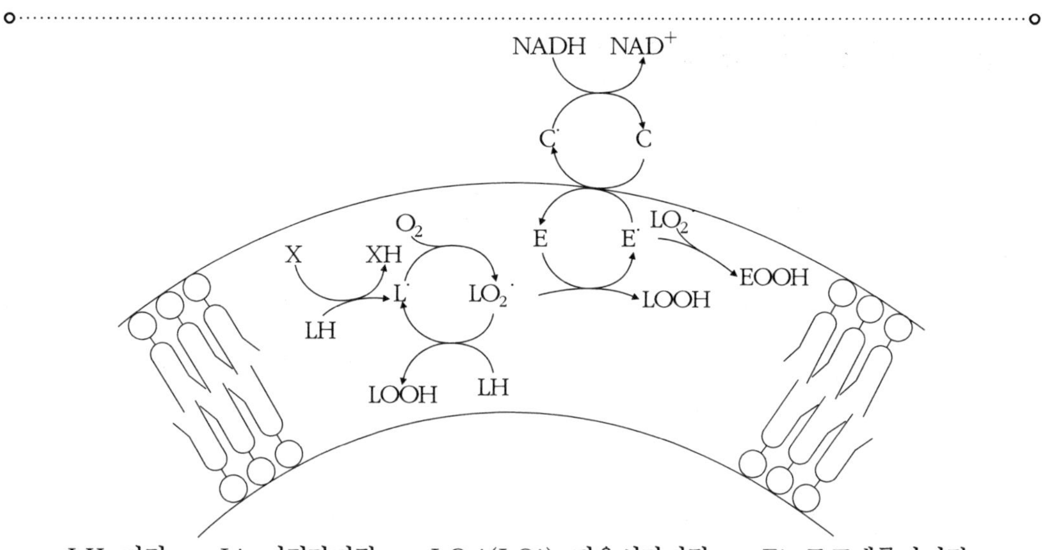

LH : 지질,   L· : 지질라디컬,   LO₂·(LO·) : 퍼옥시라디컬,   E· : 토코페롤라디컬
LOOH : 지질퍼옥시드(과산화지질),   C· : 모노디하이드로 아스코르브산

그림 8-6   **세포막의 지질과산화에서 비타민 C와 비타민 E의 상승적 항산화작용**

늘어서 있는 세포막에 지질라디컬이 생기며, 세포막내에서 라디컬의 연쇄반응이 일어나고, 세포막은 과산화지질로 변성하여 중요한 기능을 잃고 파괴되어 버린다.

비타민 E는 세포막 안에 생긴 지질라디컬을 받아들여 비타민 E 라디컬(E·)이 되어 라디컬 연쇄반응을 멈춘다. 그리고 세포막의 바깥쪽에 기다리고 있는 비타민 C에 라디컬(·)을 옮겨 원래의 비타민 E로 돌아간다. 그렇게 하여 생성된 비타민 C 라디컬(C·)은 모노디하이드로 아스코르브산(monodehydro ascorbic acid) 환원효소에 의해, 또는 자발적 불균화반응에 의해 비타민 C와 디하이드로 아스코르브산으로 변한다. 그러므로 음식으로 충분한 비타민 C를 섭취하면 비타민 E의 항산화효율을 높일 수 있기 때문에 운동선수에게는 소요량 이상의 섭취가 권장되고 있다.

5 운동과 활성산소

운동 시의 활성산소 생성기구에는 산소섭취량의 증대에 따른 전자전달계에서의 $O_2{}^{\cdot-}$ 생성의 증가, 허혈-재환류에 의한 $O_2{}^{\cdot-}$ 생성, 기계적인 골격근손상 시의 호중구에서 유래하는 물질, 운동 시에 과환기에 동반하는 대기오염물질의 직접흡입, 운동에 의해 분비항진하는 카테콜아민산화 시의 활성산소발생 등을 들 수 있다. 이렇게 운동에 의해 생체 내에서 활성산소 생성항진을 예상할 수 있다. 그러나 그 장애는 활성산소생성이 항산화방어기구를 상회했을 때에 생긴다고 볼 수 있다.

또한 최대운동보다 약한 운동에서는 운동의 종류와 양식 등의 차이에 따라 결과가 다르지만, 20~30분 정도의 급성운동부하에서 생체내의 지질과산화반응에 영향을 미치지 않는 것은 최대산소섭취량의 80% 정도의 부하강도까지이고, 그 이상의 부하강도에서는 급격히 지질과산화반응이 생긴다고 보고되고 있다(그림 8-7). 백혈구를 지표로 한 경우에도 운동부하가 심해질수록 지구성운동에 동반하는 호중구의 활성산소 생산능력도 상승하는 현상을 볼 수 있으며 LT수준의 부하에서도

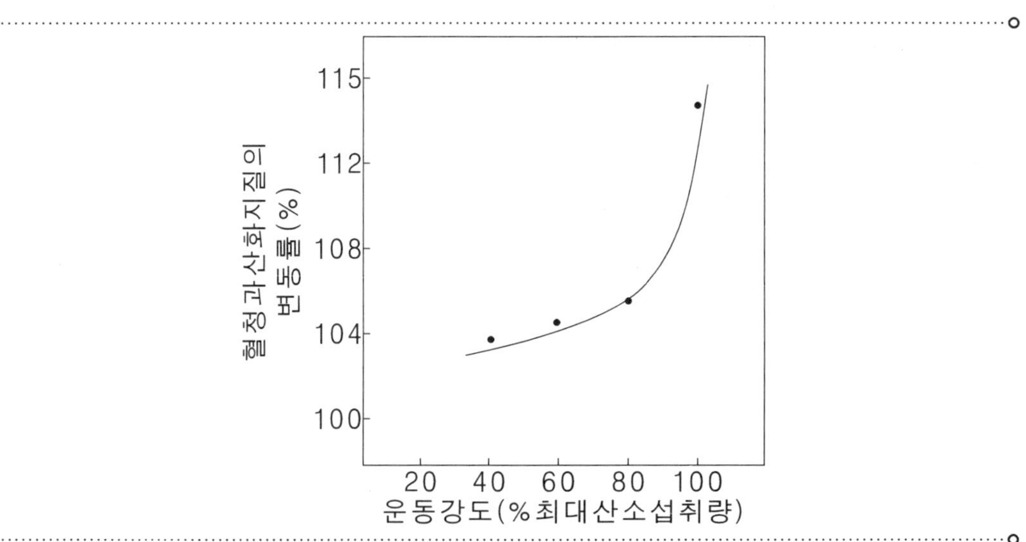

그림 8-7 운동강도와 혈청과산화지질 변동률의 관계

계속시간이 1시간을 넘어섰을 때부터 호중구의 선택적 동원이 현저해진다.

　$O_2^{\cdot-}$의 발생에 따라 유도되는 효소 SOD, H_2O_2와 과산화지질의 제거효소 카탈라제, 글루타티온 퍼옥시다제(glutathione peroxidase : GSH-Px) 등 산화방어효소계는 급성 운동부하시의 활성산소와 과산화지질에 연동되는 변화를 보여주고, 이들의 과도한 생성을 억제하고 있다.

항산화제 효과에 관한 연구 결과

- **노화예방효과** : 노화예방에는 유전, 식습관, 운동, 항산화제, 호르몬 등이 관련되지만, 이들이 서로 복잡하게 얽혀 있으므로 어떤 한 가지만이 효과가 있다고 말할 수는 없음
- **심혈관질환의 예방효과** : 동맥경화증을 일으키는 성분으로 프리라디컬에 의한 지질의 변질 성분, 일부 포화지방산, 콜레스테롤, 동맥경화증을 억제하는 성분으로 항산화제, 생선기름, 신선한 다가불포화지방산, 섬유소, 구리, 망간, 아연, 셀레늄, 등푸른생선기름 성분인 오메가3 지방산은 혈중지질을 좋게 만들고 혈소판이 엉기는 것을 억제함.
- **뇌혈관질환의 효과** : 중풍 예방 목적으로 의사들에 의하여 가장 많이 처방되는 약은 저용량의 아스피린. 아스피린과 함께 400단위 정도의 비타민 E를 같이 주면 중풍 발생이 더 감소됨.
- **각종 암 예방 효과** : 자궁경부암의 초기에 베타카로틴을 먹으면 약 70%에서 병의 진행이 억제됨.
- **면역기능증진효과** : 프리라디컬 생성과 프리라디컬의 제거 사이의 균형은 면역세포의 기능에 중요함.
- **백내장 및 눈의 노화예방효과** : 항산화성분을 많이 안 먹는 것은 노인성백내장 발생요인의 하나. 하지만 흡연, 약물, 대기오염도 중요한 유발 요인임.
- **운동과 흡연 피해의 예방효과** : 규칙적이고도 적당한 운동, 항산화제가 풍부한 식습관은 활성산소에 대한 저항력을 높여, 심한 운동 후에는 오히려 프리라디컬 생성이 증가됨.
- **각종 신경질환, 치매에서의 효과** : 프리라디컬의 공격에 가장 예민한 조직이 바로 신경계. 신경조직은 다른 조직에 비해 지질이 풍부한 막으로 둘러싸여 있기 때문. 신경경화증, 어혈증 등의 질환은 항산화 방어능력을 증강시킴.
- **남성 불임증에서의 효과** : 프리라디컬은 정자에 손상을 줄 수 있으므로 불임증의 요인이 됨.
- **갱년기여성 치료제인 여성호르몬의 항산화제 효과** : 갱년기에서 사용되는 에스트로겐은 많은 여성들의 골다공증 예방 치료제. 이 호르몬은 골다공증 예방효과 못지 않게 심혈관질환 발생감소 효과도 있음.
- **호흡기질환에서의 효과** : 흡연으로 인한 프리라디컬 생성이 항산화능력을 초과한 경우는 만성 폐질환의 발생요인이 됨.
- **유전자에 대한 항산화제의 영향** : 유전인자가 세포 내 대사물질의 산화-환원상태에 따라 영향을 받으며, 항산화제 투여가 영향을 줌

　트레이닝에 따른 항산화방어기구의 적응에 관한 연구에서는 트레이닝을 해 온 사람이나 동물의 혈중에 비타민 E(토코페롤)와 산화방어효소가 현저히 증대하고 있고, 최대운동 종료후의 혈중치오바르비탈산 반응물질(thiobarbituric acid reactive substances : TBARS)의 증가를 억제하고 있다.

　산소스트레스가 적응가능 범위 내라면 스트레스에 적응하기 위해 단백질이 유도합성된다. 여기에는 제거효소와 저분자화합물 합성뿐만 아니라, 활성산소억제를 위해 표적분자의 수복이나 de novo합성(nucleotide 신생합성경로를 de novo pathway라고 하며, 간단한 전구체에서 뉴클레오타이드와 같은 생체분자를 만드는 경로임)을 위한 단백질이 유도합성된다고 할 수 있다.

6 항산화제 역할을 하는 영양소

1) 무 기 질

　무기질은 철, 동, 망간, 칼슘, 인 등과 같은 광물로 체내에서 생리기능을 조절하는 역할을 하며 우리의 몸에 없어서는 안될 영양소이다. 무기질이 부족하면 몸에 이상이 생기고, 너무 많이 섭취하면 그 독성이 문제가 된다. 따라서 무기질의 섭취에 충분히 주의를 기울여야 한다. 그러나 일상생활에서 신선한 채소, 육류, 생선을 균형있게 섭취한다면 특별히 문제될 것은 없다.

　셀레늄, 망간, 철, 아연, 동, 마그네슘 등의 무기질은 항산화제로서 효소의 기능을 지원하는 역할을 하는데, 이것을 '미량무기질'이라고 한다. 특히 셀레늄은 항산화제의 조효소로서 중요한 물질이다. 셀레늄은 일반적으로 잘 알려져 있지 않지만 활성산소에 대한 관심이 높아짐에 따라 효소의 기능을 지원하는 항산화제로서 주목을 받고 있다.

2) 단 백 질

　단백질은 우리가 살아가는 데 필요한 에너지원일 뿐만 아니라 근육, 혈액, 각종 호르몬이나 효소의 원료가 되는 중요한 영양소이기도 하다. 단백질을 너무 많이 섭취하거나 너무 부족하면 여러 가지 장애가 나타난다.

　대표적인 항산화제인 SOD, 카탈라제, 글루타티온 퍼옥시다제는 효소이기 때문에(효소의 주성분은 단백질이다) 당연히 단백질로 이루어져 있으며, 또한 항산화제인 트랜스페린이나 셀룰로프라스민 등의 금속결합 단백질도 그 성분이 단백질로 이루어져 있다.

　양질의 단백질을 섭취하지 않으면 세포 자체의 활력이 약해진다. 또한 단백질이 부족하면 항산화제의 생산이 저하되어 체력도 떨어진다. 항산화제 이외에도 중요한 효소들이 많이 있는데, 이것들도 모두 단백질로 이루어져 있다. 예를 들면 섭취한 영양소 중 비타민이나 무기질이 체내로 흡수되도록 도와주는 것도 효소이다. 이 효소는 장(腸)의 영양흡수세포의 신진대사를 촉진한다. 또한 사람의 체온(37℃ 전후)에서 섭취된 음식물이 연소하여 에너지가 되는 것도 효소의 활동에 의한 것이다.

　항산화제인 비타민 E의 활동에도 단백질이 필요하다. 산화된 비타민 E를 환원시켜 활성을 부여하는 것은 비타민 C도 있지만 '시스틴(cystine)'이라는 물질도 있다. 시스틴은 달걀의 단백질에 함유되어 있으며 황을 포함하는 아미노산의 한 가지이다.

　이처럼 단백질이 부족하면 항산화제가 제 역할을 다하지 못할 뿐 아니라 영양소의 흡수도 불가능하게 되어 만성 영양부족이 된다. 영양 흡수세포의 대사는 나이가 들면서 쇠퇴해지기 때문에 중년 이후에는 필수적으로 양질의 단백질을 섭취해야 한다. 충분한 채소와 함께 양질의 단백질원인 육류나 생선을 섭취하고 우유나 치즈 등도 균형있게 섭취해야 한다.

3) 비 타 민

체내에서 만들어지는 효소계통의 항산화제만으로는 활성산소의 공격으로부터 몸을 방어할 수 없다. 따라서 음식물을 통해 항산화제를 보충해야 한다. 비타민은 효소계통의 항산화제를 도와줄 뿐 아니라 자신도 활성산소에 대항하는 항산화제가 된다.

비타민에는 비타민 A, B군, C, D, E, K 등이 있다. 비타민 C는 수용성으로 세포 바깥쪽이나 세포질, 미토콘드리아 내의 물속에 용해되어 있다. '감기부터 암까지' 그 광범위한 효용성이 높이 평가되는 만능형 비타민인 동시에 슈퍼옥사이드 라디컬, 과산화수소, 일중항산소에 대항하는 항산화제이다.

또한 비타민 C는 산화된 비타민 E나 요산(尿酸)에게 전자 1개를 내주어 그것들의 환원을 돕는 역할도 한다. 비타민 C가 산화되어 비타민 C 라디컬이 되면 비타민 B군의 니코틴산이 비타민 C를 환원시킨다. 또한 비타민 C는 면역, 해독, 호르몬 생성에도 큰 역할을 한다.

비타민 E(토코페롤)는 기름에 용해되는 성질이 있으며 불포화지방산이 주원료인 세포막이나 핵막 등의 생체막 속에 존재하고 있다. 천연 비타민 E에는 α(알파), β(베타), γ(감마), δ(델타)의 네 형태가 있으며 그중에서도 α형이 항산화제로서 가장 우수하다. 항산화능력에 있어서는 β형이 α형의 30%, γ형이 α형의 10%, δ형이 α형의 2% 정도이다. 또한 항산화제로서 항산화능력이 우수한 것은 천연비타민 E뿐이며 합성비타민 E의 항산화능력은 천연비타민 E의 절반 정도이다.

β카로틴은 홍당무나 단호박 등 녹황색 채소에 많이 함유되어 있으며 그 항산화 능력은 비타민 E와 견줄 만하다. β카로틴은 노화나 암을 예방하는 인기있는 비타민이며 일중항산소에 대한 항산화 능력이 우수한 항산화제이다. 체내에 비타민 A가 부족하면 β카로틴의 3분의 1은 비타민 A로 변하고, 나머지 3분의 2는 카로틴 그대로 간이나 지방조직에 쌓이게 된다. 비타민 A가 또 부족하게 되면 β카로틴은 또다시 비타민 A로 변하게 된다. β카로틴은 비타민 A와 같이 기름에 용해되는 성질이 있으며 생체막이나 지단백질 내에서 항산화제로서의 기능을 한다.

동물성비타민 A를 많이 섭취하면 과잉증을 일으키지만 식물성비타민 A인 β카로틴은 그렇지가 않다.

비타민 B_2는 '리보플라빈'이라고도 하며 글루타티온 퍼옥시다제의 조효소로서 기능을 한다. 또한 비타민 B_2 자신도 일중항산소에 대한 항산화제 역할을 한다. 더욱이 비타민 B_2에는 지방산의 정상적인 대사를 도와주거나 과산화지질을 분해하는 기능도 있다. 간이 알코올을 분해할 때 비타민 B_2가 다량으로 소비되기 때문에 술을 마실 때는 명란젓, 치즈, 견과류 등의 비타민 B_2가 많이 함유된 식품을 함께 먹는 것이 효과적이다. 또한 비타민 B_2에는 생물의 성장을 촉진하고 생식을 돕는 기능이 있다.

비타민 B군 중 비타민 B_2 이외의 비타민에도 항산화제를 돕는 기능이 있다. 비타민 B_1, 비타민 B_6, 비타민 K에도 하이드록시 라디컬을 제거하는 항산화능력이 있으며 또한 항암작용도 한다. 비타민 B_3의 성분인 니코틴산은 비타민 C 라디컬에게 전자를 내줌으로써 비타민 C 라디컬을 환원시키는 기능을 한다.

엽산(葉酸)은 DNA나 핵산의 성분에서 빠질 수 없는 비타민이다. 그리고 엽산이나 비타민 B_{12}는 태아의 발육과정에서 뇌나 척수의 형성에 필수적인 영양소이다. 비타민 B_{13}에는 비타민 E와 비슷한 항산화능력이 있다.

대표적인 항산화식품

- **토마토**: 붉은색을 내는 라이코펜(lycopene) 성분이 활성산소를 제거한다. 생으로 먹는 것보다 익혀 먹으면 라이코펜 성분의 함량이 7배까지 높아진다.
- **브로콜리**: 각종 비타민, 무기질, 식이섬유가 풍부하다. 브로콜리 줄기에는 몸안에서 활성산소를 제거하는 베타카로틴을 생성하는 역할을 한다. 비타민 C가 풍부해 노폐물 배출을 도와 피로를 풀어준다.
- **녹차**: 녹차의 카페인은 머리를 맑게 해주고 집중력과 기억력을 높여주며 강력한 항산화작용을 한다.
- **부추**: 베타카로틴이 항산화작용을 해 활성산소가 몸에 생기는 것을 막아주고 활동하지 못하도록 붙잡아두는 역할을 하며, 피를 맑게 해 체질을 개선하고 성인병 예방에도 효과적이다.
- **당근**: 녹황색채소 가운데 당근에 베타카로틴이 가장 많이 들어 있다. 베타카로틴은 껍질에 많이 들어 있으므로 껍질째 기름에 볶아 먹는 것이 좋다.

운동능력향상 보조물과 도핑

Ⅰ 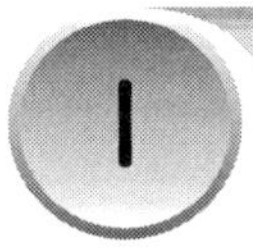 운동능력향상 보조물

운동능력향상 보조물(ergogenic aid)이란 운동선수의 근력, 스피드, 반응시간, 지구력 등을 증가시켜 운동수행능력을 향상시키는 물질을 말한다. 운동능력향상 보조물은 운동선수에게 이득을 주기 위하여 소비되는 약제만을 가리키는 경우가 많지만, 약제는 여러 종류의 운동능력향상 보조물 중 하나일 뿐이다. 약제 외에도 영양물질(탄수화물, 단백질, 비타민, 무기질, 물, 전해질), 생리적 보조물(산소, 혈액도핑, 컨디셔닝, 회복처치), 심리적 보조물(최면, 제안, 반복연습 전략) 등도 포함된다. 하지만 운동능력향상 보조물이라고 하면 경구투여 또는 주사에 의해 체내에 주입되는 물질만을 가리키는 것이 보통이다.

운동능력향상 보조물은 사람들에게 다양한 영향을 미친다. 일부 연구에서는 운동수행에 긍정적인 영향을 주는 것으로 나타나지만, 또다른 연구에서는 아무런 영향을 미치지 않을 수도 있다. 운동선수에게 효과적인 것으로 입증되는 것도 보통 사람에게는 그렇지 않을 수도 있다. 일부 운동능력향상 보조물은 지구성운동 수행에 영향을 미칠 수도 있으나 단기적 근력과 파워를 필요로 하는 운동에는 효과가 없거나 영향을 미치지 못할 수도 있다.

이처럼 여러 보조물들이 인체내에서 발휘할 것으로 기대되는 이론상의 효과에 근거하여 많은 연구 및 실험이 수행되고 있다. 하지만 모든 연구들이 운동능력향상 보조물에 대한 해답을 내려주지는 않는다. 운동능력향상 보조물 제조업자들은 연구결과를 부당하게 적용하거나 보조물의 효과를 지나치게 확대·과장하여 상업적으로 이용하는 것이 심각한 사회문제가 되기도 한다.

표 9−1에 많이 사용하고 있는 운동능력향상보조물의 종류와 작용기전을 제시하였다.

표 9-1　운동능력향상 보조물의 종류와 기대하는 주요 작용기전

보조물의 종류	보조물의 명칭	기대되는 주요 작용기전
호르몬제	아나볼릭 스테로이드	제지방량, 근육 증대, 근력 및 순발력 증대
	성장호르몬	근육 및 골격 증대, 지질 동원 증대
	구강피임약	생리주기 조절을 통한 월경증후군 방지와 수행력 향상
	에리트로포이에틴	골수에서의 적혈구 생성 증대, 유산소성 지구력 증대
약　물	암페타민	중추신경 흥분제, 피로 억제 및 집중력, 근력 증가
	베타 차단제	교감신경 억제, 심박동 억제
	카 페 인	중추신경 각성제, 지질동원촉진
	알 코 올	중추신경 억제, 통증감각 억제, 긴장 이완
	코 카 인	중추신경 흥분제, 환각 및 도취
생리활성제	혈액도핑	혈액량 증대, 산소운반 기능 개선
	산소 흡입	산소공급량 증대를 통한 유산소 능력 개선
	인　삼	중추신경계, 항스트레스 호르몬 증가, 에너지원 저장반응
	중탄산염(인산염)	체내 산성화의 완충(산화적 인산화과정)
영양물질	철　분	파워향상, 피로감회복
	비타민 B_{15}	유산소 능력의 개선(산화효소 활성도)
	카 나 틴	지질 이용 증대를 통한 지구력 개선
	아스파르트산	혈중 암모니아 제거, 피로지연
	벌꿀과 로열젤리	에너지원 공급과 피로회복

출처 : 정일규(2004). 운동생리학. p. 355.

1) 영양물질

(1) 철 분

많은 운동선수들이 철분 부족에 대해 신경을 쓴다. 철분은 적혈구 헤모글로빈의 중요한 구성성분이다. 철분 부족은 남성보다 여성에게 더 많이 발생하지만, 격렬한 운동을 하는 남성에게서도 발생할 수 있다. 트레이닝의 초기에 피로감이나 파워의 감소를 느끼는 철분부족 증상을 보이는 사람에게는 임상적인 진단과 함께 철분 섭취상태를 검토해야 할 필요가 있다.

(2) 비타민 B_{15}

팡가믹산(pangamic acid)은 일반적으로 비타민 B_{15}로 알려져 있으며, 유산소성 운동수행능력을 개선시킬 수 있다는 기대에서 이용되고 있다. 비타민 B_{15}의 정확한 화학적 구성에 대해서는 혼선이 있으나 원래의 성분은 칼슘글루코네이트(calcium gluconate)와 아미노산유도체인 다이메틸글리신(dimethyl glycine)이 6:4의 비율로 혼합되어 있다. 러시아에서 수행된 연구들은 이 화합물이 숙신산탈수소효소(succinate dehydrogenase:SDH)와 사이토크롬화효소를 활성화시켜 세포의 산소이용 효율성을 높이고, 젖산생성을 억제함으로써 지구성수행능력을 개선시킨다고 주장하였다.

하지만 잘 계획된 대부분의 실험연구들은 비타민 B_{15}의 투여에 따른 유산소능력과 지구력개선효과를 발견할 수 없었으며, 혈중젖산이나 혈중글루코스 수준에 영향을 미치지 않았다고 보고하고 있다.

현재로서는 비타민 B_{15}은 운동능력향상 보조물로서의 가능성이 부정되고 있으며, 체내에 필요한 어떠한 생리적 작용도 갖고 있지 않다는 것이 대체적인 의견이다.

(3) 카 니 틴

비타민 B복합체의 일종으로 분류되는 카니틴(carnitin)은 라이신(lysine)과 메티오닌(methionine)같은 아미노산으로부터 간에서 합성된다. 카니틴은 세포 내의 세포질에서 미토콘드리아로 지방산을 운반하는 효소복합체를 구성한다. 따라서 카니틴이 운동 중 지방산산화를 촉진시킴으로써 지방의 에너지이용을 증대시키고 근글리코겐의 절약효과를 기대할 수 있다는 이론적 근거를 바탕으로, 이것의 운동능력향상 보조물로서의 가능성이 제시되고 있다.

그러나 잘 통제된 대부분의 연구들은 카니틴의 투여가 혈중젖산농도, 무산소성역치, 최대산소섭취량, 지구성운동수행 등에 어떠한 영향도 미치지 못하였다고 보고하고 있다. 즉 카니틴복용에 의해 근세포 내 카니틴농도의 증가를 기대하기 어려우며, 정상수준 이상으로 카니틴농도가 높아진다고 하더라도 이것이 지방산이용의 증대를 촉진시킬 것이라는 이론은 현재까지 대부분의 실험연구에 의해 부정되고 있다.

(4) 아스파르트산

아스파르트산(aspartic acid)은 비필수아미노산으로서 간에서 암모니아를 요소로 전환시키는 과정에 관여하는 효소를 구성한다. 심한 운동 시 단백질의 사용 증가로 인해 혈중암모니아의 발생이 증가하는데, 암모니아는 체내에서 유독한 물질이므로 간에서는 지나친 암모니아를 덜 해로운 물질인 요소(urea)로 전환시키게 된다. 아스파르트산은 칼슘이나 마그네슘과 결합하여 염의 형태, 즉 칼슘 아스팔테이트나 마그네슘 아스팔테이트 등의 형태로 투여된다.

현재까지의 연구는 아스파르트산의 수행능력 향상효과에 대해 양분된 의견을 보이고 있다. 일부 연구들은 아스파르트산투여가 지구성운동수행 시 운동지속시간이 연장되고, 혈중암모니아농도가 감소되었으며, 혈중유리지방산농도가 증가되었다고 보고하고 있다. 그러나 다른 연구들은 아스파르트산투여가 이러한 변인들에 아무런 영향을 미치지 못하였다고 보고하였다.

아스파르트산이 갖는 운동수행능력 향상 보조물로서의 효과를 입증하기 위해서는 잘 통제된 많은 연구가 앞으로 필요하다. 현재로서는 아스파르트산의 사용에 따른 위험성은 확인되지 않았으나, 다량투여에 따른 안전성 여부를 결정하기 위해서는 보다 많은 연구가 필요하다.

2) 약 제

(1) 아나볼릭 스테로이드

1950년대부터 운동수행능력을 향상시키기 위해 아나볼릭 스테로이드의 남용이 증가되어왔다. 초기에는 보디빌더와 역도선수에 의해 많이 사용되었으며, 서서히 그 사용은 다양한 스포츠종목의 선수에게로 퍼져나갔다. 아나볼릭 스테로이드는 고환에서 분비되는 남성호르몬인 테스토스테론의 유도체(derivatives)이다. 테스토스테론은 남성의 특별한 신체적 특성을 야기시킨다. 11~13세 사이의 남성에게서 많이 분비되는 테스토스테론은 사춘기의 시작을 촉진시키며 평생에 걸쳐 계속적으로 생산된다. 테스토스테론의 분비는 고환, 음경, 음낭의 확대를 가져온다. 또한 발모, 변성, 뼈의 성장과 발달, 사춘기 후기의 근육 발달 등의 2차성징에 영향을 미친다.

아나볼릭 스테로이드는 일부 사람들에게 근력과 근육을 증가시키지만, 아무 영향이 없는 사람도 있다. 하지만 이보다 더 실질적인 문제는 부작용이다. 다량으로 아나볼릭 스테로이드를 복용하면 정상적인 테스토스테론 분비기능에 장기적인 손상을 미칠 수 있다. 즉 아나볼릭 스테로이드의 사용은 성선(고환, 난소)의 기능과 발달을 조절하는 성선자극호르몬의 분비를 억제한다. 남성에게서 성선자극 호르몬의 감소는 고환위축과 테스토스테론(testosteron) 분비감소 및 정자수를 감소시키는 원인이 되며, 전립선비대가 초래될 수 있다. 여성의 경우에는 성선자극호르몬의 분비억제로 인해 배란과 에스트로겐(estrogen) 분비가 방해를 받아 생리이상, 남성화현상이 나타나게 된다.

만성적인 스테로이드 사용은 고밀도지단백(high density lipoprotein : HDL)의 현저한 저하를 초래하고, 그로 인한 심장질환의 위험성을 높여준다. 또한 간기능저하를 초래할 수 있으며, 간종양 발생의 위험성이 높아질 수 있다. 아나볼릭 스테로이드의 사용은 공격적인 심리적 충동을 유발시키는 것으로 알려지고 있다.

1987년 미국스포츠의학회에서는 아나볼릭 스테로이드의 사용과 관련하여 다음과 같은 입장을 표명한 바 있다.

① 아나볼릭 스테로이드는 적절한 식사와 훈련과 병행할 때에만 체중을 증가시키며, 흔히 제지방량을 증대시키는 데 도움을 줄 수 있다.

② 고강도의 운동과 적절한 식사를 통해 얻어진 근력향상은 개인에 따라서는 아나볼릭 스테로이드 복용에 의해 증가할 수 있다.

③ 아나볼릭 스테로이드는 유산소성파워나 유산소성능력을 증가시키지 않는다.

④ 아나볼릭 스테로이드는 이것을 사용하는 치료요법 분야와 제한된 연구분야에 의해서 간과 심혈관계, 생식계와 심리적 상태에 부작용을 초래할 수 있다는 것이 밝혀졌다. 보다 많은 연구에 의해 명백히 규명되기 전까지는 아나볼릭 스테로이드 복용에 따른 잠재적 위험성이 치료요법 분야에서 고려되어야 한다.

⑤ 운동선수에 의한 아나볼릭 스테로이드의 복용은 스포츠단체에 의해 마련된 규칙과 윤리에 위배되는 것이며, 미국스포츠의학회는 이러한 규칙과 입장을 지지한다.

(2) 성장호르몬

오랜 기간 체중증가를 원하는 운동선수들은 불법적인 아나볼릭 스테로이드를 성장호르몬과 함께 사용해 왔다. 현재 생합성(biosynthetic) 인간성장호르몬은 비교적 쉽게 얻을 수 있으나 과거에는 시체의 뇌하수체에서만 얻어질 수 있었다. 운동선수에게 미치는 생합성 인간성장호르몬의 효과를 실험하는 실험연구는 거의 없어서 그 효과와 부작용에 대해 확정할 수 없지만, 장기적이고 잠재적인 부작용을 무시하고 단기간의 효과만을 기대하여 성장호르몬을 무심코 사용하는 운동선수들이 사라지지 않고 있다.

성장호르몬을 과다 사용하면 손, 발, 머리 등의 뼈가 기형적으로 확장되는 말단비대증(acromegaly)을 초래할 위험이 있다. 또한 심장질환과 고혈압, 글루코스내성(glucose tolerance) 저하로 인한 당뇨병이 성장호르몬 사용과 관련되어 있다.

(3) 암페타민

암페타민(amphetamine)은 일반적으로 운동능력을 향상시키고 싶어하는 사람들에게 널리 퍼져 있는 약제이다. 암페타민은 에피네프린(epinephrine)과 밀접하게 관련 있는 인공적으로 합성된 약이다. 에피네프린처럼 암페타민은 중추신경계를 자극하여 운동과 신체활동의 민감성을 증가시키고, 피로를 감소시키며, 종종 불면증을 초래한다. 일반적으로 기외수축(extrasystoles)과 발작성빈맥(paroxysmal tachycardia)과 같은 심부전과 심박수 증가에 의한 혈압 상승을 일으킨다. 또한 대사량이 증가하고 체중이 감소한다.

암페타민을 과도하게 투여하면 흥분성이 높아지며, 불면증과 우울증을 초래한다. 복통, 혈뇨, 실신, 경련, 혼수상태를 일으키기도 한다. 암페타민은 사람에 따라 다른 영향을 미친다. 따라서 개인적인 반응을 확인하기 위하여 적은 양을 초기에 투여해 보기도 한다. 암페타민은 쉽게 흥분하는 사람이나 고혈압을 가진 사람에게 역효과를 주게 된다.

암페타민의 작용기전은 교감신경말단과 부신수질에서 교감신경호르몬(카테콜아민)의 분비를 증가시키고, 이들 호르몬의 재흡수를 억제하며, 대뇌에서 카테콜아민 수용체를 활성화시키는 것으로 알려지고 있다.

Chandler와 Blair(1980)는 근력·파워·스피드·무산소성 능력·유산소성 능력·심박수 등의 운동성취도와 암페티민의 관계를 실험하였다. 결과는 근력요인 중 일부는 영향을 받지 않는 것으로 타나났으며, 삭근 파워, 스피드, 유산소성 능력도 영향을 받지 않았다. 가속력, 무산소성 능력, 트레드밀에서 탈진까지의 시간, 최대심박수 등은 암페타민 사용과 함께 증가하였다. 그러나 암페타민이 경기력에 미치는 효과를 확인하지 못하였거나 오히려 경기력을 저하시킨다고 보고하고 있는 연구도 많다.

(4) 중탄산염

무산소성 운동 중 혈액과 근육 pH는 감소하며 젖산농도는 증가한다. 두 인자 모두 근피로와 관련이 있다. 이러한 사실에 대해 연구하던 학자들은 고강도 운동

전 신체의 알칼리 중화 시스템을 증가시켜 pH 감소를 늦추면, 피로를 지연시키고 운동능력을 증대할 수 있을 것이라고 추측하였다.

이러한 추측은 Dill이 알칼리 상태의 달리기 선수들은 피로를 느끼기까지 트레드밀 달리기를 13% 더 하였다는 연구결과를 발표함으로써 입증되었다. 후속연구에서 중탄산염을 알칼리 약제로 사용하였을 때 탈진시간까지 걸리는 시간이 늘어났고 달리기 기록도 단축되는 것을 알 수 있었다. 하지만 중탄산염의 다량섭취는 설사, 경련, 부종, 심한 위장장애 등을 초래할 수 있다.

소변검사를 통해 pH수준과 중탄산염과 같은 알칼리물질을 쉽게 파악할 수 있으므로 이러한 형태의 도핑은 비교적 쉽게 발견된다.

(5) 에리트로포이에틴

에리트로포이에틴(erythropoietin)은 신장으로부터 분비되는 호르몬으로서 혈중산소분압의 감소에 의해 분비가 자극되어 골수로부터의 적혈구생성을 자극하는 작용을 한다. 이 호르몬은 고지대의 저산소상태에서 훈련할 때 적혈구생성량의 증가와 관계되어 있다. 즉 혈중산소분압의 감소에 의해 초래된 장기적인 체내 저산소상태(hypoxia)는 신장으로부터 에리트로포이에틴(erythropoietin)이라는 호르몬의 분비를 자극하는데, 이 호르몬은 적색골수에서의 적혈구생성을 촉진한다.

비교적 최근에 이 호르몬을 유전공학적 방법에 의해 만들 수 있게 되었으며, 유럽을 중심으로 한 사이클 등 지구성운동선수들에 의해 사용되고 있다.

Ekblom 등(1991)은 잘 훈련된 대상자의 피하조직에 소량의 에리트로포이에틴을 투여한 결과 6주 후 혈중헤모글로빈농도와 헤마토크리트(hematocrit:Hct)수치가 10% 증가하였으며, 최대산소섭취량과 트레드밀에서의 탈진상태에 이르는 시간이 현저히 증가하였다고 하였다.

이러한 결과를 확인하는 후속 연구는 많지 않으나 대체로 혈중헤모글로빈농도의 증가현상을 보고하고 있다. 그러나 헤모글로빈의 증가가 최대산소섭취량과 운동지속시간의 증가와 직접적으로 관련되어 있다는 것을 확인하기는 어렵다. 왜냐하면 최대산소섭취량은 혈액보다는 심장기능, 근육의 유산소능력 등에 의한 영향을 더욱 크게 받기 때문이다.

지나친 적혈구생성은 혈액점성을 증가시키고, 그로 인한 혈액응고, 순환기능의 저하와 심장마비의 위험성을 높일 수 있다. 1990년대 초에 보고된 사이클선수들의 사망원인이 이 호르몬제의 사용과 관련이 있다는 주장이 제기되고 있다.

아직까지 에리트로포이에틴의 분비량이 어느 정도 적혈구생성량에 영향을 미치는가에 대한 정량적인 평가는 확인할 수 없으므로 이 호르몬제의 남용에 따른 잠재적 위험성은 매우 높다.

(6) 카 페 인

아침에 마시는 한 잔의 커피가 활력을 증가시킨다는 것을 믿는 많은 사람들은 카페인이 운동능력향상에 도움을 줄 것이라고 믿는다. 하지만 카페인의 운동능력향상 효과는 여전히 논란거리로 남아 있다. 카페인이 심동적 운동수행능력, 근력, 지구성운동 수행능력에 미치는 운동능력향상 효과에 대해 문헌조사를 해 보면 그 효과에 대해 많은 반대이론이 존재한다. 지구성운동 수행의 문제에 한정하여 논의할 때 어떤 연구는 카페인이 지구력 지속시간 또는 전체 일량을 개선하는 운동능력향상 효과를 갖고 있다고 하지만, 어떤 연구에서는 카페인이 지구성운동 수행능력의 개선과 관련없다고 한다.

만약 카페인의 운동능력향상 효과가 존재한다면, 그것은 카페인이 유리지방산의 활성을 돕기 때문일 것이다. 유리지방산은 유산소계 에너지원으로서 매우 유용한 형태의 지방이다. 카페인은 글리코겐의 사용을 줄이며 지방을 에너지원으로 더 용이하게 사용하게 하여 글리코겐 절약효과를 가져온다. 또한 이처럼 글리코겐이 절약되면 근피로를 감소시키게 된다.

카페인은 커피, 홍차, 초콜렛, 콜라 등의 청량음료를 통해 널리 섭취되고 있다. 카페인은 암페타민과 마찬가지로 중추신경계에 작용하여 정신적 기민성과 집중력의 상승, 반응시간의 단축, 피로감의 감소, 카테콜아민 분비증가 등의 작용을 하며, 에너지 대사와 관련해서는 지방조직에서 유리지방산 동원을 촉진하고 저장지방의 이용을 증대시키는 기능을 갖고 있다.

IOC에서는 카페인의 섭취량을 제한하고 있는데, 소변 1mL당 12μg 이상의 카페인이 검출되면 도핑으로 간주한다. 이 양은 경기를 앞두고 진한 커피 5~6잔을 마실 때 소변으로 검출될 수 있는 수준이다.

3) 생리활성물

(1) 혈액도핑

혈액도핑(blood doping)이란 사전에 채혈된 자신이나 타인의 혈액을 경기 전에 주입하는 것을 말한다. 혈액도핑을 하는 궁극적인 목적을 혈액의 증가를 통해 산소운반능력을 개선시키고자 하는 데 있다.

혈액도핑의 구체적인 방법은 주로 자신의 혈액을 경기 5~6주 전에 400~1200mL 정도 채혈해서 냉장 또는 냉동보관한 후 경기시작 전에 재주입하는 것이다. 경기 5~6주전에 채혈하는 이유는 인체가 손실혈액을 완전히 보충하려면 5~6주가 소요되기 때문이다.

혈액도핑의 방법으로는 전혈을 주입하거나 적혈구만을 따로 분리하여 주입하는 방법이 이용되고 있다. 혈액도핑은 비록 IOC에 의해 금지되고 있으나, 혈액도핑을 검사할 어떠한 방법도 찾아낼 수 없기 때문에 현재까지 많은 경기자가 혈액도핑을 하는 것으로 믿어지고 있다.

혈액도핑의 잠재적 합병증에는 혈액비호환성, 바이러스성질환의 전염, 패혈증, 공기색전증, 혈전증(혈액응고) 등이 있다.

(2) 산소 흡입

숨을 멈추고 실시하는 운동 바로 전에 산소를 흡입하는 것이 운동수행에 유용한 효과를 준다는 연구결과는 많이 있지만, 숨을 멈추지 않는 형태의 운동 전에 산소를 흡입하는 것은 운동수행에 거의 효과를 주지 못한다.

운동 중에도 산소가 풍부한 공기를 흡입하는 것이 운동수행에 효과적이라는 연구들이 많다. 최대운동 중에는 지구성 능력이 더욱 향상되며, 최대하운동 중에는 심박수, 젖산 축적, 환기량이 낮아지는 것이 관찰되었다. 이러한 변화가 일어나는 이유는 조직-모세혈관막과 폐동맥 사이의 확산을 증가시켜 혈장 내 용해된 산소(용해물질)의 공급을 촉진시키는 산소분압의 증가 때문이다. 그러나 운동능력을 향상시키기 위해 운동 중 산소를 흡입하는 것은 실용적이지 않기 때문에 효율성이 없다.

휴식 중에 산소를 흡입하는 선수들도 있다. 이와 같은 회복시 산소 흡입에 대해서 많은 연구가 있지만, 회복과정 또는 후속적인 운동수행에 산소 흡입이 어떠한 효과가 있는지에 대해서는 불분명하다. 심리적인 효과가 있을지는 모르지만 회복시 산소 흡입의 생리적인 효과는 없다.

2 도 핑

1) 도핑이란

도핑(doping)의 어원은 남아프리카 원수민이 제례나 전쟁 시에 사용한 술인 'dop'라고 한다. 스포츠에서 도핑이란 경기성적을 높이기 위하여 약물 등을 사용하는 것을 말한다. 1964년 개최된 국제스포츠과학회의의 도핑특별위원회에서는 "도핑이란, 경기신수가 시합에서 의도적으로 불공평하게 경기능력을 높이기 위해 생체에 생리적으로 존재하지 않는 물질을 어떠한 방법으로든지 복용 또는 사용하거나, 생리적으로 존재하는 물질을 비정상적인 양과 비정상적인 방법으로 복용 또는 는 사용하는 것을 말한다"라고 정의하였다.

도핑은 선수의 건강을 해칠 뿐만 아니라 스포츠의 페어플레이 정신에 반하며, 사회에도 악영향을 미치기 때문에 많은 스포츠경기에서 금지하고 있으며, 도핑검사도 실시되고 있다. 경기능력을 높이려는 의도가 있었는지 여부는 제3자가 판단

할 수 없기 때문에, 규칙으로서 금지물질을 사용하는 것을 도핑으로 간주한다. 국제올림픽위원회(IOC)의 의사규정에서는 "도핑이란 금지물질에 속하는 물질의 투여 및 금지된 방법을 행사하는 것이다"라고 정의되어 있다.

2) 도핑의 역사

근대스포츠에서의 도핑은 19세기 후반부터 시작되었는데, 처음에는 사이클경기 등에서 사용되었다. 1879년 유럽에서 개최된 6일 간의 사이클경기에서 카페인, 니트로글리세린, 코카인, 헤로인 등이 사용되었다. 20세기에 접어들면서 축구나 복싱에서도 도핑 사례가 보고되었다. 1930년경까지는 알칼로이드나 알코올음료가 중심이었지만, 각종 합성의약품이 개발됨에 따라 새로운 약품도 사용되게 되었다. 1950년대에는 암페타민 등의 각성아민이 유행하였고, 1960년대에는 단백동화스테로이드가 많이 사용되었으며, 1970년대에는 혈액도핑이 등장하였다.

최근의 도핑은 단백동화제가 주류인데, 사용방법이 교묘해지고 에리트로포이에틴(erythropoietin)·성장호르몬 등의 새로운 약물의 사용이 문제가 되고 있다. 흥분제나 마약 등도 다시 문제가 되고 있다.

또한 구미에서는 프로선수들뿐만 아니라 청소년과 일반인도 외모를 좋게 하고 싶다든지, 트레이닝효과를 높이고 싶다는 이유로 도핑이 퍼지고 있어서 스포츠계만으로는 처리할 수 없는 사회문제가 되고 있다.

3) 도핑에 의한 사고와 도핑의 규제

이러한 스포츠에서의 도핑은 이미 1886년 프랑스의 파리―보르도 간 600km 사이클 레이스에서 트라이메틸(trimethyl)을 사용한 선수가 사망하면서 표면화되었다. 그 후에도 도핑에 의한 사망사고가 보고되었고, 사이클경기에서는 1955년에 첫 도핑검사가 실시되었다.

1960년 로마올림픽에서 암페타민을 사용한 사이클선수가 1명 사망, 2명이 중태에 빠지는 사건이 일어나 IOC에서도 도핑규제의 기운이 높아졌고, 1968년의 그레노블동계올림픽과 멕시코시티 하계올림픽부터 금지물질 리스트에 기초한 도핑검사가 실시되었다. 그 후 많은 국제경기연맹은 국제대회에서의 도핑검사를 의무화하게 되었고, 국내대회에서도 도핑검사를 실시하게 되었다.

4) 도핑의 문제점

(1) 선수의 건강을 해친다

도핑이 금지된 계기는 흥분제 사용에 의해 사망사고가 발생한 것이었는데, 선수의 건강을 지키기 위해서도 도핑은 용인할 수 없다. 약에는 부작용이 있으므로, 치료를 할 때에는 부작용이 일어나지 않도록 사용하거나, 또는 부작용의 가능성과 치료효과의 이익을 비교하여 치료효과에 의한 이익이 높다고 판단될 때 사용되어야 한다.

도핑에서는 치료목적이 아니며, 대량으로 사용되기 때문에 부작용의 문제도 그만큼 커지는 것이다. 의료관계자가 치료목적이 아닌데도 선수에게 약을 투여한다면 의학윤리에 반하는 행위라고 할 수 있다.

(2) 스포츠의 페어플레이 정신에 반하고, 스포츠의 가치를 손상시킨다

도핑은 공정한 경쟁을 손상시키고, 페어플레이 정신에 반한다. 도핑의 배경에는 어떠한 수단을 쓰더라도 이기기만 하면 된다는 사고방식이 있다. 스포츠는 규칙에 따라 페어플레이를 통해 싸우기 때문에 가치가 있는 것이다. 그런데 도핑의 실시나 용인은 스포츠의 사회적 가치를 손상시킬 뿐만 아니라, 스포츠 그 자체의 존재마저 위협하는 행위인 것이다.

(3) 사회에 악영향을 미친다

스포츠에서의 도핑은 스포츠계에서만 끝나는 문제가 아니라 사회에도 악영향을 준다. 구미에서는 트레이닝효과를 올리고 싶다거나, 외모를 좋게 만들고 싶다는 이유로 선수가 아닌 청소년·일반인이 아나볼릭 스테로이드를 사용하고 있어 사회문제가 되고 있다.

미국에서는 고등학생의 2~3%가 아나볼릭 스테로이드를 사용한 경험이 있다고 보고되고 있다. 또한 도핑금지물질의 입수과정에서는 위법행위가 얽히는 경우가 많고, 도핑이 폭력사건 등을 일으키기도 한다. 특히 각성제와 마약의 사용은 반사회적 행위이다.

5) 도핑의 금지물질과 방법

IOC의 도핑금지물질 리스트는 당초에는 흥분제와 마약성 진통제가 주였지만, 사용약물의 변화와 검사방법의 확립에 따라 개정을 거듭하여 현재에 이르고 있다 (표 9-2). 금지물질 리스트에서는 약리작용별 분류와 대표적인 물질명을 예시하였는데, '기타 관련물질'이라는 문구가 추가되어 똑같은 효과가 있는 새로운 물질에 대처할 수 있도록 되어 있다.

금지물질 중에서는 선수의 치료에 이용될 가능성이 있는 것도 포함되어 있는데, 치료를 할 때에는 보통 금지물질 외의 것으로 대처할 수 있으므로 치료목적으로도 원칙적으로는 금지물질의 사용을 허용하지 않는다.

(1) 흥 분 제

암페타민 등의 각성제, 교감신경자극제 등이 포함된다. 이것은 집중력이나 투쟁심을 높이고 피로감을 저하시킬 목적으로 사용되지만, 정상적인 판단력을 잃게 하거나 상대에게 위해를 가하기 쉽다. 암페타민 등의 각성제는 의존성이나 떨림·불안·환각 등의 부작용이 있어서 법으로도 엄격히 규제되고 있다. 교감신경자극제는 혈압상승이나 부정맥 등의 부작용이 있다. 천식에 사용되는 β_2작용제는 흡입만 허용된다.

이전에는 금지약물로 규제되었던 카페인(caffein), 감기약에 많이 들어 있는 가(성)에페드린(pseudoephedrine, 에페드린보다 약한 혈압상승작용과 중추신경

흥분작용을 한다) 등은 2004년에 금지약물에서 제외되었다.

(2) 마약성진통제

피로감의 저하와 경기 스트레스를 피하기 위하여 사용되는데, 호흡억제작용이 있고, 중독과 범죄로 연결된다. 법으로도 엄격히 규제되고 있다.

(3) 단백동화스테로이드

근육증강을 목적으로 사용된다. β_2작용제는 이 목적으로 사용되기 때문에 추가되었다. 단백동화 스테로이드는 간장애와 HDL-콜레스테롤 저하를 가져오고, 남성에게는 정자 감소·임포텐츠·여성화 유방을 일으키고, 여성에게는 남성화를 일으키며, 어린이에게는 골단선의 폐쇄 등을 일으킨다. 또한 공격성을 증가시키기 때문에 범죄로 연결될 수도 있다.

테스토스테론은 생리적으로 존재하는 것이기 때문에 테스토스테론(T)과 에피테스토스테론(ET)의 비(T/ET)가 6 이상일 때 양성이 된다.

한편, 테스토스테론의 전구물질인 안드로스텐디온(androstenedione), 디하이드로 에피안드로스테론(dehydroepiandrosterone : DHA)은 영양보조식품으로도 시판되고 있지만 금지물질이다. 시판되는 강장제 중에서도 -금지물질인 메틸테스토스테론(methyltestosterone)을 함유하고 있는 것이 있으므로 주의기 필요하다.

(4) 이 뇨 제

고혈압·심부전·부종의 치료에 이용된다. 스포츠에서는 급속히 체중을 떨어뜨리기 위해서와, 소변을 엷게 하여 물질의 검출을 방해하기 위해서 사용된다. 스포츠에서의 급격한 감량은 의학적으로 정당화될 수 없다. 왜냐하면 탈수와 혈압저하 등 중대한 부작용이 일어날 가능성이 있기 때문이다.

(5) 펩타이드호르몬 및 당단백호르몬

인융모막성(人絨毛膜性) 고나도트로핀(human chorionic gonadotropin :

표 9-2	도핑금지물질의 종류와 금지방법

I. 금지물질의 종류	
A. 흥 분 제	아미페나졸(amiphenazole) 코카인(cocaine) 암페타민(amphetamine)류 에페드린(ephedrine)류* 브로만탄(bromantan) 펜캄파민(fencamfamin) 카르페돈(carphedon) 메소카브(mesocarb) 및 관련물질 * ephedrine : 소변 1밀리리터 당 10마이크로그램 이상인 경우 금지된다.
B. 마약성진통제	부프레노르핀(buprenorphine) 메타돈(methadone) 덱스트로모라마이드 모르핀(morphine) (dextromoramide) 펜타조신(pentazocine) 디아모르핀(diamorphine/heroin) 페티딘(pethidine) 및 관련물질

C. 단백동화제	1. 아나볼릭 안드로제닉 스테로이드(anabolic androgenic steroids : AAS)
	
	a. 외인성(exogenous) AAS
	   클로스테볼(clostebol) 19-노르안드로스텐디온
	   플루옥시메스테론(fluoxymesterone) (19-norandrostenedione)
	   메탄디에논(methandienone) 난드롤론(nandrolone)
	   19-노르안드로스텐디올 옥산드롤론(oxandrolone)
	   (19-norandrostenediol) 스타노졸올(stanozolol) 및 관련물질
	
	b. 내인성(endogenous) AAS
	   안드로스텐디올(androstenediol) 디하이드로테스토스테론
	   안드로스텐디온(androstenedione) (dihydrotestosterone)
	   DHA(dehydroepiandrosterone) 테스토스테론(testosterone) 및 관련물질
	
	2. β_2작용제
	
	포르모테롤(formoterol)* 살메테롤(salmeterol)*
	살부타몰(salbutamol)* 테르부탈린(terbutaline)*
	
	*천식의 치료를 목적으로 한 흡입만을 허용한다. 서면으로 신고하여야 한다.

D. 이 뇨 제	아세타졸아미드(acetazolamide) 스피로노락톤(spironolactone) 부메타니드(bumetanide) 클로로티아지드(chlorothiazide) 클로르탈리돈(chlortalidone) 하이드로클로로티아지드 에타크린산(etacrynic acid) (hydrochlorothiazide) 푸로세마이드(furosemide) 트리암테렌(triamterene) 및 관련물질
E. 펩타이드호르몬, 유사물질 및 그 동족계열	1. 태반성 성선자극호르몬(hCG 등) 2. 하수체성 및 합성 성선자극호르몬류(LH 등) 3. 코르티코트로핀류(ACTH 등) 4. 성장호르몬(hGH 등) 5. 인슐린유사성장인자(IGF-1) 및 이들의 모든 방출인자와 동족계열 6. 에리쓰로포이에틴(erythropoietin : EPO) 7. 인슐린(insulin) : 치료만 가능하며, 서면으로 신고하여야 함.

Ⅱ. 금지방법	
A. 혈액도핑	혈액, 적혈구, 인공산소운반물질 및 관련혈액제제의 투여
B. 약리학적·화학적·물리적 조작	이뇨제의 복용, 채취된 시료 조작, 소변 바꾸기, 소변에 손 담그기, 프로베네시드(probenecid)에 의한 신장배설억제, 에피테스토스테론(epitestosterone)이나 브로만탄(bromantan)의 복용 등
Ⅲ. 일정한 규제대상이 되는 약물의 종류	
A. 알코올(alcohol)	경기연맹에 따라서 금지될 수 있다.
B. 칸나비노이드(cannabinoid)류 (마리화나 등)	경기연맹에 따라서 금지되고, 올림픽에서는 전면적으로 금지된다.
C. 국소마취제	의학적으로 정당한 국소사용만 허가하며, 경기연맹에 따라서는 신고가 필요하다.
D. 코르티코스테로이드(cortico-steroid, 부신피질스테로이드)	국소사용만 허가되며, 경기연맹에 따라서는 신고가 필요하다.
E. β-차단제(β-blocker)	경기연맹에 따라서 금지될 수 있다.

(국제올림픽위원회, 2005년 1월)

hCG), 황체형성호르몬(luteinizing hormone : LH), 사람(하수체)성장호르몬(human<pituitary> growth hormone : hGH), 인슐린 등은 근육증강의 목적으로 사용된다. 성장호르몬은 장기간 대량으로 사용하면, 심근증·고혈압·당뇨병·말단비대증 등의 부작용을 일으킨다.

에리트로포이에틴(erythropoietin)은 혈액량을 증가시키고, 지구력 향상의 목적으로 사용된다. 부신피질자극호르몬(adrenocorticotropic hormone : ACTH)은 염증의 억제와 도취효과를 위하여 사용된다. 이들은 금지물질 리스트에 게재되어 있지만 생리적으로 존재하는 물질이며, hCG를 제외하면 양성기준이 정해져 있지 않고, 보통은 검출되지 않는다.

(6) 금지방법

혈액도핑은 미리 채취해 둔 혈액을 경기 전에 주입하여 혈액량을 증가시킴으로써 지구력을 높이려는 목적으로 사용되는데, 이는 금지된 방법이다. 혈액도핑의 부작용으로는 적혈구증가를 들 수 있다. 적혈구가 증가함으로써 고점도증후군으로 인한 혈관 내 혈전, 심장손상, 뇌경색 등이 발생할 수도 있다.

다른 사람의 소변을 이용하거나 소변에 약학적·물리적·화학적 조작을 가하는 것도 금지된다. 약학적 조작으로서는 프로베네시드(probenecid)나 에피테스토스테론(epitestosterone)을 들 수 있다. 프로베네시드는 통풍의 치료약이지만, 스포츠에서는 물질의 소변 중 배출을 억제하는 목적으로 사용되기 때문에 금지물질이 되었다. 통풍치료약으로서는 요산합성저해제가 허가되어 있다. 에피테스토스테론은 테스토스테론의 사용을 은폐하려는 목적으로 사용된다.

(7) 일정한 규제의 대상이 되는 물질

알코올, 마리화나, β차단제는 경기에 따라서 금지될 수 있다. β차단제는 고혈압을 방지하려는 목적으로 사용된다. 진통을 위한 국소마취제, 염증을 억제하는 부신피질호르몬은 국소사용에 제한되어 허가되지만, 남용을 방지하기 위해 사전에 신고를 의무화하고 있다.

6) 도핑의 검사순서와 처분

도핑검사는 책임을 갖고 있는 조직과 경기규칙하에서 실시된다. 도핑검사에는 경기대회에서의 검사와 경기와 관련없는 불시검사가 있다. 불시검사는 트레이닝을 할 때 사전 통보없이 검사관이 선수를 방문하여 검사하는 것이다. 경기대회의 검사에서는 모든 금지물질 리스트가 대상이 되지만, 불시검사에서는 단백동화제, 펩타이드호르몬과 그 검출에 영향을 주는 이뇨제, 은폐제가 대상이 된다.

경기대회에서의 검사는 보통 상위입상자와 무작위로 선택된 참가선수가 대상이 된다. 대상이 된 선수는 경기가 끝나자마자 검사를 통고받게 되고, 60분 이내에 검사실로 들어가야 한다. 검사실에서의 소변채취순서는 부정이 일어나거나 이후에 문제가 생기지 않도록 세밀하게 규정되어 있고, 다음과 같은 순서로 실시한다.

① 밀봉된 봉지에 들어 있는 채뇨컵을 선택한다.

② 감독관의 감시하에 소변을 컵에 담는다.

③ 밀봉된 봉지에 들어 있는 샘플용기(A, B)를 선택한다.

④ 채뇨컵에서 소변을 A, B의 샘플용기에 각각 나누어 붓는다.

⑤ 샘플용기를 봉인한다.

⑥ 과거 3일 간 복용한 약이 있으면 신고한다.

⑦ 순서에 문제가 없는 것을 확인하고 검사용지에 사인한다.

샘플용기 A, B는 검사기관으로 보내어 분석한다. 분석은 가스크로마토그래피(gas chromatography：GC) 등을 이용하여 실시한다. 검사는 우선 A샘플의 소변을 분석한다. A샘플에서 양성이 나온 경우에는 본인 또는 대리인의 입회하에 B샘플 검사를 진행한다. B샘플도 양성임이 확인되면 사정청취를 한 후 처분이 결정된다. 결정에 불복하여 상소할 수 있다.

도핑에 대한 처분은 IOC의 규정이 기본이 되는데, IOC보다 엄격한 처분을 하는 경기단체도 있다. IOC의 도핑에 대한 처분은 첫번째 위반은 2년 자격정지, 2번째는 영구추방이다.

7) 안티도핑

(1) 도핑검사

도핑검사는 도핑행위를 억제할 뿐만 아니라 공정하게 경기를 하려는 많은 선수를 지키기 위해 필요하다.

단백동화제는 트레이닝 중에 사용되기 때문에 불시검사를 강화하는 방향으로 나가야 한다. 선수는 국경을 넘어 활동하기 때문에 국제직인 협력제제도 취해져야 한다. 또한 새로운 도핑물질에 대처하기 위해 검사기관은 항상 약물사용상황을 감시하고, 검사법을 연구개발해야 한다.

아나볼릭 스테로이드(anabolic steroid)는 고분해분석기를 도입함으로써 검출이 쉬워지고, 체내에 생리적으로 존재하는 테스토스테론 등도 탄소동위체비의 분석에 의해 거의 검출법이 확립되었다. 그러나 체내에 생리적으로 존재하는 펩타이드게 호르몬은 외인성으로 투여되었는지를 판정할 수 있는 기준이 확립되어 있지 않기 때문에 검출할 수 없는 것이 현실이며, 이것을 검출해내는 것이 앞으로의 과제라 하겠다.

(2) 안티도핑 교육

선수를 육성할 때 페어플레이 정신을 포함한 총체적인 인간교육이 이루어져야 한다. 도핑을 행하는 선수는 부작용을 알지 못하거나 알려고 하지 않고 쉽게 사용하는 경우가 적지 않다. 이러한 부작용의 정보를 포함하여 이물질 활용방지의 관점에서 실시하는 교육이 중요하다.

또한 도핑에 관한 지식이 부족하기 때문에 금지물질을 자신도 모르게 치료목적으로 활용하여 도핑검사에서 양성이 되는 얼마든지 있을 수 있으므로 이러한 면에서도 교육이 필요하다.

(3) 약물의 법적 규제

도핑이 청소년과 일반인에게 널리 퍼져서 스포츠계만으로서 대처할 수 없게 되었고, 마약과 같이 법률로 물질의 유통을 규제할 필요도 있다. 미국에서는 아나볼릭 스테로이드 사용을 법률로 규제하고 있다.

이러한 안티도핑 활동은 IOC와 국제경기연맹이 리더십을 발휘하여 이루어져왔는데, 최근에는 스포츠계와 각국의 정부기관이 모여 그 대응책을 협의하게 되었다. 각국에서도 정부기관과 연대하여 스포츠계 전체적으로 체제를 정비할 필요가 있다. 그러한 기관으로서 IOC 안티도핑헌장에서 정해져 있는 것이 국내조정기관이다. 국내조정기관은 나라 전체의 안티도핑의 방침과 정책, 각 스포츠단체의 활동과 규칙 조정, 검사기관의 지원, 교육프로그램의 개발, 재원확보 등이 그 역할이다. 또한 선수의 인권을 보호하기 위해서 도핑검사에서 양성을 보인 선수가 상소할 수 있는 기관도 필요하다.

비만과 체중조절

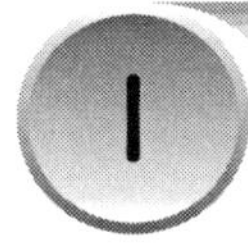 **비만이란**

　비만이란 지방조직이 몸에 과잉축적된 상태를 가리키며, 단순히 뚱뚱한 상태를 나타내는 말이 아니다. 우리들의 몸은 그림 10-1과 같은 성분으로 조성되어 있다. 이러한 성분은 살아 있는 사람을 대상으로 조사하기가 어려우므로 지방과 지방 이외의 것으로 나누어 간략화하여 연구하는 경우가 많다.

　체지방률(체지방중량이 체중에서 차지하는 비율)을 측정하는 기구가 체지방계인데, 간편한 것으로는 양손으로 잡는 형태와 일어서서 측정하는 형태가 있다. 이것은 ① 생체전기저항(bioimpedance)법이라고 하며, 현재 대부분 가정용으로 시판되고 있는 것이다. 그 외에 ② 캘리퍼, 근적외선, 초음파 등으로 피부표면에서 피하지방두께를 측정하는 방법, ③ 사람이 수조 안에 들어가 물안에 잠겼을 때의 체중을 재어 체지방을 측정하는 수중체중법, ④ 밀폐된 장치 안에 사람이 들어가 보일의 법칙(Boyle's law)을 이용하여 체적을 구하는 공기치환법 등이 있다. 공기

치환법은 수중체중법보다 피험자의 부담이 가볍다. 또한 ⑤ 2종류의 에너지가 다른 X선을 쬐어 각각의 X선에 관해 조직의 흡수량이 다르다는 점을 이용해 측정하

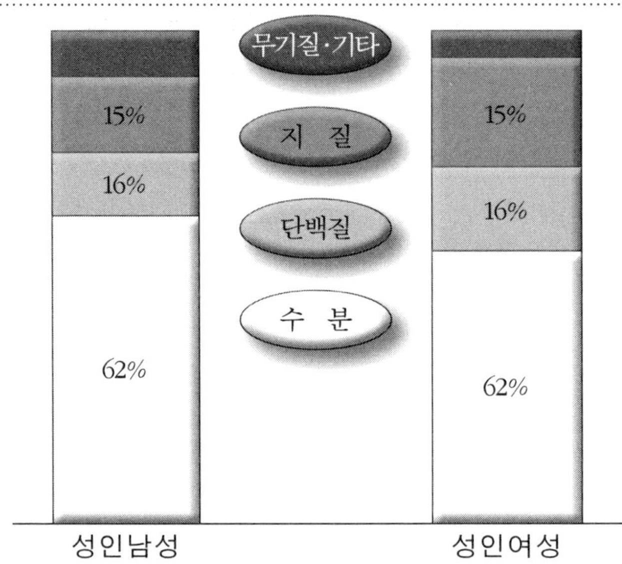

그림 10-1 인체의 구성성분

표 10-1 체지방률과 비만도의 관계

판 정	경증비만	중등비만	중증비만
남성(전 연령)	20% 이상	25% 이상	30% 이상
여성(6~14세)	25% 이상	30% 이상	35% 이상
여성(15세 이상)	30% 이상	35% 이상	40% 이상

표 10-2 비만의 판정기준

BMI	판 정	WHO 기준
~ 18.5	저 체 중	underweight
18.5 ~ 25	보통체중	normal range
25 ~ 30	비만(1도)	preobese
30 ~ 35	비만(2도)	obese class I
35 ~ 40	비만(3도)	obese class II
40 ~	비만(4도)	obese class III

는 방법(dual-energy X-ray absorptiometry:DXA) 등도 있다. 그러나 어떠한 방법이라도 장단점이 있으며, 정확한 체지방률의 측정은 어렵다.

각각의 측정법에는 특징이 있으므로 자신이 쉽게 이용할 수 있는 방법을 선택하여 체지방률을 정기적으로 같은 기구·장치·조건으로 측정하고 비교하면 체지방량과 근육량의 변화를 파악할 수 있다. 체지방률과 비만도와의 관계를 표 10-1에 나타내었다.

비만의 판정기준은 표 10-2에 나타낸 바와 같다. 이 표에서 사용하는 체질량지수(body mass index:BMI)는 다음의 식으로 구할 수 있다.

$$BMI = 체중(kg) \div 신장(m)^2$$

BMI는 보디빌더 등 특수한 운동선수를 제외한 일반적인 사람의 체지방량과 매우 상관관계가 있다고 증명되었고, 국제적으로도 BMI가 비만판정의 지표로서 이용되고 있다. 성인은 남녀 모두 BMI 22에서 질병률·사망률이 가장 낮아졌다고 하는 사실이 대규모 역학적 조사에서 밝혀졌기 때문에 22를 기준으로 표준체중을 도출해내고 있다.

WHO의 기준에서는 BMI 30 이상을 비만이라고 하지만, 한국인의 경우는 유럽인과 비교하여 가벼운 비만이라도 당뇨병 등의 생활습관병을 발증시키기 쉽기 때문에 BMI 25 이상을 비만이라고 할 수 있다.

비만증이란 BMI가 25 이상이고, 비만에 기인하는 당뇨병·고혈압·고지혈증 등의 건강장애요소를 합병하거나, 내장지방비만(내장지방면적이 $100cm^2$ 이상)이 확인될 때 의학적으로 감량을 요하는 병태를 가리킨다.

비만에는 피하지방형 비만과 내장지방형 비만이 있는데, 후자가 생활습관병을 합병하기 쉽다. 왜냐하면 내장 주변의 지방세포에서 여러 가지 생리활성물질(cytokine)이 분비되고 있는데, 그것이 생활습관병의 요인이 되기 때문이다. 허리둘레가 남성 85cm, 여성 95cm 이상이 되면 내장지방형 비만일 가능성이 높다. 그러나 내장지방은 피하지방보다 운동과 식사로 줄이기 쉽다는 커다란 특징이 있다.

이들은 여러 가지 생리활성물질을 분비하고, 내분비·대사이상, 동맥경화 등의 진전에 관여하고 있다. 한편, 이것은 면역에 관여하는 물질이나 생활습관병을 예방하는 물질도 분비하므로 인체에서 중요한 기능을 담당하고 있다.

지방세포가 분비하는 물질

- PAI-1(plasminogen activator inhibitor 1) : 혈전형성(내장지방에서 많이 분비)
- 아디포넥틴(adiponectin) : 혈관을 방어, 당뇨병을 예방
- 안드로겐, 에스트로겐(성호르몬)
- 렙틴(leptin) : 식욕억제, 에너지 소비 항진, 면역에도 관여(피하지방세포에서 많이 분비)
- 안지오텐시노겐(angiotensinogen) : 혈관수축에 의한 혈압조정
- 콜레스테롤-에스테르 수송단백
- TNF(tumor necrosis factor, 종양파괴인자)-α : 인슐린 저항성(내장지방에서 많이 분비)

---

2 비만의 메커니즘

비만은 기본적으로 소비에너지보다 섭취에너지가 많을 때 여분의 에너지가 체지방으로 저장됨으로써 일어난다. 비만의 주요 원인은 과식과 운동부족이지만, 도시화와 기계화 등의 환경요인, 불규칙한 식사 등의 행동요인이 복잡하게 관여하고 있다(그림 10-2). 또한 유전에 관련된 인슐린감수성의 저하와 당·지방대사이상, 열생산장애 등의 대사요인도 깊이 관여하고 있다.

과식의 원인은 그림 10-3에 나타난 식욕조절의 구조에서 볼 수 있듯이 공복감과 만복감의 발현 밸런스가 외부 스트레스 등에 의해 흔들리기 때문이다. 아침식사를 거르고 밤늦게 저녁식사를 많이 하거나, 식욕이 없으면서도 스트레스를 발산시키기 위해 과자를 손에 쥐는 등의 행동이 과식으로 연결된다. 패스트푸드의 보급과 함께 젊은 세대는 식사내용이 고지방·고에너지가 되는 한편, 비타민부족·무기질부족·식물섬유부족 등이 일어나 문제가 된다.

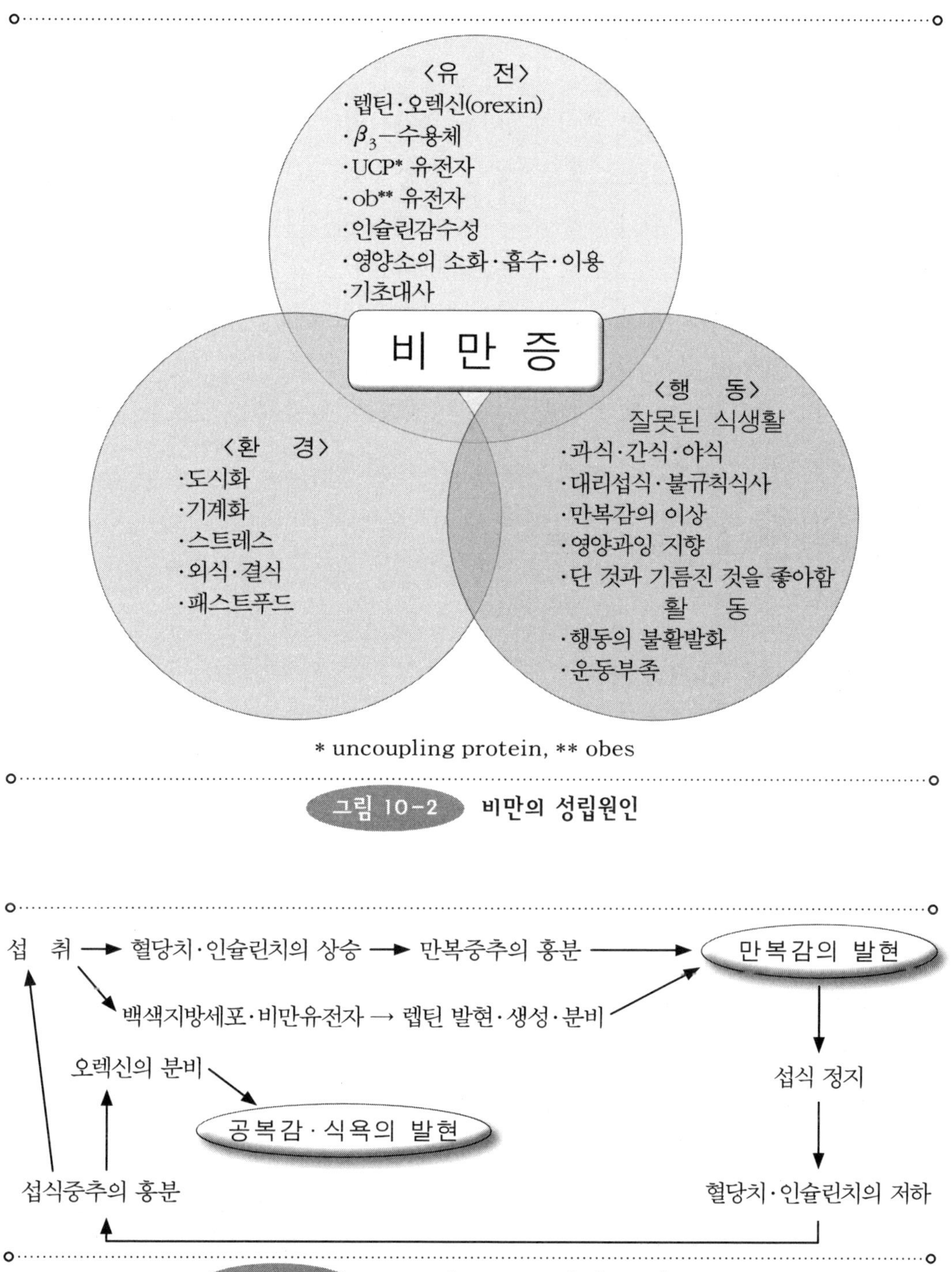

그림 10-2 비만의 성립원인

그림 10-3 대뇌시상하부에 의한 식욕조절의 구조

　운동을 하면 기초대사와 활동대사가 상승되어 소비에너지를 높은 수준으로 유지할 수 있으므로, 일상생활에서 적당한 운동이 필요하다. 렙틴(leptin)은 지방세포에서 분비되어 식욕억제와 에너지소비를 증가시키는 기능을 한다. 비만인 사람은 이 렙틴이 작용하기 어려운 렙틴저항성 상태에 있다고 볼 수 있다.

　연구에 의하면 에너지검약유전자의 하나인 β_3-아드레날린수용체의 이상은 인구의 약 30% 즉 3명 중 1명으로 높은 비율이라는 것이 판명되었다. β_3-아드레날린수용체는 지방세포에 발현하여 체열생산과 지방분해에 관여하고 있다. 그러나 이 유전자이상을 갖고 있다고 해서 반드시 비만이 된다고는 할 수 없고, 다른 비만유전자와 환경요인이 복잡하게 관여하여 비만이 발증하는 것으로 밝혀졌다.

3 식사요법의 종류

1) 초저열량 식이요법

　케톤성식사요법(ketogenic diet)으로 알려진 초저열량식사요법(very-low-caloric diets)에서는 일일 섭취열량을 400~800kcal로 심하게 제한한다. 이는 1주에 1.0~1.5kg의 체중을 감량시키며, 질소균형의 파괴를 최소화하고, 주로 지방을 분해시킨다. 이 식사요법은 주로 단백질만을 섭취하는 방법과 단백질과 탄수화물을 같이 섭취하는 방법이 있는데, 단백질만을 섭취하면 초기에 수분과 전해질의 이뇨현상이 일어난 후 체중이 감소하게 된다. 따라서 양질의 단백질을 이용하고 비타민과 무기질을 적절하게 보충해 주어야 한다.

　대상은 표준체중보다 30% 이상 과체중 또는 체질량지수가 30 이상인 사람과 관련된 질병(제2형 당뇨병, 고혈압, 수면무호흡증후군) 때문에 빠른 속도의 체중감량이 필요한 사람에게 가장 적절하다. 한편, 임산부, 수유부, 65세 이상이거나 12세 미만인 사람, 통풍을 앓았거나 현재 앓고 있는 사람, 급성심근경색을 앓거나 심장질환이 있는 사람, 뇌혈관질환 환자, 정신질환자, 약물이나 알코올중독자 등은 초저열량 식사요법은 제한해야 한다.

다만 주당 1~2kg 이상의 체중감량은 신체장기 등을 포함한 제지방조직의 단백질 손실을 가져오므로 체지방과 제지방을 3:1의 비율로 감소시키는 것을 원칙으로 한다. 초저열량 식사요법의 부작용으로 급사, 복부팽만감, 오심, 구토, 복통, 설사, 담낭질환의 악화, 부정맥, 월경이상, 피부건조, 모발손실, 두통, 허약, 무기력감, 저혈압, 구취 등이 나타난다.

2) 개별화된 중정도의 열량 제한식

장기간에 걸친 체중감량방법으로 평소 섭취량보다 500~600kcal 감량한 식사를 제공한다. 식사내용의 변화로 공복감을 심하게 느끼거나 장기간의 식이요법에 싫증이 나서 중도포기확률이 높은 문제점이 있으므로 초저열량식사와 저열량식사를 병행하는 순환식식사요법이 효과적인 것으로 알려져 있다.

초저열량식사와 저열량식사요법에 대한 우리나라 연구를 살펴보면, 체질량지수가 27이상인 비만인 30명을 대상으로 4주 동안 초저열량식(400kcal/day)와 저열량식(저녁식사를 156kcal 저열량 균형식으로 대체)을 2회 반복하는 순환식식사요법을 시행한 결과 체중, 체지방률, 허리/엉덩이 둘레비율(waist hip ratio : WHR) 등은 연구 시작 전에 비해 유의적으로 개선되었다. 체중은 75.6±2.2kg에서 71.7±2.0kg으로 감소하였으며(p<0.01), 체지방률은 37.7±0.9%에서 36.2±1.0kg으로 유의한 변화를 나타내었다. 체지방의 분포를 나타내는 WHR은 0.954에서 0.932로 감소하였다. 초저열량식시요법과 저열량식사를 병행하는 순환식 식사요법으로 단기간에 효과적인 체중감량을 이룰 수 있었으며 중도실패율 또한 매우 낮은 것으로 나타났다.

3) 저열량저당질(고단백) 식이요법

저열량저당질 식이요법은 저열량식사로 인한 단백질부족에 따른 부작용(심장,

간장, 신장, 폐 등 장기의 기능장애)을 예방할 수 있으며 단백질을 충분히 공급하므로 체조직의 감소를 최소화하고 지방분해를 촉진한다. 단백질 33~70g, 탄수화물 30~45g, 지방 2g을 하루 3~5번으로 나누어 섭취하고 무기질을 공급하도록 한다.

이 식사요법을 실시하면 당질이 대사산물인 케톤체(acetoacetic acid, acetone, β-hydroxybutyric acid)가 생성되어 이뇨작용에 의한 탈수현상이 일어난다. 또한 혈중케톤체의 농도가 높아지므로 식욕이 상실되어 에너지 섭취량이 감소되기 때문에 급격한 체중감소를 야기할 수 있다. 그러나 체액손실, 현기증, 저혈압, 피로감, 구취 등을 유발할 수 있으며, 70% 이상을 당질로 섭취하는 한국사람에게는 적용하기 어려운 점도 있다.

4) 저지방식 식이요법

저지방질 식이요법(low fat diet)은 특별히 칼로리제한을 하지 않지만 지질섭취를 줄임으로써 1일 총칼로리섭취량을 감소시키는 원리를 이용한 식이요법이다. 비만 초기에 강도 높게 열량을 제한하여, 어느 정도 체중을 감량한 후 장기간 체중을 유지하는 과정에서 효과가 있는 방법이다. 특히 심혈관계질환자에게는 경우에 상당히 유익하다. 그러나 체중감소의 속도가 느리고, 감소량이 적어 지루하고 쉽게 포기할 수 있는 단점이 있다.

4 요요현상

1) 요요현상의 정의

놀이기구 중 '요요'의 특성에서 비롯된 말로 처음 빠졌던 몸무게가 다시 원상

복귀되는 것을 일컫는다. 인체는 자신의 몸을 유지하기 위해 기초대사량을 조절하는 기능이 있다. 단식이나 급격한 절식을 하면 에너지가 공급되지 않아 인체는 적은 에너지를 소비하여도 살아갈 수 있도록 기초대사량을 줄이게 된다.

이와 같이 기초대사량을 줄였는데 다이어트 후 이전과 비슷한 음식이나 더 많은 음식을 섭취하면 인체는 잉여에너지를 지방으로 저장하기 때문에 다이어트 이전보다 훨씬 빠른 속도로 체중이 증가한다. 일반적으로 감량한 체중을 5년 이상 유지하여 건강에 무리가 없어야 성공한 다이어트라고 한다.

2) 요요현상 방지법

(1) 극단적인 다이어트 금지

단식이나 원푸드 다이어트처럼 섭취칼로리를 극단적으로 제한하는 방법일수록 요요현상과 건강악화 등 부작용이 따른다. 따라서 식사를 규칙적으로 하고 비타민, 미네랄, 질좋은 단백질 등 균형있는 영양소를 섭취하되 고지방·고칼로리식품은 제한한다.

(2) 식사요법과 함께 유산소운동 실시

일주일에 3회 이상의 유산소운동은 에너지 소비량을 증가시키너 기초대사량을 높이기 때문에 요요현상을 막는 데 효과적이다. 또한 비반의 식사치료를 위한 식습관변화를 줄 수 있는 행동수정법을 습득하여 생활 속에서 자연스럽게 기초대사량을 늘려가는 방법을 찾는다.

5 행동수정요법

Fester 등과 Stuart가 비만치료에 행동요법을 처음으로 도입한 시기는 1967년경이었다. 특히 Stuart는 식사습관, 영양분섭취와 활동 또는 운동량교정을 위해 학습의 원칙을 적용하는 방법을 기술하였고, 이를 바탕으로 '행동수정요법지침서'가 발간되어 활발한 연구가 시작되었다.

행동수정은 섭식행위, 신체적 활동량(운동), 비만을 일으키거나 유지하는 것과 관련된 여러 행동 등에 대하여 체계적으로 이루어져야 한다. 행동수정기술에는 자가모니터링, 자극조절, 좋은 습관의 강화, 행동계약, 사회적 지지 등이 포함된다.

1) 자극조절

자극조절(stimulus control)은 먹고 싶은 욕구를 최소화하기 위해 여러 환경조건의 영향을 조절하는 것을 의미한다. 즉 TV중계를 보면서 맥주를 마시거나 과자를 먹는 행동을 조절하는 것, 인스턴트식품 등 간단히 조리할 수 있는 음식을 눈에 띄지 않게 찬장 깊숙이 보관하는 것, 조리할 음식재료만 냉장고에 보관하는 것 등을 예로 들 수 있다.

2) 자기감시

자기감시(self-monitoring)란 먹는 음식과 먹는 행동에 영향을 주는 조건들을 추적 및 관찰하는 것으로 행동요법의 기본이 되는 과정이다. 먹는 장소, 시기, 심리상태 등을 일기형식으로 기록함으로써 개인의 식생활을 좀더 이해할 수 있는 수단으로 사용하게 되는 것이다. 구체적으로는 환자가 무슨 음식을 어느 정도 섭취하는지에 대한 기록은 물론 어디에서, 누구와 함께, 어떤 상황(감정상태, 배고픔의 정도)에서 음식을 먹는지 자세히 기록해야 한다. 의료진은 이 기록을 분석하여 새로운 방식의 음식섭취방법을 제시하고 실천하도록 권유한다.

자기관찰의 목적은 식습관을 항상 인식하고, 먹는 습관과 운동습관을 평가하고, 치료 프로그램에 적응하는 환자의 동기를 평가하는 데 있다.

3) 강　화

　행동의 빈도와 강도가 행동의 결과에 의하여 굳어지게 되는 과정을 강화(reinforcement)라고 한다. 예를 들어 목표한 체중에 도달하면 매일 정해진 시간과 장소에서 끼니를 먹는 습관이 생기면 의복구입자금을 매일 3천 원씩 저금하는 것과 같은 금전적인 방법으로 강화시킬 수 있다는 것이다. 좋은 습관을 강화시키는 전략은 다음과 같다.
　① 체중변화보다는 행동변화에 대하여 포상을 한다.
　② 식사와 관련된 행동은 포상하지 않는다.
　③ 금전적인 것이나 옷과 같은 실질적인 포상을 한다.
　④ 행동변화의 목표에 도달하면 바로 포상한다.

4) 행동계약

　먹는 습관과 운동습관의 교정을 위하여 자극조절과 강화를 통합한 개념으로 비만환자, 치료사 등에 의하여 작성되는 일종의 서면동의서를 행동계약(behavioral control)이라고 한다. 행동계약의 요령은 다음과 같다.
　① 행동변화의 목표를 정확하고 분명히 기록한다.
　② 목표달성시간표를 자성한다.
　③ 최종목표달성을 위하여 습관을 점진적으로 변화시킨다.
　④ 실제적으로 현실적인 목표를 세운다.
　⑤ 체중변화보다 행동변화에 계약을 체결한다.

5) 사회적 지지

　비만환자의 친구나 가족들이 환자의 식사 및 운동에 직·간접적으로 영향을 미치기 때문에 이 같은 사회적 지지(social support)가 체중감소의 성공적인 요인으로 알려지고 있다. 사회적 지지에 관한 방법으로는 자신이 개인적으로 사회적 도우미를 선정하여 직접 훈련과 교육을 시키는 방법, 도우미가 치료과정에 참여하여 관찰하여 식습관 및 운동습관을 고치는 방법으로 보다 더 적극적인 방법 등이 있다.

행동계약의 요령은 다음과 같다.

① 격려가 되는 도우미를 선택한다.

② 어떻게 도와야 하는지 도우미를 교육시킨다.

③ 도우미의 지원에 감사를 표시한다.

④ 명확한 도우미를 선택한다.

⑤ 어려움이 있을 때 도우미가 돕게 한다.

행동요법은 비만의 치료에 효과적이라는 것은 사실이다. 그러나 비만의 다른 치료법처럼 행동요법도 지속적으로 체중감량을 유지하는 것은 어려우며 행동요법치료가 끝나면 요요현상이 나타나기 때문에 다음과 같은 경우에 사용할 수 있는 적절한 치료라고 생각된다.

① 비만의 단계적 치료에서 중등도 이하의 환자로써 전문적인 도움없이 치료가 불가능한 경우에 사용한다.

② 비만의 약물치료과정에서 환자들이 남은 일생동안 계속 약물을 복용하기를 원하지 않기 때문에 약물 중단 시에 체중을 유지하는 방법으로 사용한다.

③ 감소한 체중을 유지하기 어려운 환경에 있는 사람들을 위하여 사회적 지지 그룹을 만들어서 장기간의 사회적·치료적 지원을 위하여 사용할 수 있다.

부 록

부록 I. 한국인 영양섭취기준

● 한국인 영양섭취기준의 정의 및 설정배경

'한국인 영양섭취기준(dietary reference intakes for Koreans : KDRIs, 한국영양학회, 한국인영양섭취기준위원회, 2005)'이란 한국인의 건강을 최적상태로 유지할 수 있는 영양소섭취수준이다. 종전의 영양권장량에서는 각 영양소의 단일 값으로 제시했으나 만성질환이나 영양소과다섭취 예방 등까지도 고려한 여러 수준으로의 영양섭취기준을 새로 설정하게 되었다.

● 영양섭취기준의 구성과 특성

▷ 평균필요량

평균필요량(estimated average requirements : EAR)은 대상집단을 구성하는 건강한 사람들의 절반에 해당하는 사람들의 일일 필요량을 충족시키는 값이다. 이것은 대상집단의 필요량 분포치 중앙값으로부터 산출한 수치이다. 필요량을 측정하기 위해서는 영양소 섭취상태에 민감하게 반영하는 기능적 지표가 존재해야 하며 영양상태에 대한 평가기준이 확립되어야 한다. 현재 모든 영양소에 대해 이러한 기준을 충족시키는 지표가 개발되어 있지는 않으며, 측정지표의 적절성의 기준이 연령에 따라 다를 수 있다. 따라서 현재 모든 영양소에 대해 평균 필요량의 설정이 가능하지는 않다.

▷ 권장섭취량

권장섭취량(recommended intake : RI)은 평균필요량에 표준편차의 2배를 더하여 정한다.

$$권장섭취량(RI) = 평균필요량(EAR) + 표준편차의 2배(2SD)$$
$$RI = EAR + 2SD_{EAR}$$

평균필요량의 표준편차에 대한 자료가 충분하지 않는 영양소(thiamin, riboflavin, 비타민 B_6, 엽산)에 대해서는 변이계수를 10%로 가정하고 권장섭취량을 산출하였다. 그러나 정규분포를 보이지 않는 영양소의 경우에는 통계적인 접근을 달리하여 97~98%에 해당하는 사람의 필요량을 RI로 제시하는 것이 가능하다.

▷ 충분섭취량

충분섭취량(avequate intake : AI)은 영양소 필요량에 대한 정확한 자료가 부족하거나 필요량의 중앙값과 표준편차를 구하기 어려워 RI를 산출할 수 없는 경우에 제시한다. 주로 역학조사에서 관찰된 건강한 사람들의 영양소 섭취수준을 기준으로 정한다.

따라서 각 영양소는 필요량에 대한 충분한 자료가 있으면 평균필요량(EAR)과 섭취권장량(RI)을 가지며, 이러한 자료가 충분하지 못할 때에는 충분섭취량(AI)을 갖는다.

RI와 AI는 모두 개인 차원에서 목표로 하여야 할 섭취량이라는 점에 일치하지만 실제상으로는 차이가 있다. EAR을 아는 경우에 RI는 인구집단의 97~98%에 해당되는 사람들의 필요량을 충족시키는 양이지만, AI는 어느 정도로 인구집단의 필요량을 충족하는지 확실치 않다.

▷ 상한섭취량

상한섭취량(tolerable upper intake level : UL)은 인체 건강에 유해영향이 나타나지 않는 최대 영양소 섭취수준이다. 과량섭취 시 건강에 악영향의 위험이 있다는 자료가 있는 경우에 설정이 가능하다. 따라서 유해영향이 확인된 영양소의 경우 영양소의 과잉섭취로 인한 위험을 예방하기 위하여 일반적인 집단의 대다수 구성원들에게 건강상 유해영향의 위험을 나타내지 않을 섭취 수준을 상한섭취량으로 설정한다.

용량-반응 평가 연구로부터 관찰할 수 있는 유해영향이 나타나지 않는 최대 용량인 최대무독성량(no observed adverse effect level : NOAEL)을 도출하거나 이에 대한 자료가 없는 경우에는 관찰할 수 있는 유해영향이 나타나지 않는 최저 용량인 최저독성량(lowest observed adverse effect level : LOAEL)에 개인의 감수성 차이 등에서 유래되는 불확실성을 고려한 불확실계수(uncertainty factor: UF)를 감안하여 상한섭취량을 책정한다.

$$상한섭취량 = LOAEL/UF$$

● 에너지적정비율

영 양 소	1~2세	3~19세	20세 이상
탄수화물	50~70%	55~70%	55~70%
단백질	7~20%	7~20%	7~20%
지 방	20~35%	15~30%	15~25%
n-6 불포화지방산	4~8%	4~8%	4~8%
n-3 불포화지방산	0.5~1.0%	0.5~1.0%	0.5~1.0%

● 다량영양소

성 별	연 령	에너지(kcal/일)				탄수화물(g/일)				지방(g/일)				n-6불포화지방산(g/일)			
		필요추정량	권장섭취량	충분섭취량	상한섭취량	평균필요량	권장섭취량	충분섭취량	상한섭취량	평균필요량	권장섭취량	충분섭취량	상한섭취량	평균필요량	권장섭취량	충분섭취량	상한섭취량
영아	0~5(개월)	600						55				25				2.0	
	6~11	730						90				25				4.5	
유아	1~2(세)	1,000															
	3~5	1,400															
남자	6~8(세)	1,600															
	9~11	1,900															
	12~14	2,400															
	15~19	2,700															
	20~29	2,600															
	30~49	2,400															
	50~64	2,200															
	65~74	2,000															
	75이상	2,000															
여자	6~8(세)	1,500															
	9~11	1,700															
	12~14	2,000															
	15~19	2,000															
	20~29	2,100															
	30~49	1,900															
	50~64	1,800															
	65~74	1,600															
	75이상	1,600															
임신부		+0/340/450*														9	
수유부		+320														10	

성 별	연 령	n-3불포화지방산(g/일)				단백질(g/일)				식이섬유(g/일)				수분(mL/일)			
		평균필요량	권장섭취량	충분섭취량	상한섭취량	평균필요량	권장섭취량	충분섭취량	상한섭취량	평균필요량	권장섭취량	충분섭취량	상한섭취량	평균필요량	권장섭취량	충분섭취량	상한섭취량
영아	0~5(개월)			0.3				9.5								700	
	6~11			0.8		10	13.5									800	
유아	1~2(세)					12	15					12				1,100	
	3~5					15	20					17				1,400	
남자	6~8(세)					20	25					19				1,700	
	9~11					30	35					23				2,000	
	12~14					40	50					29				2,400	
	15~19					45	60					32				2,700	
	20~29					45	55					31				2,700	
	30~49					45	55					29				2,500	
	50~64					40	50					26				2,300	
	65~74					40	50					26				2,100	
	75이상					40	50					26				2,100	
여자	6~8(세)					20	25					18				1,600	
	9~11					25	35					20				1,800	
	12~14					35	45					24				2,000	
	15~19					35	45					24				2,100	
	20~29					35	45					25				2,100	
	30~49					35	45					23				2,000	
	50~64					35	45					22				1,800	
	65~74					35	45					22				1,700	
	75이상					35	45					22				1,700	
임신부				2.1		+19	+25					+5				+200	
수유부				2.4		+20	+25					+4				+700	

*임신 3분기별 영양섭취기준

● 지용성비타민

성 별	연 령	비타민A(μg RE/일)				비타민D(μg/일)				비타민E(mg a-TE/일)				비타민K(μg/일)			
		평균 필요량	권장 섭취량	충분 섭취량	*상한 섭취량	평균 필요량	권장 섭취량	충분 섭취량	상한 섭취량	평균 필요량	권장 섭취량	충분 섭취량	**상한 섭취량	평균 필요량	권장 섭취량	충분 섭취량	상한 섭취량
영아	0~5(개월)			350	600			5	25			3				4	
	6~11			400	600			5	25			4				7	
유아	1~2(세)	200	300		600			10	60			5	100			25	
	3~5	210	300		700			10	60			6	130			30	
남 자	6~8(세)	290	400		1,000			10	60			7	180			45	
	9~11	380	550		1,400			10	60			9	260			55	
	12~14	500	700		2,100			10	60			10	380			70	
	15~19	600	850		2,400			10	60			10	430			80	
	20~29	540	750		3,000			5	60			10	540			75	
	30~49	520	750		3,000			5	60			10	540			75	
	50~64	500	700		3,000			10	60			10	540			75	
	65~74	500	700		3,000			10	60			10	540			75	
	75이상	500	700		3,000			10	60			10	540			75	
여 자	6~8(세)	270	400		1,000			10	60			7	180			45	
	9~11	350	500		1,400			10	60			9	260			55	
	12~14	460	650		2,100			10	60			10	380			65	
	15~19	500	700		2,400			10	60			10	430			65	
	20~29	460	650		3,000			5	60			10	540			65	
	30~49	450	650		3,000			5	60			10	540			65	
	50~64	430	600		3,000			10	60			10	540			65	
	65~74	430	600		3,000			10	60			10	540			65	
	75이상	430	600		3,000			10	60			10	540			65	
임신부		+50	+70		3,000			+5	60			+0	540			+0	
수유부		+350	+500		3,000			+5	60			+3	540			+0	

*상한섭취량(μl/일), **RRR-α-tocopherol

● 수용성비타민

성 별	연 령	판토텐산(mg/일)				바이오틴(μg/일)				니이아신(mg/일)				
		평균 필요량	권장 섭취량	충분 섭취량	상한 섭취량	평균 필요량	권장 섭취량	충분 섭취량	상한 섭취량	평균 필요량	권장 섭취량	충분 섭취량	*상한 섭취량	**상한 섭취량
영아	0~5(개월)			1.7				5				2		
	6~11			1.8				6				3		
유아	1~2(세)			2				8		5	6		10	180
	3~5			2				10		5	7		10	250
남 자	6~8(세)			3				15		7	9		15	350
	9~11			4				20		9	12		20	500
	12~14			5				25		12	15		25	700
	15~19			6				25		13	18		30	800
	20~29			5				30		12	16		35	1,000
	30~49			5				30		12	16		35	1,000
	50~64			5				30		12	16		35	1,000
	65~74			5				30		12	16		35	1,000
	75이상			5				30		12	16		35	1,000
여 자	6~8(세)			3				15		6	9		15	350
	9~11			4				20		8	10		20	500
	12~14			5				25		10	13		25	700
	15~19			6				25		10	13		30	800
	20~29			5				30		11	14		35	1,000
	30~49			5				30		11	14		35	1,000
	50~64			5				30		11	14		35	1,000
	65~74			5				30		11	14		35	1,000
	75이상			5				30		11	14		35	1,000
임신부				+1				+0		+3	+4		35	1,000
수유부				+2				+5		+3	+4		35	1,000

*니코틴산(mg/일), **니코틴아미드(mg/일)

● 수용성비타민

성 별	연 령	비타민C(mg/일)				타이아민(mg/일)				리보플라빈(mg/일)			
		평균 필요량	권장 섭취량	충분 섭취량	상한 섭취량	평균 필요량	권장 섭취량	충분 섭취량	상한 섭취량	평균 필요량	권장 섭취량	충분 섭취량	상한 섭취량
영아	0~5(개월)			35				0.2				0.3	
	6~11			45				0.3				0.4	
유아	1~2(세)	30	40		350	0.4	0.5			0.5	0.6		
	3~5	30	40		500	0.4	0.5			0.6	0.7		
남자	6~8(세)	40	60		700	0.6	0.7			0.7	0.9		
	9~11	55	70		1,000	0.8	0.9			0.9	1.1		
	12~14	75	100		1,400	1.0	1.2			1.3	1.5		
	15~19	85	110		1,600	1.1	1.4			1.5	1.8		
	20~29	75	100		2,000	1.0	1.2			1.3	1.5		
	30~49	75	100		2,000	1.0	1.2			1.3	1.5		
	50~64	75	100		2,000	1.0	1.2			1.3	1.5		
	65~74	75	100		2,000	1.0	1.2			1.3	1.5		
	75이상	75	100		2,000	1.0	1.2			1.3	1.5		
여자	6~8(세)	40	60		700	0.5	0.6			0.6	0.7		
	9~11	55	70		1,000	0.7	0.8			0.8	0.9		
	12~14	70	90		1,400	0.8	1.0			1.0	1.2		
	15~19	75	100		1,600	0.8	1.0			1.0	1.2		
	20~29	75	100		2,000	0.9	1.1			1.0	1.2		
	30~49	75	100		2,000	0.9	1.1			1.0	1.2		
	50~64	75	100		2,000	0.9	1.1			1.0	1.2		
	65~74	75	100		2,000	0.9	1.1			1.0	1.2		
	75이상	75	100		2,000	0.9	1.1			1.0	1.2		
임신부		+10	+10		2,000	+0.4	+0.5			+0.3	+0.4		
수유부		+35	+35		2,000	+0.3	+0.5			+0.4	+0.5		

성 별	연 령	비타민 B$_6$(mg/일)				엽산(μg DFE/일)				비타민 B$_{12}$(μg/일)			
		평균 필요량	권장 섭취량	충분 섭취량	상한 섭취량	평균 필요량	권장 섭취량	충분 섭취량	상한 섭취량	평균 필요량	권장 섭취량	충분 섭취량	상한 섭취량
영아	0~5(개월)			0.1				65					
	6~11			0.3				80					
유아	1~2(세)	0.5	0.6		25	120	150		300	0.75	0.9		
	3~5	0.6	0.7		35	150	180		300	0.9	1.1		
남자	6~8(세)	0.7	0.9		45	180	220		400	1.1	1.3		
	9~11	0.9	1.1		60	250	300		600	1.5	1.8		
	12~14	1.3	1.5		80	300	360		800	1.8	2.2		
	15~19	1.5	1.8		100	320	400		1,000	2.0	2.4		
	20~29	1.3	1.5		100	320	400		1,000	2.0	2.4		
	30~49	1.3	1.5		100	320	400		1,000	2.0	2.4		
	50~64	1.3	1.5		100	320	400		1,000	2.0	2.4		
	65~74	1.3	1.5		100	320	400		1,000	2.0	2.4		
	75이상	1.3	1.5		100	320	400		1,000	2.0	2.4		
여자	6~8(세)	0.7	0.8		45	180	220		400	1.1	1.3		
	9~11	0.9	1.0		60	250	300		600	1.5	1.8		
	12~14	1.2	1.4		80	300	360		800	1.8	2.2		
	15~19	1.2	1.4		100	320	400		1,000	2.0	2.4		
	20~29	1.2	1.4		100	320	400		1,000	2.0	2.4		
	30~49	1.2	1.4		100	320	400		1,000	2.0	2.4		
	50~64	1.2	1.4		100	320	400		1,000	2.0	2.4		
	65~74	1.2	1.4		100	320	400		1,000	2.0	2.4		
	75이상	1.2	1.4		100	320	400		1,000	2.0	2.4		
임신부		+0.7	+0.8		100	+200	+200		1,000	+0.2	+0.2		
수유부		+0.8	+0.7		100	+150	+150		1,000	+0.2	+0.2		

● 다량무기질

성 별	연 령	칼슘(mg/일)				인(mg/일)				나트륨(g/일)			
		평균 필요량	권장 섭취량	충분 섭취량	상한 섭취량	평균 필요량	권장 섭취량	충분 섭취량	상한 섭취량	평균 필요량	권장 섭취량	충분 섭취량	상한 섭취량
영아	0~5(개월)			200				100				0.12	
	6~11			300				300				0.37	
유아	1~2(세)	300	500		2,500	350	500		3,000			0.8	
	3~5	400	600		2,500	390	500		3,000			1.0	
남 자	6~8(세)	550	700		2,500	550	700		3,000			1.2	
	9~11	800	800		2,500	810	1,000		3,500			1.5	2.0
	12~14	800	1,000		2,500	870	1,000		3,500			1.5	2.0
	15~19	580	1,000		2,500	790	1,000		3,500			1.5	2.0
	20~29	580	700		2,500	580	700		3,500			1.5	2.0
	30~49	580	700		2,500	580	700		3,500			1.5	2.0
	50~64	580	700		2,500	580	700		3,500			1.3	2.0
	65~74	580	700		2,500	580	700		3,500			1.2	2.0
	75이상	580	700		2,500	580	700		3,000			1.1	2.0
여 자	6~8(세)	550	700		2,500	450	600		3,000			1.2	
	9~11	550	800		2,500	700	900		3,500			1.5	2.0
	12~14	750	900		2,500	690	900		3,500			1.5	2.0
	15~19	750	900		2,500	590	800		3,500			1.5	2.0
	20~29	580	700		2,500	580	700		3,500			1.5	2.0
	30~49	580	700		2,500	580	700		3,500			1.5	2.0
	50~64	580	800		2,500	580	700		3,500			1.3	2.0
	65~74	580	800		2,500	580	700		3,500			1.2	2.0
	75이상	580	800		2,500	580	700		3,000			1.1	2.0
임신부		+220	+300		2,500	+0	+0		3,000			+0	2.0
수유부		+330	+400		2,500	+0	+0		3,500			+0	2.0

성 별	연 령	염소(g/일)				칼륨(g/일)				마그네슘(mg/일)			
		평균 필요량	권장 섭취량	충분 섭취량	상한 섭취량	평균 필요량	권장 섭취량	충분 섭취량	상한 섭취량	평균 필요량	권장 섭취량	충분 섭취량	*상한 섭취량
영아	0~5(개월)			0.1				0.4				30	
	6~11			0.56				0.7				50	
유아	1~2(세)			1.2				2.5		60	75		(65)
	3~5			1.5				3.0		80	100		(85)
남 자	6~8(세)			1.9				3.8		120	140		(120)
	9~11			2.3				4.7		170	200		(170)
	12~14			2.3				4.7		250	300		(250)
	15~19			2.3				4.7		340	400		(350)
	20~29			2.3				4.7		285	340		(350)
	30~49			2.3				4.7		295	350		(350)
	50~64			2.0				4.7		295	350		(350)
	65~74			1.8				4.7		295	350		(350)
	75이상			1.6				4.7		295	350		(350)
여 자	6~8(세)			1.9				3.8		115	140		(120)
	9~11			2.3				4.7		165	200		(170)
	12~14			2.3				4.7		230	280		(250)
	15~19			2.3				4.7		280	340		(350)
	20~29			2.3				4.7		235	280		(350)
	30~49			2.3				4.7		235	280		(350)
	50~64			2.0				4.7		235	280		(350)
	65~74			1.8				4.7		235	280		(350)
	75이상			1.6				4.7		235	280		(350)
임신부				+0				+0		+33	+40		(350)
수유부				+0.4				+0.4		+0	+0		(350)

*식품의 급원의 마그네슘에만 해당

● 미량무기질

성별	연령	철(mg/일)				아연(mg/일)				구리(μg/일)				불소(mg/일)			
		평균 필요량	권장 섭취량	충분 섭취량	상한 섭취량	평균 필요량	권장 섭취량	충분 섭취량	상한 섭취량	평균 필요량	권장 섭취량	충분 섭취량	상한 섭취량	평균 필요량	권장 섭취량	충분 섭취량	상한 섭취량
영아	0~5(개월)			0.26	40			1.73				225				0.01	0.6
	6~11	5	7		40	2.2	2.5					290				0.5	0.9
유아	1~2(세)	5	7		40	2.4	3		6	230	300		2,000			0.6	1.2
	3~5	5	7		40	3.1	4		8	290	380		2,000			0.8	1.6
남자	6~8(세)	7	9		40	4.3	5		13	340	440		3,000			1.0	2.2
	9~11	9	12		40	6.2	7		18	440	570		5,000			2.0	10
	12~14	12	12		40	6.5	8		26	580	750		7,000			2.5	10
	15~19	8	16		45	8.4	10		34	670	870		10,000			3.0	10
	20~29	8	10		45	8.1	10		35	600	800		10,000			3.5	10
	30~49	8	10		45	7.9	9		35	600	800		10,000			3.5	10
	50~64	8	10		45	7.5	9		35	600	800		10,000			3.0	10
	65~74	8	10		45	7.2	9		35	600	800		10,000			3.0	10
	75이상	8	10		45	6.9	8		35	600	800		10,000			3.0	10
여자	6~8(세)	7	9		40	4.1	5		13	340	440		3,000			1.0	2.2
	9~11	9	12		40	5.9	7		18	440	570		5,000			2.0	10
	12~14	9	12		40	6.1	7		26	580	750		7,000			2.5	10
	15~19	12	16		45	7.2	9		34	670	870		10,000			2.5	10
	20~29	11	14		45	7.0	8		35	600	800		10,000			3.0	10
	30~49	11	14		45	6.8	8		35	600	800		10,000			2.5	10
	50~64	7	9		45	6.3	8		35	600	800		10,000			2.5	10
	65~74	7	9		45	6.0	7		35	600	800		10,000			2.5	10
	75이상	7	9		45	5.8	7		35	600	800		10,000			2.5	10
임신부		+7.5	+10		45	+2.0	+2.5		35	+100	+130		10,000			+0	10
수유부		+0	+0		45	+4.3	+5.0		35	+350	+450		10,000			+0	10

성별	연령	망간(mg/일)				요오드(μg/일)				셀레늄(μg/일)				몰리브덴(μg/일)			
		평균 필요량	권장 섭취량	충분 섭취량	상한 섭취량	평균 필요량	권장 섭취량	충분 섭취량	상한 섭취량	평균 필요량	권장 섭취량	충분 섭취량	상한 섭취량	평균 필요량	권장 섭취량	충분 섭취량	상한 섭취량
영아	0~5(개월)			0.008				130				8.5	45				
	6~11			0.8				170				11	60				
유아	1~2(세)			1.2	2	55	80			16	20		85				100
	3~5			2.0	3	65	90			18	25		100				150
남자	6~8(세)			2.5	4	75	100			24	30		150				200
	9~11			3.0	5	85	120			32	40		200				300
	12~14			3.3	7	90	130			41	50		250				400
	15~19			3.5	9	95	140			47	60		300				500
	20~29			3.5	11	95	150		3,000	42	50		400				600
	30~49			3.5	11	95	150		3,000	42	50		400				600
	50~64			3.5	11	95	150		3,000	42	50		400				600
	65~74			3.5	11	95	150		3,000	42	50		400				600
	75이상			3.5	11	95	150		3,000	42	50		400				600
여자	6~8(세)			2.3	4	75	100			24	30		150				200
	9~11			2.5	5	85	120			32	40		200				300
	12~14			2.8	7	90	130			41	50		250				400
	15~19			3.0	9	95	140			47	60		300				500
	20~29			3.0	11	95	150		3,000	42	50		400				600
	30~49			3.0	11	95	150		3,000	42	50		400				600
	50~64			3.0	11	95	150		3,000	42	50		400				600
	65~74			3.0	11	95	150		3,000	42	50		400				600
	75이상			3.0	11	95	150		3,000	42	50		400				600
임신부				+0	11	+90	+90			+3	+4		400				600
수유부				+0	11	+180	+180			+9	+11		400				600

부록 2. 한국인의 주요 식품과 1인 1회 분량

● 곡류 및 전분류의 주요 식품과 1인 1회 분량(serving size)

품　목		식품명	분량(g)	조리후분량(g)	비　고
곡류 및 전분류 I (300kcal)	곡 류	쌀, 보리밥, 찹쌀,밀 가루	90		
		쌀밥, 보리밥	210		
	면 류	생면-짜장면, 칼국수용	150		
		건면—국수용	90	300	
		냉면용—건면	150	330	
	떡 류	흰떡—떡국용	150		
		—떡볶음용	100		200kcal
		기타 떡류	100		
	빵 류	식빵, 카스테라	100		
		도넛, 곰보빵	80		
		케이크	90		
곡류 및 전분류 II* (100kcal)	시리얼류	콘플레이크 등	30		115kcal
	감자류	감자(중 1개)	130	130	
		고구마(중 1/2개)	100	100	
	면류	당 면	30	90	
	묵류	메밀묵, 도토리묵, 녹두묵	100		45kcal
	견과류	밤(60개)	60	60	
	과자류	과 자	30		150kcal

*곡류 및 전분류 II는 I과 열량이 다르므로 식단 작성 시 감안할 것

● 고기, 생선, 계란, 콩류의 주요식품과 1인 1회 분량(serving size)

품　목		식품명	분량(g)	조리후분량(g)	비고
고기,생선,계란, 콩류(80kcal)	육 류	쇠고기[1]	60	구이시 40~45	90kcal
		돼지고기[2]	60	편육시 40~45	130kcal
		닭고기[3](뼈포함시 80-90g)	60		70kcal
		소시지, 햄, 런천미트	40		110kcal
	어패류	갈치, 삼치, 꽁치, 고등어	70	작은것 1토막	110kcal
		동태, 가자미, 오징어	70	작은것 1토막	70kcal
		어 묵	50		50kcal
		전복, 깐홍합, 생굴, 조갯살	80		70kcal
		잔멸치	15	1/4컵	36kcal
		뱅어포	8		26kcal
		북어채, 어채, 오징어포	18		67kcal
	난 류	계 란	50	중 1개	75kcal
	콩 류	검정콩	20		83kcal
		두부-조림, 지점, 구이용	80		75kcal
		순두부, 연두부	100		55kcal
		두 유	200		110kcal

[1] 한우, 등심(살코기) 기준, [2] 한돈, 안심 기준, [3] 껍질 제외

● 채소류의 주요 식품과 1인 1회 분량(serving size)

품　목		식품명	분량(g)	조리후분량(g)
채소류	채소류(20kcal)	시금치, 쑥갓, 미나리, 근대	70	45(1/3컵)
		콩나물	70	2/5컵
		무, 오이, 당근, 양배추, 피망 등	70	
		배추김치	60	
		깍두기, 총각김치, 열무김치	50	
		양파, 도라지, 아욱 등	50	
		연근, 우엉 등 조림용	25	
	해조류(10kcal)	미역－건미역	6	불린 후 70
		－생미역	70	
		김	2	(1장)구운김(기름첨가) 4

● 과일류의 주요 식품과 1인 1회 분량(serving size)

품　목	식품명	분량(g)
과일류(50kcal)	토마토, 딸기, 수박	200
	그 외 다른 과일들	100
	과일쥬스	100

● 우유 및 유제품의 주요 식품과 1인 1회 분량(serving size)

품　목		식품명	분량(g)	조리후분량(g)
우유 및 유제품(125kcal)	우유	우유	200	125kcal
	유제품	치즈(1장)	20	62kcal
		요구르트－호상(1개)	110	110kcal
		－액상(1개)	150	110kcal
		아이스크림(1/2컵)	100	*210kcal

*농축에너지원이므로 과다한 섭취를 삼갈 것

● 유지, 견과 및 당류의 주요 식품과 1인 1회 분량(serving size)

품　목		식품명	분량(g)
유지, 견과 및 당류(45kcal)	유지류	식물성기름-식용유,참기름, 들기름	5
		버터, 마아가린, 마요네즈	6
	견과류	땅콩, 잣, 호두, 아몬드	8
	당류	설탕	12
		탄산음료(1/2컵)	100

부록 3. 식품분석표

● 식품의 1인 1회 분량별 영양소 함량(1)

식품명	1회 분량	에너지 (kcal)	단백질(g)	지방 (g)	탄수화물 (g)	식이섬유 (g)	칼슘 (mg)	인 (mg)	철 (mg)	나트륨 (mg)	칼륨 (mg)	비타민A	티아민	리보플라민	니아신	비타민C
쌀밥(백미)	210	286	6.3	0.21	68.88	0.84	4.2	48.3	0.84	6.3	39.9	0	0.042	0.021	0.63	0
백미	90	320	8.28	1.17	65.79	0.27	5.4	126	0.45	1.8	99	0	0.108	0.027	1.26	0
보리(보리쌀)	90	310	8.46	1.08	68.58	0.45	27	171	1.71	2.7	213.3	0	0.18	0.054	3.33	0
메밀국수(냉면국수)	100	341	10.5	1.4	73.9	0.4	2	116	2.1	396	220	0	0.01	0.01	1.4	0
국수(마른것)	100	375	10.6	0.2	78	0.4	15	124	1.6	2197	147	0	0.23	0.03	1.2	0
국수(삶은것)	300	372	13.8	1.2	72.6	0.3	36	90	0.6			0	0.06	0.06	0.6	0
라면	120	457	10.3	16.9	73.68	0.6	19.2	109.2	0.84	1206	315.6	82.8	0.66	0.456	1.08	0
식빵	100	283	8.3	5.2	50.7	0.4	22	86	0.7	66	165	2	0.13	0.05	1.9	0
가래떡	130	311	5.33	1.04	68.25	0	5.2	68.9	0.65	231.4	33.8	0	0.026	0.013	2.34	0
감자(생것)	130	85.8	3.64		18.72	0.26	5.2	81.9	0.78	3.9	630.5	0	0.143	0.078	1.3	46.8
고구마(생것)	90	115	1.26	0.18	27.27	0.81	21.6	48.6	0.45	13.5	386.1	17.1	0.054	0.045	0.63	22.5
묵(메밀묵)	150	87	2.55	0.3	19.2	0.3	9	60	0.3	166.5	34.5	0	0.015	0.015	1.65	0
밤(생것)	60	97.2	1.92	0.36	21.48	0.78	16.8	40.8	63.6	1.2	343.8	4.8	0.15	0.048	0.6	7.2
씨리얼(콘플레이크)	30	116	1.41	0.12	26.52	0.51	0	6.9	1.02	185.7	12.3	104.1	0.24	0.27	3	9.9
절편	50	110	2.2	0.4	21.85	0.05	7.5	20	0.25	92.5	12.5	0	0.015	0.005	0.4	0
쇠고기(한우, 안심)	60	88.8	12.5	3.78	0.12	0	13.8	105	2.82	271.8	228.6	7.2	0.048	0.15	3.12	0
돼지고기(앞다리,날것)	60	109	9.78	7.38	0	0	0.6	143.4	1.2	30	70.8	1.2	0.546	0.102	2.04	0
돼지고기삼겹살	60	199	10.3	17	0.18	0	4.8	79.2	0.42	26.4	121.2	3.6	0.408	0.18	2.64	0.6
닭고기(성계)	60	108	11.4	6.36	0.06	0	6	102	0.54	39.6	35.4	30	0.12	0.126	1.62	0
햄(등심)	60	78.6	9.9	2.52	3.54	0	3	198	0.42	648	147	0	0.1	0.12	4.2	25.8
가자미(생것)	50	64.5	11.1	1.85	0.15	0	20	98	0.35	115	188.5	4	0.09	0.13	2.15	1
갈치(생것)	50	74.5	9.25	3.75	0.05	0	23	95.5	0.5	50	130	10	0.07	0.06	1.15	0.5
고등어(생것)	50	91.5	10.1	5.2	0	0	13	116	0.8	37.5	305	11.5	0.09	0.23	4.1	0.5
꽁치(생것)	50	82.5	9.75	4.35	0.05	0	27	117	0.9	40	75	10.5	0.01	0.14	3.2	0.5
넙치(광어,생것)	50	51.5	10.2	0.85	0.15	0	26.5	99.5	0.8	80	210	4	0.05	0.1	3.25	0.5
다랑어(참다랑어, 성어,붉은살)	50	62.5	13.2	0.7	0.05	0	2.5	135	0.55	24.5	190	41.5	0.05	0.03	7.1	1
황다랑어(참치, 유지통조림)	50	76	14.5	1.5	0.15	0	1.5	88	1.8			0	0.03	0.07	6	1
명태(동태)	50	36.5	7.95	0.25	0.05	0	24	100	0.1	105	119	4.5	0.05	0.04	0.55	0
멍내(성어,묵어)	15	43.5	9.29	0.47		0	36.45	87.3	0.405	74.4	133.95		0.02	0.03	1.25	0
미꾸라지(생것)	50	48	8.1	1.4	0.1	0	368	218.5	4	42.5	145	94.5	0.05	0.33	3.95	1
삼치(생것)	50	68.5	9.45	3.05		0	12	107	0.4	28.5	205	4.5	0.04	0.15	4.45	0.5
민물장어(생것)	50	55	7.85	2.2	0.3	0	100.5	130	0.9	75	185	180	0.04	0.08	1.55	1
조기(참조기,생것)	50	46.5	9.15	0.85	0	0	18	87.5	0.45	77.5	190	4	0.03	0.11	2.2	0.5
오징어(생것)	50	47.5	9.75	0.65		0	12.5	136.5	0.25	90.5	130	1	0.03	0.04	1.25	
낙지	50	27.5	5.75	0.3	0.05	0	7.5	74.5	0.25	113.5	136.5	0	0.02	0.03	0.75	0
어묵(튀김)	50	70	5.9	1.15	8.85	0	29	44	0.45	374.5	61.5	0	0.01	0.01	0.1	0
굴(참굴,양식)	80	70.4	8.4	1.92	4.08	0	67.2	120	3.04	216	176	16.8	0.16	0.22	3.6	2.4

● 식품의 1인 1회 분량별 영양소 함량(2)

식품명	1회분량	에너지(kcal)	단백질(g)	지방(g)	탄수화물(g)	식이섬유(g)	칼슘(mg)	인(mg)	철(mg)	나트륨(mg)	칼륨(mg)	비타민A	티아민	리보플라민	니아신	비타민C
바지락조개(생것 , 양식)	80	54.4	10.4	0.88	0.56	0	72	148	10.64	296	184	11.2	0.03	0.12	1.92	1.6
새우(꽃새우,생것)	50	57	11	1	0.3	0	24	130.5	3			0	0.01	0.03	2	0
게(꽃게,생것)	80	59.2	11	0.64	1.6	0	94.4	145.6	2.4	243.2	288		0.03	0.06	2.08	
멸치(자건품,중멸치)	15	34.8	5.84	0.77	0.72	0	193.5	219.15	2.39	130.35	174		0.02	0.02	1.74	
조기(염건품/굴비)	15	49.8	6.66	2.28	0.06	0	10.2	84	2.16	61.8	48		0.03	0.03	1.98	0
오징어(말린것)	15	52.8	10.2	1.04		0	37.8	123.15	0.42	147	112.5		0.02	0.03	1.23	0
달걀(전란,생것)	50	79	6.25	5.35	0.45	0	19.5	120	1	65	60	79.5	0.03	0.21	0.05	0
메추라기알(전란,생것)	50	83	6.2	5.65	0.8	0	29	114.5	2.1	68	70	285.5	0.07	0.35	0.05	0
검정콩(흑태)	20	76.4	7.04	3.64	5.28	0.94	44	115.2	1.54	0.4	33.6	0	0.07	0.05	0.46	
대두(노란콩,국내산)	20	80	7.24	3.56	5.14	1	49	124	1.3	0.4	268	0	0.11	0.06	0.44	0
두부	80	67.2	7.44	4.48	0.96	0.16	100.8	112	1.2	4	72	0	0.02	0.02	0.16	0
두유	200	108	8.8	7.2	9.4	0	34	106	1.4	270	18	0	0.08	0.08	0.8	0
가지(생것)	70	13.3	0.63	0.07	3.15	0.56	11.2	23.1	0.21	2.1	147	3.5	0.028	0.021	0.28	6.3
고구마줄기(생것)	70	16.1	0.42	0.28	3.64	1.05	37.8	11.9	1.61	8.4	133	7	0.028	0.112	0.63	10.5
고사리(생것)	70	13.3	1.75	0.28	2.45	1.12	5.6	23.8	1.75	2.8	309.4	29.7	0.007	0.098	0.42	12.6
풋고추(개량종)	70	13.3	1.12	0.21	2.52	1.82	9.1	26.6	0.35	7	172.2	36.4	0.07	0.035	0.77	50.4
근대(생것)	70	11.2	1.61	0.21	1.61	0.56	57.4	31.5	1.47	112	259	333.9	0.042	0.098	0.42	12.6
깻잎(생것)	70	24.5	2.8	0.28	4.34	1.19	147.7	50.4	1.54	0.7	272.3	1066.8	0.063	0.315	0.63	8.4
당근(생것)	70	23.8	0.77	0.07	5.46	0.56	28	26.6	0.49	21	276.5	889	0.042	0.035	0.56	5.6
무청	70	13.3	1.4	0.14	2.45	0.7	174.3	24.5	2.1	25.2	191.1	583.8	0.035	0.07	0.42	52.5
무(조선무,뿌리)	70	12.6	0.56	0.07	2.66	0.42	18.2	16.1	0.49	9.1	149.1	5.6	0.021	0.014	0.28	10.5
들미나리(생것)	70	11.2	1.54	0.14	1.82	0.84	38.5	35	1.4	12.6	267.4	154	0.105	0.112	0.42	10.5
배추(생것)	70	9.1	0.91	0.14	1.68	0.49	35.7	20.3	0.21	3.5	161	6.3	0.035	0.042	0.21	32.2
부추(재래종,생것)	70	14.7	2.03	0.35	1.96	0.77	32.9	23.8	1.47	3.5	312.2	361.2	0.077	0.126	0.56	25.9
상추(개량종)	70	12.6	0.84	0.21	2.45	0.56	39.2	25.2	1.47	3.5	166.6	255.5	0.049	0.056	0.28	13.3
숙주나물(생것)	70	7.7	1.54	0.07	0.91	0.28	10.5	22.4	0.42	2.1	86.1	2.8	0.028	0.035	0.35	7
시금치(생것,하우스)	70	18.9	1.96	0.28	3.29	0.42	30.1	33.6	1.75	50.4	416.5	333.9	0.084	0.196	0.35	46.2
쑥갓(생것)	70	14.7	2.45	0.07	2.24	0.98	26.6	32.9	1.4	32.9	182	438.2	0.049	0.098	0.21	12.6
양배추(생것)	70	13.3	0.42	0.07	3.36	0.42	20.3	17.5	0.35	3.5	143.5	0.7	0.028	0.021	0.21	25.2
아욱(생것)	70	14	2.52	0.42	1.19	0.63	65.8	46.2	1.4	24.5	382.2	800.1	0.077	0.133	0.63	33.6
양파(국내산,생것)	70	23.8	0.7	0.07	5.6	0.28	11.2	21	0.28	1.4	100.8	0	0.028	0.007	0.07	5.6
오이(개량종)	70	7.7	0.77	0.21	1.26	0.35	19.6	53.9	0.42	1.4	218.4	7	0.028	0.014	0.21	6.3
취나물(생것)	70	21.7	2.31	0.28	3.78	1.19	86.8	42.7	1.61	11.2	328.3	415.8	0.028	0.07	0.49	9.8
콩나물(생것)	70	23.1	3.71	0.84	1.96	0.42	18.2	56.7	0.56	2.1	128.8	0	0.098	0.077	0.42	9.1
늙은호박(생것)	70	18.9	0.63	0.07	4.69	0.56	19.6	21	0.56	0.7	233.8	83.3	0.049	0.056	1.05	10.5
애호박(생것)	70	16.8	0.98	0.07	3.85	0.28	9.1	30.8	0.28	0.7	205.1	17.5	0.077	0.056	0.42	5.6
토마토(생것)	70	9.8	0.63	0.07	2.03	0.28	6.3	13.3	0.21	3.5	124.6	63	0.028	0.007	0.42	7.7
나박김치	60	5.4	0.48	0.06	1.02	0.48	21.6	4.2	0.06	753.6	39.6	46.2	0.018	0.036	0.3	6
오이소박이	60	10.2	1.02	0.24	1.62	0.78	26.4	32.4	0.24	364.2	185.4	63.6	0.048	0.024	0.36	7.8
갓김치	40	16.4	1.56	0.36	2.72	0.68	47.2	25.6	0.52	364.4	144.4	156	0.06	0.056	0.52	19.2

● 식품의 1인 1회 분량별 영양소 함량(3)

식품명	1회분량	에너지 (kcal)	단백질 (g)	지방 (g)	탄수화물 (g)	식이섬유 (g)	칼슘 (mg)	인 (mg)	철 (mg)	나트륨 (mg)	칼륨 (mg)	비타민A	티아민	리보플라민	니아신	비타민C
깍두기	40	13.2	0.64	0.12	2.68	0.28	14.8	16	0.16	238.4	160	365.6	0.056	0.02	0.2	7.6
배추김치	40	7.2	0.8	0.2	1.04	0.52	18.8	23.2	0.32	458.4	120	19.2	0.024	0.024	0.32	5.6
열무김치	40	9.2	0.96	0.2	1.44	0.44	32.8	17.2	0.72	340.4	129.6	203.2	0.016	0.032	0.24	10
느타리버섯(생것)	30	10.5	0.75	0.03	2.4	0.27	0	13.5	0.12	2.4	86.7	0	0.036	0.066	0.69	0.9
양송이버섯(생것)	30	6.9	1.05	0.03	1.14	0.3	2.1	30.6	0.45	2.4	160.5	0	0.021	0.159	1.2	0
팽이버섯(생것)	30	8.7	0.81	0.09	1.65	0.27	0.6	26.7	0.36	2.7	110.4	0	0.072	0.102	1.56	3.6
표고버섯 (참나무,생것)	30	8.1	0.6	0.09	1.62	0.21	1.8	8.4	0.18	1.5	54	0	0.024	0.069	1.2	
다시마(생것)	30	5.7	0.33	0.06	1.08	0.18	30.9	6.9	0.72	166.2	372.6	38.7	0.009	0.039	0.33	4.2
미역(생것,양식)	30	8.4	0.9	0.09	1.44	0.09	44.7	24	0.33	183	219	94.5	0.018	0.042	0.39	4.5
파래(생것,납작파래)	30	7.8	0.99	0.21	0.9	0.15	27.9	12.3	3.57		31.5		0.03	0.078	0.42	5.1
우엉(생것)	25	16	0.78	0.03	3.55	0.325	14	18	0.225	1.25	92.5	0	0.01	0.015	0.125	0.75
파(대파)	25	6.5	0.38	0.08	1.375	0.25	20.25	8.75	0.25	0.25	46.5	32.25	0.015	0.0225	0.15	5.25
파김치	25	1.3	0.85	0.2	2.575	0.375	17.5	13.75	0.225	219	84	88	0.035	0.035	0.225	4.75
도라지(생것)	25	20.8	0.43	0.1	4.9	0.45	9.75	8.5	0.55	2.5	115	0	0.02	0.0325	0.1	3
마늘(생것,국내산)	10	12.6	0.73	0.02	2.72	0.13	0.5	17.3	0.14	0.8	73	0	0.021	0.01	0.05	3.1
김(동원양반김)	2	11.8	0.44	0.89	0.484	0.08	10.2	31.28	0.798	86	82.86	153.1	0.0426	0.1242	0.368	3.1
토마토주스	100	13	0.8	0.4	2.7	0.4	10	16	0.8	63	156	40	0.03	0.02	0.7	5
딸기(개량종)	200	40	1.8	0.4	8.6	3.8	26	34	1	2	386	10	0.08	0.08	0.8	198
수박(적육질)	200	62	1.4	0.2	15.6	0.2	12	22	0.4	2	278	56	0.12	0.04	0.4	12
오렌지주스 (천연과즙)	200	84	1.4	0.4	21	0	22	42	0.4	4	262	24	0.18	0.06	1	80
참외(흰색과육)	200	52	1.8	1.4	9.4	0.6	32	20	0.4			26	0.04	0.1	1.4	30
감(단감)	100	44	0.5	0.1	11.4	1.1	8	18	0.3	2	149	23	0.03	0.03	0.3	50
귤(보통,임온주)	100	47	0.8	0.2	11.8	0.3	18	10	0.2	3	130	8	0.11	0.06	0.5	39
바나나(생과)	100	80	1.2	0.2	20.9	0.2	4	18	0.7	2	380	0	0.03	0.06	1	10
배(국내산,신고)	100	39	0.3	0.1	10.3	0.6	2	11	0.2	3	171	0	0.02	0.01	0.1	4
복숭아(백도)	100	34	0.9	0.2	8.2	0.5	3	17	0.5	2	133	2	0.02	0.01	0.4	7
사과(부사)	100	57	0.3	0.1	15.3	0.5	3	8	0.3	3	95	3	0.01	0.01	0.1	4
오렌지	100	43	0.9	0.1	10.9	0.3	33	20	0.2	1	126	15	0.11	0.2	0.3	43
포도(델라웨어)	100	55	0.5	0.3	14	0.2	5	10	0.2	5	136	6	0.06	0.01	0.1	2
우유(보통우유)	200	120	6.4	6.4	9.4	0	210	178	0.2	110	296	56	0.08	0.28	0.2	2
치즈(가공치즈)	20	62.4	3.66	4.84	1.1	0	100.6	168.8	0.06	226.8	16.4	47.6	0.014	0.06	0.02	0
야쿠르트(액상)	150	97.5	2.25	0.15	22.35	0	58.5	42	0.15	93	19.5	0	0.015	0.18	0	0
요구르트(호상딸기)	110	109	3.52	2.97	17.6	0.11	115.5	104.5	0.11	58.3	169.4	31.9	0.066	0.121	0.22	0
아이스크림 (12%유지방)	100	211	3.5	12	22.4	0	130	110	0.1	80	160	108	0.06	0.18	0.1	
버터	5	37.4	0.03	4.23	0.025	0	1.1	1.1	0.005	36.25	1.4	20.9	0.0005	0.0015	0	0
옥수수기름	5	44.2	0	5	0	0	0	0	0	0	0	0	0	0	0	0
참기름	5	44.2	0	5	0	0	0	0	0	0	0	0	0	0	0	0
콩기름	5	44.2	0	5	0	0	0	0	0	0	0	0	0	0	0	0
들기름	5	44.2	0	5	0	0	0	0	0	0	0	0	0	0	0	0

● 식품의 1인 1회 분량별 영양소 함량(3)

식품명	1회 분량	에너지 (kcal)	단백질 (g)	지방 (g)	탄수화물 (g)	식이섬유 (g)	칼슘 (mg)	인 (mg)	철 (mg)	나트륨 (mg)	칼륨 (mg)	비타민A	티아민	리보플라민	니아신	비타민C
커피프림	5	27.2	0.18	1.72	2.82	0	4.9	16.8	0.03	14.95	30.45	0	0.0015	0.0005	0.01	0
마요네즈(난황)	5	35.1	0.06	3.78	0.21	0	0.85	1.65	0.02	22.5	1	1.05	0.001	0.0025	0	0
깨소금	8	47.4	0.09	4.54	0.7	0.4	97.84	51.2	1.52			0	0.0408	0.0112		0
깨(흰깨, 말린것)	8	44.4	1.53	4.08	1.21	0.41	92.48	46.96	0.83	0.32	35.12	0.16	0.0448	0	0.432	0
땅콩(말린것,중립종)	10	55.9	2.03	4.3	2.27	0.64	2.4	34.4	0.28	0.2	80.8	0	0.204	0.007	1.65	0
꿀	10	29.4	0.02	0	7.97	0	0.2	0.4	0.08	0.7	1.3	0	0.001	0.001	0.02	0.3
당밀/시럽(가공당)	10	26.5	0.02	0	6.82	0			0.07	1		0	0.001	0.002	0.01	
사 탕	10	37.4	0.02	0	9.32	0	1.9			0.5	0.9					0
설탕(백설탕)	10	38.7	0	0	9.99		0.3		0.03	0.2	0.3	0	0	0	0	0
식 혜	200	80	0.4	0	22.2	0	4	8	0	8	6	0	0.02	0.12	0.8	10
탄산음료(과일 탄산음료)	200	98			25.4	0	6			4	2	0	0	0	0	0
사이다	200	80	0	0	20.2	0	4	2	0	10	0	0	0	0	0	0
콜 라	200	80	0	0	20	0	4	20	0	0	0	0	0	0	0	0

부록 4. 활동별 에너지소비량

체중 kcal/min·kg		kg	45	48	50	52	55	57	59	61	64	66	68	70	73	75	77	80	82	84	86	89	91	93	95	98	100
		lb	100	105	110	115	120	125	130	135	140	145	150	155	160	165	170	175	180	185	190	195	200	205	210	215	220
휴식활동	조용히 누워 있기		.99	1.0	1.1	1.1	1.2	1.3	1.3	1.4	1.4	1.5	1.5	1.5	1.6	1.6	1.7	1.7	1.8	1.8	1.9	1.9	2.0	2.0	2.1	2.1	2.2
	앉아있기, 글쓰기, 카드놀이 등		1.2	1.3	1.4	1.5	1.5	1.6	1.7	1.7	1.8	1.8	1.9	2.0	2.0	2.1	2.2	2.2	2.3	2.4	2.4	2.5	2.5	2.6	2.7	2.7	2.8
	서서하는 가벼운 활동, 청소 등		2.7	2.9	3.0	3.1	3.3	3.4	3.5	3.7	3.8	3.9	4.1	4.2	4.4	4.5	4.6	4.8	4.9	5.0	5.2	5.3	5.4	5.6	5.7	5.9	6.0
신체활동	궁 도		3.1	3.3	3.5	3.6	3.8	4.0	4.1	4.3	4.5	4.6	4.8	4.9	5.1	5.3	5.4	5.6	5.7	5.9	6.0	6.2	6.4	6.5	6.7	6.9	7.0
	배드민턴																										
	단식(레크리에이션)		3.6	3.8	4.0	4.2	4.4	4.6	4.7	4.9	5.1	5.3	5.4	5.6	5.8	6.0	6.2	6.4	6.6	6.7	6.9	7.1	7.3	7.4	7.6	7.8	8.0
	복식(레크리에이션)		2.7	2.9	3.0	3.1	3.3	3.4	3.5	3.7	3.8	3.9	4.1	4.2	4.4	4.5	4.6	4.8	4.9	5.0	5.2	5.3	5.4	5.6	5.7	5.9	6.0
	경기수행		5.9	6.1	6.7	6.7	7.0	7.3	7.6	7.9	8.2	8.5	8.8	9.1	9.4	9.7	10.0	10.3	10.6	10.9	11.2	11.5	11.8	12.1	12.4	12.7	13.0
	야 구																										
	야 수		3.1	3.3	3.4	3.6	3.8	4.0	4.1	4.3	4.4	4.5	4.7	4.8	5.0	5.2	5.3	5.5	5.6	5.8	5.9	6.1	6.3	6.4	6.6	6.8	6.9
	투 수		3.9	4.1	4.3	4.5	4.7	4.9	5.1	5.3	5.5	5.7	5.9	6.0	6.3	6.5	6.7	6.9	7.1	7.3	7.4	7.7	7.9	8.0	8.2	8.5	8.6
	농 구																										
	하프코트		3.0	3.1	3.3	3.5	3.6	3.8	3.9	4.1	4.2	4.4	4.5	4.7	4.8	5.0	5.1	5.3	5.4	5.6	5.7	5.9	6.0	6.2	6.4	6.5	6.7
	레크리에이션		4.9	5.2	5.5	5.7	6.0	6.2	6.5	6.7	7.0	7.2	7.5	7.7	8.0	8.2	8.5	8.7	9.0	9.2	9.5	9.7	10.0	10.2	10.5	10.7	11.0
	경기수행		6.5	6.8	7.2	7.5	7.8	8.2	8.5	8.8	9.2	9.5	9.9	10.2	10.5	10.9	11.2	11.5	11.9	12.2	12.5	12.9	13.2	13.5	13.8	14.2	14.5
	자전거 타기 (mph) (min/mile)																										
	5　　12:00		1.9	2.0	2.1	2.2	2.3	2.4	2.5	2.6	2.7	2.8	2.9	3.0	3.1	3.2	3.3	3.4	3.5	3.6	3.7	3.8	3.9	4.0	4.1	4.2	4.3
	6　　10:00		2.7	2.8	3.0	3.1	3.2	3.4	3.5	3.6	3.8	3.9	4.0	4.2	4.3	4.4	4.6	4.7	4.9	5.0	5.3	5.3	5.4	5.5	5.7	5.8	6.0
	8　　7:30		3.4	3.6	3.8	4.0	4.1	4.3	4.5	4.7	4.8	5.0	5.2	5.4	5.5	5.7	5.9	6.1	6.3	6.4	6.6	6.8	6.9	7.1	7.3	7.5	7.7
	10　　6:00		4.2	4.4	4.6	4.8	5.1	5.3	5.5	5.7	5.9	6.1	6.4	6.6	6.8	7.0	7.2	7.4	7.6	7.9	8.1	8.3	8.5	8.7	8.9	9.1	9.4
	11　　5:28		5.0	5.2	5.5	5.7	6.0	6.2	6.5	6.7	7.0	7.2	7.5	7.8	8.0	8.3	8.5	8.8	9.0	9.3	9.5	9.8	10.0	10.3	10.6	10.8	11.1
	12　　5:00		5.7	6.0	6.3	6.6	6.9	7.2	7.5	7.8	8.1	8.4	8.7	9.0	9.3	9.5	9.8	10.1	10.4	10.7	11.0	11.3	11.6	11.9	12.2	12.5	12.8
	13　　4:37		6.8	7.1	7.5	7.8	8.2	8.5	8.8	9.2	9.5	9.9	10.2	10.6	10.9	11.3	11.6	12.0	12.3	12.6	13.0	13.3	13.7	14.0	14.4	14.7	15.0
	미용체조		2.7	2.8	3.0	3.1	3.3	3.4	3.5	3.7	3.8	3.9	4.1	4.2	4.4	4.5	4.6	4.8	4.9	5.0	5.2	5.3	5.5	5.6	5.7	5.9	6.0
	볼 링																										
	가볍게		3.4	3.6	3.8	4.0	4.1	4.3	4.5	4.7	4.8	5.0	5.2	5.4	5.5	5.7	5.9	6.1	6.3	6.4	6.6	6.8	7.0	7.1	7.3	7.5	7.7
	경 연		9.7	10.1	10.6	11.1	11.6	12.1	12.5	13.1	13.6	14.1	14.6	15.1	15.6	16.1	16.6	17.1	17.6	18.1	18.6	19.1	19.6	20.0	20.5	21.0	21.5
	카 누 (mph) (min/mile)																										
	2.5　　24		1.9	2.0	2.1	2.2	2.3	2.4	2.5	2.6	2.7	2.8	2.9	3.0	3.1	3.2	3.3	3.4	3.5	3.6	3.7	3.8	3.9	4.0	4.1	4.2	4.3
	4.0　　15		4.4	4.6	4.9	5.1	5.3	5.5	5.8	6.0	6.2	6.4	6.7	6.9	7.1	7.4	7.6	7.8	8.0	8.2	8.5	8.7	8.9	9.1	9.4	9.6	9.8
	5.0　　12		5.7	6.0	6.3	6.6	6.9	7.2	7.5	7.8	8.1	8.4	8.7	9.0	9.3	9.5	9.8	10.1	10.4	10.7	11.0	11.3	11.6	11.9	12.2	12.5	12.8

체중 kcal/min·kg																									
kg	45	48	50	52	55	57	59	61	64	66	68	70	73	75	77	80	82	84	86	89	91	93	95	98	100
lb	100	105	110	115	120	125	130	135	140	145	150	155	160	165	170	175	180	185	190	195	200	205	210	215	220
덴 싱																									
중정도(왈츠)	3.1	3.3	3.5	3.6	3.8	4.0	4.1	4.3	4.5	4.6	4.8	4.9	5.1	5.3	5.4	5.6	5.7	5.9	6.0	6.2	6.4	6.5	6.7	6.9	7.0
심하게(디스코)	4.5	4.7	5.0	5.2	5.4	5.6	5.9	6.1	6.3	6.6	6.8	7.0	7.3	7.5	7.7	7.9	8.2	8.4	8.6	8.9	9.1	9.3	9.5	9.8	10.0
활기찬 에어로빅	6.0	6.3	6.7	7.0	7.3	7.6	7.9	8.2	8.5	8.8	9.1	9.4	9.7	10.0	10.3	10.6	10.9	11.2	11.5	11.8	12.1	12.4	12.7	13.0	13.3
팬 싱																									
중정도	3.3	3.5	3.6	3.8	4.0	4.1	4.3	4.5	4.6	4.8	5.0	5.2	5.3	5.5	5.7	5.8	6.0	6.2	6.3	6.5	6.7	6.8	7.0	7.1	7.3
심하게	6.6	7.0	7.3	7.7	8.0	8.3	8.7	9.0	9.4	9.7	10.0	10.4	10.7	11.0	11.4	11.7	12.1	12.4	12.7	13.0	13.4	13.8	14.1	14.4	14.8
필드하키	6.0	6.3	6.7	7.0	7.3	7.6	7.9	8.2	8.5	8.8	9.1	9.4	9.7	10.0	10.3	10.6	10.9	11.2	11.5	11.8	12.1	12.4	12.7	13.0	13.3
축 구																									
중정도	3.3	3.5	3.6	3.8	4.0	4.1	4.3	4.5	4.6	4.8	5.0	5.2	5.3	5.5	5.7	5.8	6.0	6.2	6.3	6.5	6.7	6.8	7.0	7.1	7.3
심하게	5.5	5.8	6.1	6.4	6.6	6.9	7.2	7.5	7.8	8.0	8.3	8.6	8.9	9.2	9.4	9.7	10.0	10.3	10.6	10.8	11.1	11.4	11.7	12.0	12.2
골 프																									
2인조(클럽운반)	3.6	3.8	4.0	4.2	4.4	4.6	4.7	4.9	5.1	5.3	5.4	5.6	5.8	6.0	6.2	6.4	6.6	6.7	6.9	7.1	7.3	7.4	7.6	7.8	8.0
4인조(클럽운반)	2.7	2.9	3.0	3.1	3.3	3.4	3.5	3.7	3.8	3.9	4.1	4.2	4.4	4.5	4.6	4.8	4.9	5.0	5.2	5.3	5.4	5.6	5.7	5.9	6.0
모터카트 이용	1.9	2.0	2.1	2.2	2.3	2.4	2.5	2.6	2.7	2.8	2.9	3.0	3.1	3.2	3.3	3.4	3.5	3.6	3.7	3.8	3.9	4.0	4.1	4.2	4.3
핸드볼																									
중정도	6.5	6.8	7.2	7.5	7.8	8.2	8.5	8.8	9.2	9.5	9.9	10.2	10.5	10.9	11.2	11.5	11.9	12.2	12.5	12.9	13.2	13.5	13.8	14.2	14.5
경기수행	7.7	8.0	8.4	8.8	9.2	9.6	10.0	10.4	10.8	11.1	11.5	11.9	12.3	12.7	13.1	13.5	13.9	14.3	14.7	15.0	15.4	15.8	16.2	16.6	17.0
하이킹(3mph)	4.5	4.7	5.0	5.2	5.4	5.6	5.9	6.1	6.3	6.6	6.8	7.0	7.3	7.5	7.7	7.9	8.2	8.4	8.6	8.9	9.1	9.3	9.5	9.8	10.0
아이스하키	6.6	7.0	7.3	7.7	8.0	8.3	8.7	9.0	9.4	9.7	10.0	10.4	10.7	11.0	11.4	11.7	12.1	12.4	12.7	13.1	13.4	13.8	14.1	14.4	14.8
승 마																									
걸 기	1.9	2.0	2.1	2.2	2.3	2.4	2.5	2.6	2.7	2.8	2.9	3.0	3.1	3.2	3.3	3.4	3.5	3.6	3.7	3.8	3.9	4.0	4.1	4.2	4.3
속보(가볍게)	2.7	2.9	3.0	3.1	3.3	3.4	3.5	3.7	3.8	3.9	4.1	4.2	4.4	4.5	4.6	4.8	4.9	5.0	5.2	5.3	5.4	5.6	5.7	5.9	6.0
속보(심하게)	4.2	4.4	4.6	4.8	5.1	5.3	5.5	5.7	5.9	6.1	6.4	6.6	6.8	7.0	7.2	7.4	7.6	7.9	8.1	8.3	8.5	8.7	8.9	9.1	9.4
질 주	5.7	6.0	6.3	6.6	6.9	7.2	7.5	7.8	8.1	8.4	8.7	9.0	9.3	9.5	9.8	10.1	10.4	10.7	11.0	11.3	11.6	11.9	12.2	12.5	12.8
편자던지기	2.5	2.6	2.8	2.9	3.0	3.1	3.3	3.4	3.5	3.7	3.8	3.9	4.0	4.2	4.3	4.4	4.5	4.7	4.8	4.9	5.2	5.2	5.3	5.4	5.6
조깅(달리기 참조)																									
유 도	8.5	8.9	9.3	9.8	10.2	10.6	11.0	11.5	11.9	12.3	12.8	13.2	13.6	14.1	14.5	14.9	15.4	15.8	16.2	16.6	17.1	17.5	17.9	18.4	18.8
가라테	8.5	8.9	9.3	9.8	10.2	10.6	11.0	11.5	11.9	12.3	12.8	13.2	13.6	14.1	14.5	14.9	15.4	15.8	16.2	16.6	17.1	17.5	17.9	18.4	18.8
등 산	6.5	6.8	7.2	7.5	7.8	8.2	8.5	8.8	9.2	9.5	9.8	10.2	10.5	10.8	11.2	11.5	11.8	12.1	12.5	12.8	13.1	13.5	13.8	14.1	14.5
패들볼	5.7	6.0	6.3	6.6	6.9	7.2	7.5	7.8	8.1	8.4	8.7	9.0	9.3	9.5	9.8	10.1	10.4	10.7	11.0	11.2	11.6	11.9	12.2	12.5	12.8
당 구	1.5	1.6	1.6	1.7	1.8	1.9	1.9	2.0	2.1	2.2	2.2	2.3	2.4	2.5	2.6	2.6	2.7	2.8	2.9	2.9	3.0	3.1	3.2	3.2	3.3
라켓볼	6.5	6.8	7.1	7.5	7.8	8.1	8.4	8.8	9.1	9.4	9.8	10.1	10.4	10.7	11.1	11.4	11.7	12.0	12.4	12.7	13.0	13.4	13.7	14.0	14.4
롤러 스케이팅(9mph)	4.2	4.4	4.6	4.8	5.1	5.3	5.5	5.7	5.9	6.1	6.4	6.6	6.8	7.0	7.2	7.4	7.6	7.9	8.1	8.3	8.5	8.7	8.9	9.1	9.4

신체활동

신체활동

체중kcal/min·kg

활동	(mph)	(min/mile)	45	48	50	52	55	57	59	61	64	66	68	70	73	75	77	80	82	84	86	89	91	93	95	98	100
kg			45	48	50	52	55	57	59	61	64	66	68	70	73	75	77	80	82	84	86	89	91	93	95	98	100
lb			100	105	110	115	120	125	130	135	140	145	150	155	160	165	170	175	180	185	190	195	200	205	210	215	220
달리기	(mph)	(min/mile)																									
	5.0	12:00	6.0	6.3	6.6	7.0	7.3	7.6	7.9	8.2	8.5	8.8	9.1	9.4	9.7	10.0	10.3	10.6	10.9	11.2	11.6	11.9	12.2	12.5	12.8	13.1	13.4
	5.5	10:55	6.7	7.0	7.3	7.7	8.0	8.4	8.7	9.0	9.4	9.7	10.0	10.4	10.7	11.1	11.4	11.7	12.1	12.4	12.8	13.1	13.4	13.8	14.1	14.5	14.8
	6.0	10:00	7.2	7.6	8.0	8.4	8.7	9.1	9.5	9.8	10.2	10.6	10.9	11.3	11.7	12.0	12.4	12.8	13.1	13.5	13.8	14.3	14.6	15.0	15.4	15.7	16.1
	7.0	8:35	8.5	8.9	9.3	9.0	10.2	10.6	11.0	11.5	11.9	12.3	12.8	13.2	13.6	14.1	14.5	14.9	15.4	15.8	16.2	16.6	17.1	17.5	17.9	18.4	18.8
	8.0	7:30	9.7	10.2	10.7	11.2	11.6	12.1	12.6	13.1	13.6	14.1	14.6	15.1	15.6	16.1	16.6	17.1	17.6	18.1	18.5	18.5	19.0	20.0	20.5	21.0	21.5
	9.0	6:40	10.8	11.3	11.9	12.4	12.9	13.5	14.0	14.6	15.1	15.7	16.2	16.8	17.3	17.9	18.4	19.0	19.5	20.1	20.6	21.2	21.7	22.2	22.8	23.3	23.9
	10.0	6:00	12.1	12.7	13.3	13.9	14.5	15.1	15.7	16.4	17.0	17.6	18.2	18.8	19.4	20.0	20.7	21.3	21.9	22.5	23.1	23.7	24.2	24.8	25.4	26.0	26.7
	11.0	5:28	13.3	14.0	14.6	15.3	16.0	16.7	17.3	18.0	18.7	19.4	20.0	20.7	21.4	22.1	22.7	23.4	24.1	24.8	25.4	26.1	26.8	27.5	28.1	28.8	29.5
	12.0	5:00	14.5	15.2	16.0	16.7	17.4	18.2	18.9	19.7	20.4	21.1	21.9	22.6	23.3	24.1	24.8	25.6	26.3	27.0	27.8	28.5	29.2	30.0	30.7	31.5	32.2
세일링, 작은배			2.7	2.9	3.0	3.1	3.3	3.4	3.5	3.7	3.8	3.9	4.1	4.2	4.4	4.5	4.6	4.8	4.9	5.0	5.2	5.3	5.4	5.6	5.7	5.9	6.0
아이스 스케이팅			4.2	4.4	4.6	4.8	5.1	5.2	5.5	5.7	5.9	6.1	6.4	6.6	6.8	7.0	7.2	7.4	7.6	7.9	8.1	8.3	8.5	8.7	8.9	9.1	9.4
크로스−컨트리 스키	(mph)	(min/mile)																									
	2.5	24:00	5.0	5.2	5.5	5.7	6.0	6.2	6.5	6.7	7.0	7.2	7.5	7.8	8.0	8.3	8.5	8.8	9.0	9.3	9.5	9.8	10.0	10.3	10.6	10.8	11.1
	4.0	15:00	6.5	6.8	7.2	7.5	7.8	8.2	8.5	8.8	9.2	9.5	9.9	10.2	10.5	10.9	11.2	11.5	11.9	12.2	12.5	12.9	13.2	13.5	13.8	14.2	14.5
	5.0	12:00	7.7	8.0	8.4	8.8	9.2	9.6	10.0	10.4	10.8	11.1	11.5	11.9	12.3	12.7	13.1	13.5	13.9	14.3	13.7	15.0	15.4	15.8	16.2	16.6	17.0
스키, 다운힐			6.5	6.8	7.2	7.5	7.8	8.2	8.5	8.8	9.2	9.5	9.9	10.2	10.5	10.9	11.2	11.5	11.9	12.2	12.5	12.9	13.2	13.5	13.8	14.2	14.5
스퀴시																											
	일 반		6.7	7.0	7.3	7.7	8.0	8.4	8.7	9.1	9.5	9.8	10.1	10.5	10.8	11.2	11.5	11.8	12.2	12.5	12.9	13.2	13.5	13.9	14.2	14.6	14.9
	경 기		7.7	8.0	8.4	8.8	9.2	9.6	10.0	10.4	10.8	11.1	11.5	11.9	12.3	12.7	13.1	13.5	13.9	14.3	14.7	15.0	15.4	15.8	16.2	16.6	17.0
수영(yard/min)																											
배 영	25		2.5	2.6	2.8	2.9	3.0	3.1	3.3	3.4	3.5	3.7	3.8	3.9	4.0	4.2	4.3	4.4	4.5	4.7	4.8	4.9	5.1	5.2	5.3	5.4	5.9
	30		3.5	3.7	3.9	4.1	4.2	4.4	4.5	4.8	4.9	5.1	5.3	5.5	5.6	5.8	6.0	6.2	6.4	6.5	6.7	6.9	7.1	7.2	7.4	7.6	7.8
	35		4.5	4.7	5.0	5.2	5.4	5.6	5.9	6.1	6.3	6.6	6.8	7.0	7.3	7.5	7.7	7.9	8.2	8.4	8.6	8.9	9.1	9.3	9.5	9.8	10.0
	40		5.5	5.8	6.1	6.4	6.6	6.9	7.2	7.5	7.8	8.0	8.3	8.6	8.9	9.2	9.4	9.7	10.0	10.3	10.6	10.8	11.1	11.4	11.7	12.0	12.2
접 영	20		3.1	3.3	3.5	3.6	3.8	4.0	4.1	4.3	4.5	4.6	4.8	4.9	5.1	5.3	5.4	5.6	5.7	5.9	6.0	6.2	6.4	6.5	6.7	6.9	7.0
	30		4.7	5.0	5.2	5.4	5.7	5.9	6.2	6.4	6.7	6.9	7.1	7.4	7.6	7.9	8.1	8.3	8.6	8.8	9.1	9.3	9.5	9.8	10.0	10.3	10.5
	40		6.3	6.7	7.0	7.3	7.6	8.0	8.3	8.6	8.9	9.3	9.6	9.9	10.2	10.5	10.9	11.2	11.5	11.9	12.2	12.5	12.8	13.1	13.5	13.8	14.1
자유형	20		3.1	3.3	3.5	3.6	3.8	4.0	4.1	4.3	4.5	4.6	4.8	4.9	5.1	5.3	5.4	5.6	5.7	5.9	6.0	6.2	6.4	6.5	6.7	6.9	7.0
	25		4.0	4.2	4.4	4.6	4.8	5.0	5.2	5.4	5.6	5.8	6.0	6.2	6.4	6.6	6.8	7.0	7.2	7.4	7.6	7.8	8.0	8.2	8.4	8.6	8.8
	35		4.8	5.1	5.4	5.6	5.9	6.1	6.4	6.6	6.8	7.0	7.3	7.5	7.8	8.0	8.3	8.5	8.8	9.0	9.2	9.4	9.7	9.9	10.2	10.4	10.7
	45		5.7	6.0	6.3	6.5	6.9	7.2	7.5	7.8	8.1	8.4	8.7	9.0	9.3	9.5	9.8	10.1	10.4	10.7	11.0	11.3	11.6	11.9	12.2	12.5	12.8
	50		7.0	7.4	7.7	8.1	8.5	8.8	9.2	9.5	9.9	10.3	10.6	11.0	11.3	11.7	12.0	12.4	12.8	13.1	13.5	13.8	14.2	14.5	14.9	15.2	15.6

체중kcal/min·kg																									
kg		45	48	50	52	55	57	59	61	64	66	68	70	73	75	77	80	82	84	86	89	91	93	95	98	100
lb		100	105	110	115	120	125	130	135	140	145	150	155	160	165	170	175	180	185	190	195	200	205	210	215	220
탁 구		3.4	3.6	3.8	4.0	4.1	4.3	4.5	4.7	4.8	5.0	5.2	5.4	5.5	5.7	5.9	6.1	6.3	6.4	6.6	6.8	7.0	7.1	7.3	7.5	7.7
테니스																										
단식(레크리에이션)		5.0	5.2	5.5	5.7	6.0	6.2	6.5	6.7	7.0	7.2	7.5	7.8	8.0	8.3	8.5	8.8	9.0	9.3	9.5	9.8	10.0	10.0	10.6	10.8	11.1
복식(레크리에이션)		3.4	3.6	3.8	4.0	4.1	4.3	4.5	4.7	4.8	5.0	5.2	5.4	5.5	5.7	5.9	6.1	6.3	6.4	6.6	6.8	7.0	7.0	7.3	7.5	7.7
경기수행		6.4	6.7	7.1	7.4	7.7	8.1	8.4	8.7	9.1	9.4	9.8	10.1	10.4	10.8	11.1	11.4	11.8	12.1	12.4	12.8	13.1	13.1	13.7	14.1	14.4
배 구																										
레크리에이션		2.9	3.0	3.2	3.3	3.5	3.6	3.8	3.9	4.1	4.2	4.4	4.5	4.7	4.8	5.0	5.1	5.3	5.4	5.6	5.7	5.9	5.9	6.1	6.3	6.4
심하게(경기수행)		6.5	6.8	7.1	7.5	7.8	8.1	8.4	8.8	9.1	9.4	9.8	10.1	10.4	10.7	11.1	11.4	11.7	12.0	12.4	12.7	13.0	13.0	13.7	14.0	14.4
걷 기																										
(mph)	(min/mile)																									
1.0	60:00	1.5	1.6	1.7	1.8	1.8	1.9	2.0	2.1	2.2	2.2	2.3	2.4	2.4	2.5	2.6	2.7	2.8	2.9	2.9	3.0	3.1	3.1	3.2	3.3	3.4
2.0	30:00	2.1	2.2	2.3	2.4	2.5	2.6	2.8	2.9	3.0	3.1	3.2	3.3	3.4	3.5	3.6	3.7	3.9	4.0	4.1	4.2	4.3	4.3	4.5	4.6	4.7
2.3	26:00	2.3	2.4	2.5	2.7	2.8	2.9	3.0	3.1	3.2	3.4	3.5	3.6	3.7	3.8	4.0	4.1	4.2	4.3	4.4	4.5	4.7	4.7	4.9	5.0	5.1
3.0	20:00	2.7	2.9	3.0	3.1	3.3	3.4	3.5	3.7	3.8	3.9	4.1	4.2	4.4	4.5	4.6	4.8	4.9	5.0	5.2	5.3	5.4	5.4	5.7	5.9	6.0
3.2	18:45	3.1	3.3	3.4	3.6	3.8	4.0	4.1	4.3	4.4	4.5	4.7	4.8	5.0	5.2	5.3	5.5	5.6	5.8	5.9	6.1	6.3	6.3	6.6	6.8	6.9
3.5	17:10	3.3	3.5	3.7	3.9	4.0	4.2	4.4	4.6	4.7	4.9	5.1	5.3	5.4	5.6	5.8	6.0	6.2	6.3	6.5	6.7	6.9	6.9	7.2	7.4	7.6
4.0	15:00	4.2	4.4	4.6	4.8	5.1	5.3	5.5	5.7	5.9	6.1	6.4	6.6	6.8	7.0	7.2	7.4	7.6	7.9	8.1	8.3	8.5	8.5	8.9	9.1	9.4
4.5	13:20	4.7	5.0	5.2	5.4	5.7	5.9	6.0	6.4	6.7	6.9	7.1	7.4	7.6	7.9	8.1	8.3	8.6	8.8	9.1	9.3	9.5	9.5	10.0	10.3	10.5
5.0	12:00	5.4	5.7	6.0	6.3	6.5	6.8	7.1	7.4	7.7	7.9	8.2	8.4	8.7	9.0	9.2	9.5	9.8	10.1	10.4	10.6	10.9	10.9	11.5	11.8	12.0
5.4	11:10	6.2	6.6	6.9	7.2	7.5	7.9	8.2	8.5	8.8	9.2	9.5	9.8	10.1	10.4	10.8	11.1	11.4	11.8	12.1	12.4	12.7	12.7	13.4	13.7	14.0
5.8	10:20	7.7	8.0	8.4	8.8	9.2	9.6	10.0	10.4	10.8	11.1	11.5	11.9	12.3	12.7	13.1	13.5	13.9	14.3	14.7	15.0	15.4	15.4	16.2	16.6	17.0
수상스키		5.0	5.2	5.5	5.7	6.0	6.2	6.5	6.7	7.0	7.2	7.5	7.8	8.0	8.3	8.5	8.8	9.0	9.3	9.5	9.8	10.0	10.0	10.6	10.8	11.1
중력훈련		5.2	5.4	5.7	6.0	6.2	6.5	6.8	7.0	7.3	7.6	7.8	8.1	8.3	8.6	8.9	9.1	9.4	9.7	9.9	10.2	10.5	10.5	11.0	11.2	11.5
레슬링		8.5	8.9	9.3	9.8	10.2	10.6	11.0	11.5	11.9	12.3	12.8	13.2	13.6	14.1	14.5	14.9	15.4	15.8	16.2	16.6	17.1	17.1	17.9	18.4	18.8

신체활동

부록 5. 화학용어표기법

2005년 3월 31일 산업자원부 기술표준원은 독일어식 및 일본어식으로 사용해 오던 화학용어를 국제기준에 맞는 표기법으로 개선하고 주요한 원소이름 109종 및 화합물 용어 325종에 대한 새 표기법을 KS규격으로 제정하여 시행에 들어간다고 발표하였다.

새 표기법은 대한화학회에서 국제순수 및 응용화학 연합(International Union of Pure and Applied Chemistry : IUPAC)이 정한 국제기준에 맞게 만든 '화합물명명법'을 토대로 각 분야 전문가들의 의견을 종합하여 마련되었다.

새 표기법은 국제기준의 명명법의 원칙을 최대한 존중, 세계적으로 통용되는 발음에 가까우면서 외래어 표기법에 따라 정해졌다. 원소이름은 요오드(iodine)가 아이오딘, 크롬(chromium)은 크로뮴, 티탄(titanium)은 타이타늄, 게르마늄(germanium)은 저마늄, 브롬(bromine)은 브로민, 크세논(xenon)은 제논, 란탄(lanthanum)을 란타넘 등으로 바꾸어 표기하기로 하였다.

화합물 용어도 구성원소 이름이 드러나도록 중크롬산칼륨($K_2Cr_2O_7$, potassium dichromate)을 다이크로뮴산 칼륨으로 표기하며, 탄화수소에서 어미가 '~ane', '~ene', '~yne'은 각각 '~에인', '~엔', '~아인'으로 바꾸어 프로판(propane)을 프로페인으로 표기하며, 'cy~', 'hy~', 'ty~', 'xy~'는 각각 '사이~', '하이~', '타이~', '자이~'로 변경하여 크실렌(xylene)을 자이렌으로 표기하게 되었다.

다만 갑작스런 표기변경에 따른 지나친 혼란을 피하기 위해 예외적으로 나트륨(sodium)과 칼륨(potassium)의 경우만 지금까지 사용한대로 표기를 허용하되 IUPAC 이름인 '소듐'과 '포타슘'으로도 병행해 사용토록 하였다. 마찬가지로 비닐(vinyl)이나 비타민(vitamin) 같은 'vi'는 당분간 '바이닐'과 '바이타민'으로 병행 표기하기로 하였다.

다음은 기술표준원에서 발표한 화학용어표기법의 일반적 원칙이다.

◆ 화학용어표기법의 일반적 원칙

1. 화학식은 일반적으로 화학반응식에서만 사용하는 것이 원칙이며, 특별한 경우가 아니면 문장에서는 사용하지 않도록 한다. 다만 문장 속에서는 화합물 이름 옆에 화학식을 병기할 수 있다.

2. 독일어 이름이나 독일어식 표기로 나타내던 원소의 이름은 모두 IUPAC 이름으로 바꾼다. 그러나 나트륨(sodium)과 칼륨(potassium)의 경우는 지금까지 사용해오던 이름을 당분간 그대로 사용하기로 하되, IUPAC 이름인 '소듐'과 '포타슘'으로 부를 수 있음을 알 수 있도록 한다.

F	플루오르 → 플루오린(fluorine)
Ti	티탄 → 타이타늄(titanium)
Cr	크롬 → 크로뮴(chromium)
Mn	망간 → 망가니즈(manganese)
Ge	게르마늄 → 저마늄(germanium)
Se	셀렌 → 셀레늄(selenium)
Br	브롬 → 브로민(bromine)
Nb	니오브 → 나이오븀(niobium)
Mo	몰리브덴 → 몰리브데넘(molybdenum)
Sb	안티몬 → 안티모니(antimony)
Te	텔루르 → 텔루륨(tellurium)
I	요오드 → 아이오딘(iodine)
Xe	크세논 → 제논(xenon)
La	란탄 → 란타넘(lanthanum)
Tb	테르븀 → 터븀(terbium)
Yb	이테르븀 → 이터븀(ytterbium)
Ta	탄탈 → 탄탈럼(tantalum)
Cf	칼리포르늄 → 캘리포늄(californium)
Es	아인시타이늄 → 아인슈타이늄(einsteinium)

3. 화합물의 이름에서도 가능하면 구성 원소 이름이 드러나도록 표기하고,
   IUPAC 명명법의 띄어쓰기 원칙을 따른다.

   BF_3 플루오르화붕소 → 플루오린화 붕소(boron fluoride)

   KBr 브롬화칼륨 → 브로민화 칼륨(potassium bromide)

   NaI 요오드화나트륨 → 아이오딘화 나트륨(sodium iodide)

   MnO_2 이산화망간 → 이산화 망가니즈(manganese dioxide)

   $KMnO_4$ 과망간산칼륨 → 과망가니즈산 칼륨(potassium permanganate)

   K_2CrO_4 크롬산칼륨 → 크로뮴산 칼륨(potassium chromate)

   $K_2Cr_2O_7$ 중크롬산칼륨 → 다이크로뮴산 칼륨(potassium dichromate)

4. 화합물에 포함된 원자 또는 원자단의 수는 '모노~', '다이~', '트라이~', '테트라~' 등의 접두사를 사용하여 표기하는 것을 원칙으로 하지만, 원자 또는 원자단의 이름이 우리 말인 경우에는 '일~', '이~', '삼~', '사~' 등으로 표기한다.

   diethyl ether   디에틸 에테르 → 다이에틸 에테르

   carbon dioxide   이산화탄소 → 이산화 탄소

5. 여러 가지 산화 상태가 가능한 원소로 구성된 화합물의 경우에는 원소의 수를 나타내는 접두사를 사용하거나, 원소의 산화 상태를 나타내는 로마 숫자를 소괄호에 넣어 표시한다. 두 명명법은 동등한 것이고, '제일~', '제이~', '중~' 등으로 표기하는 방법은 더 이상 사용하지 않는다.

   FeO 산화제일철 → 일산화 철 또는 산화 철(Ⅱ)

   Fe_2O_3 산화제이철 → 삼산화 이철 또는 산화 철(Ⅲ)

   NO_2 이산화질소 → 이산화 질소 또는 산화 질소(Ⅳ)

   PCl_5 오염화인 → 오염화 인 또는 염화 인(Ⅴ)

$$Na_2Cr_2O_7 \qquad \text{중크롬산나트륨} \rightarrow \text{다이크로뮴산 나트륨}$$

6. 다가 산의 수소 이온의 일부가 금속 양이온으로 치환된 경우에는 수소 이온을 음이온의 일부로 생각하고 음이온의 이름에 '수소'를 붙여서 표기한다. 남아있는 수소 이온의 수에 따라 '제일~' 또는 '제이~' 등으로 표기하는 방법과 '중~'을 붙이는 방법은 더 이상 사용하지 않는다.

K_2HPO_4	제일인산칼륨	→ 인산수소칼륨
KH_2PO_4	제이인산칼륨	→ 인산이수소칼륨
$NaHCO_3$	중탄산나트륨	→ 탄산수소나트륨

7. 탄화수소에서 '~ane', '~ene', '~yne'은 각각 '~에인', '~엔', '~아인'으로 나타낸다. 단, 탄화수소의 유도체 등에서 '~an'은 '~ane'와 구별하여 '~안'으로 표기한다.

methane	메테인
ethene	에텐
ethyne	에타인
butane	뷰테인
borane	보레인
silane	실레인
ethanol	에탄올
furan	퓨란
silanyl	실란일

8. 모체 화합물의 이름에 붙이는 접미사는 독립적으로 표기한다. 다만 '~오', '~이오', '~윰'은 앞의 자음과 연음시켜서 표기한다(유기산의 관용명의 경우에는 아래의 7항 참고).

ethanol	에탄올

hexanal	헥산알
pentenyl	펜텐일
butano	뷰타노
phenol	페놀
anilino	아닐리노
pyridinium	피리디늄

9. 유기산의 이름에서 '~ic acid' 또는 '~oic acid'는 '~산'으로 붙여 표기한다.

acetic acid	아세트산
maleic acid	말레산
pentanoic acid	펜탄산
benzoic acid	벤조산
thioic acid	싸이오산

10. '~ide'는 '~아이드'로 표기하지만, 'imide', 'amido', 'imido'는 각각 '이미드', '아미도', '이미도'로 표기한다.

succinamide	석신아마이드
hydride	하이드라이드 또는 수소화
carbazide	카바자이드
halide	할라이드 또는 할로젠화
sulfide	설파이드 또는 황화
cyanide	사이아나이드
succinimide	석신이미드

11. 'bi~', 'di~', 'tri~', 'iso~'는 각각 '바이~', '다이~', '트라이~', '아이소~'로 표기한다.

| bicyclo | 바이사이클로 |

dimethyl	다이메틸
dioxin	다이옥신
trimethyl	트라이메틸

12. 'cy~', 'hy~', 'ty~', 'vi~', 'xy~'는 각각 '사이~', '하이~', '타이~', '바이~', '자이~'로 표기한다. 단, 당분간 'vi'는 '비'로 표기한다. 'gly~'는 '글리~'로 표기한다.

cyanide	사이아나이드
cylcohexane	사이클로헥세인
aldehyde	알데하이드
hydride	하이드라이드
styrene	스타이렌
vitamin	바이타민
vinyl	바이닐
xylene	자일렌
xylitol	자일리톨
glycol	글리콜

13. 'u'는 일반적으로 '우'로 표기하지만, '어' 또는 '유'로 표기하는 경우도 있다.

toluene	톨루엔
sulfane	설페인
sulfide	설파이드
succinic acid	석신산
lanthanum	란타넘
urea	유레아 (요소)
furan	퓨란
butane	뷰테인

14. 'g' 다음에 모음이 오는 경우에는 'ㅈ'으로 표기할 수 있다.

halogen	할로젠
chalcogen	칼코젠

15. 모음과 자음 사이의 'r'은 표기하지 않는 것을 원칙으로 하지만, 필요한 경우에는 '~르'로 표기할 수 있다. 단, 처음에 'ar~'로 시작되는 경우에는 '아르~'로 표기한다.

carboxylic acid	카복실산
carbazide	카바자이드
carbaldehyde	카브알데하이드
formic acid	폼산 (개미산)
morphin	모르핀
chloroform	클로로폼
lauric acid	로르산
tartaric acid	타타르산
arginine	아르지닌
argon	아르곤
arsine	아르신

16. 'th'는 '트'로 표기하는 것이 원칙이지만, 'thio~', 'thy~' 와 'ortho~'는 각각 '싸이오~', '티~'와 '오쏘~'로 표기한다.

threonine	트레오닌
thiosulfate	싸이오황산
orthoester	오쏘에스터
thymol	티몰

찾아보기

국 문 편

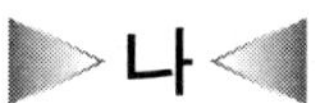

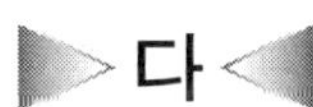

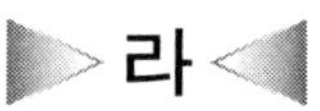
라

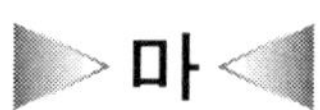
마

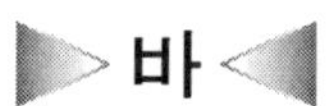
바

사

아

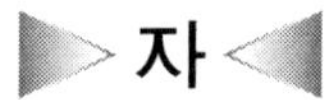
자

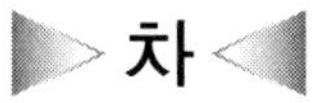

차

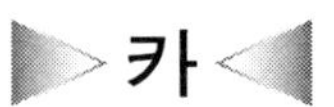

카

타

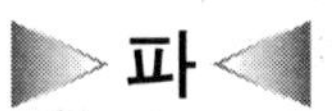
파

하

찾아보기

영 문 편

gustatory cell 64

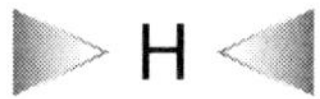 H

Harris-Benedict Equation(BEE)방법 82
Hct 131
hematocrit 198
hemoconcentration 59
high-density lipoprotein : HDL 25, 195
high-energy bond 91
high-energy phosphate compound 91
high performance liquid chromatography :
    HPLC 179
Hippokrates 20
human(pituitary) growth hormone : hGH 207
human chorionic gonadotropin : hCG 205
hydrogenation 42
hydrogen peroxide : H_2O_2 171
hydroperoxyradical : $HOO\cdot$ 179
hydroxy radical : $HO\cdot$ 171, 179
hypoxanthine 175
hypoxia 198

 I

Incorporating nitrogen 47
insensivle loss 62
insulin 32
International Union of Pure and Applied
    Chemistry : IUPAC 241

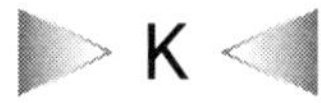 K

ketogenic diet 216

 L

lactase 33, 75

lactoferrin 182
lactose 32, 33
lactovegetarian 50
latency iron deficiency 132
leptin 216
lesser curvature 67
leucine 45
linoleic acid : ω-6 42
linolenic acid : ω-3 42
longitudinal tubules 89
lowest observed adverse effect level : LOAEL 225
low fat diet 218
luteinizing hormone : LH 207
lysine 49, 193

 M

macromineral 55
maltase 75
maltose 32, 33
metabolic equivalents : MET 83
methionine 49, 193
methyltestosterone 205
micromineral 55
micronutrients 52
microsome 178
monodehydro ascorbic acid 183
monosaccharides 31
mucin 71
myeloperoxidase : MPO 177
myofibril 87
myofilament 89

 N

NADH(nicotinamide adenine dinucleotide
    hydrogen) 177
NADPH oxidase 176

no observed adverse effect level : NOAEL 225
nutrients 18
nutrition 17

 O

oligosaccharides 32
omega 42
osteoporosis 111
ostium pyloricum 67
oxalic acid 50
oxygen species 171

P

pangamic acid 193
paroxysmal tachycardia 197
pentose phosphate pathway 75
pepsin 71, 76
peptone 71
peroxisome 181
peroxyradical : LOO⁻ 179
pharynx 66
phosphate group 91
phosphocreatine 92
phytic acid 50
polypeptide 76
polysaccharides 33
polyunsaturated fatty acid : PUFA 41, 42
probenecid 208
prostaglandins 43
pseudoephedrine 204
ptyalin 33, 74
pyruvic acid 38, 93, 95

 R

radical 169

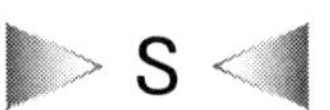 S (reactive oxygen species : ROS 171 column)

reactive oxygen species : ROS 171
recharging 99
recommended intake : RI 224
reinforcement 221
rest 98
resting metabolism 82
ribose 75

S

sacomeres 87
sarcolemma 87
sarcomere 99
sarcoplasm 87
sarcoplasmic reticulum 89
Schenk 20
self-monitoring 220
serving size 231
side chain 45
signlet oxygen : $^1O_2$ 171
site-specific 182
sliding filament theory 98
social support 221
somatostatin 70
specific dynamic action : SDA 82
starch 34
stearin 39
stimulus control 220
stomach 66
Stuart 219, 220
succinate dehydrogenase : SDH 193
succinic acid 177
sucrase 75
sucrose 32
superoxide radical : O_2^{-} 171
superoxyde dismutase : SOD 180
synovial fluid 60

저ㅣ자ㅣ소ㅣ개

서 영 환
조선대학교 체육대학 체육학과 졸업
조선대학교 대학원 석사
조선대학교 대학원 이학박사
조선대학교 체육대학 체육학부 교수
한국운동영양학회 이사
한국운동생리학회 이사
한국발육발달학회 이사 및 편집위원
대한체력관리학회 이사
광주광역시 배드민턴협회 이사

손 연 희
목포대학교 자연과학대학 체육학과 졸업
숙명여자대학교 대학원 석사
용인대학교 대학원 체육학박사
목포대학교 공과대학 식품공학과 전임연구원
광주대학교 외래교수

퍼포먼스 향상을 위한
뉴 스포츠영양학

초판발행/2009년 3월 10일 · 초판4쇄/2024년 3월 5일 · 발행인/김영대 · 발행처/대경북스
ISBN/978-89-5676-249-4

등록번호 제 1-1003호
서울특별시 강동구 천중로 42길 45 (길동) 2F · 전화 : 02) 485-1988, 485-2586~87
팩스 : 02) 485-1488 · e-mail:dkbooks@chol.com · http://www.dkbooks.co.kr